私たちは何者なのか

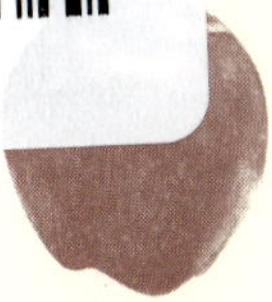

アナスタシア
ロシアの響きわたる杉シリーズ
5巻

ウラジーミル・メグレ　にしやまやすよ訳　岩砂晶子監修

Anastasia Japan
直日

Кто же мы?

Владимир Николаевич Мегре

ノヴォシビルスク 630121 私書箱 44 ロシア
Tel : +7 (913) 383 0575

---

ringingcedars@megre.ru
www.vmegre.com

もくじ

アナスタシア　ロシアの響きわたる杉

第五巻

私たちは何者なのか

＊本書に記載されている数値や数字は、ロシア語原書発行当時のものです。また、内容の一部に、現在の日本において一般的とされる解釈とは異なる箇所もございますが、著者の意図を尊重し、そのまま訳出いたしました。
本文中「＊」のついた括弧内は翻訳者および監修者による注釈です。

二つの文明

　我われはみんな、どこかへ向かって急ぎ、何かを目指している。一人ひとりが幸せな人生を送り、運命の人に出会い、家庭を築きたいと思う。しかしそんな我われのうち、望むものを得ることができた人が、いったい何人いるのだろうか？

　我われの人生における満足感もしくは不満足感、成功や失敗は何に左右されているのだろうか？　一人ひとりの、そして人類全体の生きる意味とは、何にあるのだろうか？　何が我われの未来に待ち受けているのだろうか？

　これらの問いはずっと前から存在するにもかかわらず、誰も明確な答えを出していない。それでも、五年後、十年後に我われの暮らす国がどうなるのか、子どもたちはどのような世界で生きることになるのか、できることなら知りたいものだ、と思う。だが、我われはそれを知ることができないばかりか、おそらく自分の未来を想像する能力もあまり持ち合わせていない。それは、我われみんながどこかへと急いでいるためなのだろう。しかし、いったいどこへ？

驚くべきことだが、はじめて私に我われの国の未来の明確な姿を認識させたのは、専門的に分析を行う学者や政治家ではなく、タイガの女世捨て人だった。これは事実である。そして彼女は私に、ただ美しい未来の光景をみせただけでなく、それが即、我われの世代でも実現が可能であると論証したのだ。彼女は実際に、国の発展についての自分の構想を提示した。

私がアナスタシアの住む草地から河へとタイガを歩いていたとき、なぜか強い確信がわいた。

〝彼女の構想は、世界の多くのことを変えることができる〟

彼女が自分の意識の中で型どったすべてが、必ず後に現実の生活で具現化していることを考慮するならば、我われは事実上、すばらしい未来しかあり得ない国に、すでに暮らしていることになる。私はタイガを進みながら、タイガの女世捨て人の言葉にあったこの国のすばらしい未来、我われの世代も少しは暮らすことができるかもしれない未来について考えていた。地域紛争もなく、犯罪も病気もなく、貧困もない国。それに彼女の想いのすべてを理解できたわけではないが、今回アナスタシアが話したことのどれをも疑問視したくないと思った。逆に、彼女の正しさを証明したいとさえ思ったのだ。

私は固く決心した。構想を実現するために、私の力でできる限りのことをすべてやると。その構想は、表面的にはまったく単純にみえる事柄なのだ。各家族が終身的な利用を目的として、一ヘクタールの土地を受け取り、そこに自分の一族の土地、自分の祖国の一画を創り上げる。そして、この構想の細部が私の頭を強くつかんで離さない。その構想は極めて単純なことであって、同時に信じられないほどすばらしいことなのだ。

そんなことがあるだろうか！　植物を敷地内に正しく配置すれば、たったの数年でその土に肥料をやらなくともよくなると。そればかりかあまり肥沃《ひよく》でない土壌《どじょう》ですら改善されると！　そう証明したのは、土壌の専門家ではなく、タイガの女世捨て人だった。

主な例として、アナスタシアはタイガの状況をあげた。タイガは何千年も存続し、すべてそこで育ち、誰もタイガの土に肥料などやらない。アナスタシアは言う、地球に生えるすべての植物は物質化された神の意識であり、神は、人間が食べ物を得るために苦労しなくともいいように、すべてを整えたのだと。ただ創造主の意識を理解するように努力し、創造主と共に美しい創造をしようとすればよいのだと。

一方私も、わかりやすい自分の例をあげることができる。以前キプロス島に行く機会があったのだが、その土壌は岩石質の多いものだった。しかしその地はずっとそうであったわけではない。何世紀もの昔、島には美しい杉の森や果樹が育ち、きれいな淡水《たんすい》が何本もの川にそそがれ、島は地上の楽園に似ていた。ローマ軍が島を占拠し、杉の木で船を造るために、島の杉林をすべて切り倒してしまった。今や島の大部分において植物の生育が乏しく、春にさえ草は枯れ、夏の雨はあまり降らなくなり、淡水が不足している。キプロス人は肥沃な土を、海を越えて船で運んでくることになったのだ。この通り、人間はあらかじめ創造されたものを良くするのではなく、自分たちの野蛮《やばん》な介入によって悪化させたのだ。

アナスタシアは自身の構想について、その土地には必ず一族の木が植えられなければならない、そして亡くなった人を墓地ではなく彼ら自身によって整備された美しい領地、一族の土地に埋葬《まいそう》しなければならないと詳しく話した。そして、墓にはいかなる墓碑《ぼひ》も必要ないのだと。その人についての思い出は、死んだものではなく生きたものでなければならないのだと。親族にとって故人の思い出は、その人により創造された生きたものであるべきで、それによりその人の魂は、地上の楽園において再び物質として具現化するのである。

墓地へ埋葬された人たちは、天国へ行くことができない。親族や友人たちが故人の死のことを思う意識がある限り、彼らの魂は物質として具現化することができないのだ。墓石はすなわち、死の碑《いしぶみ》である。埋葬の儀式は闇の勢力により考え出されたもので、その目的は、人間の魂をたとえ一時的にでも幽閉《ゆうへい》することである。我われの父は、どんな苦しみや悲しみをも愛する子どもたちに生み出してはおらず、神の創造のすべては永遠で、自己充足し、自身で再生する。地球に生きるすべてのものは、単なる一本の草にみえるものから人間に至るまで、調和のとれた一体のものであり、そして永遠なるものなのだ。

私はこのことについても、彼女は正しいと思う。現にどうなっているかを考えてほしい。今や学者たちは人間の意識は物質化できるものであると話している。しかしもしそうなのであれば、親族たちは故人のことを死んだ人として思うことで、その思い自体により故人を死んだ状態に閉じ込め、その魂を苦しめていることになる。アナスタシアは主張する。人間、より正確に言えば、人間の魂は、永遠に生きることができるのだと。魂は常に新しい肉体に具現化することができるが、それは一定の条件においてのものだと。アナスタシアの構想に従って整備された一族の土地が、その条件を創りだす。私はただこれを信じた。アナスタシアの生と死についての主張に対し、高度な証明や反論ができるのは、おそらくエソテリック（＊秘教や超常現象、神秘学など）な学者だろう。

私はアナスタシアに言った。

「ああ、君の主張には大勢の反論者が出るだろうよ」

彼女はそれにただ笑って答えた。

「それなら逆にすべてがとてもたやすく進んでいく、ウラジーミル。人間の意識は対象を物質化したり、変形させたり、出来事をあらかじめ定めたり、未来を創り上げる能力を持っている。ほら、だから人間の本質が無常なものだと証明しようとする反論者たちは、自分たちで自らを滅亡《めつぼう》させることになる。なぜなら、まさに自分の意識によって、自分の死を創りだすから。

自分の使命と永遠性の本質を理解できた人は、永遠に繰り返し具現化しながら、幸せに生きるようになる。なぜなら、彼らは自分の意識によって、自分の幸せな永遠性を創りだすから」

また私は、経済的な妥当性について考えはじめたのだが、アナスタシアの構想に従って築いた一族の土地があれば、誰でも自分の子や孫たちに豊かな生活を確保できるということを確信し、その構想がますます気に入ってしまった。それは質の良い食べ物や住居を子どもたちに確保してやれるというだけのものではない。アナスタシアは、塀を生きた木々でこしらえ、一ヘクタールの四分の一は森でなければならないと言っていた。二十五アールの森には、およそ三百本の木が植えられる。八十年か百年後には切り倒すことができる。これらの木からおよそ四百立法メートル分の木板がとれ、よく乾燥させて装飾用の材木として加工すれば、今日すでに一立方メートルあたり百ドル以上の価値があり、全部で四万ドルをもたらすのだ。もちろんすべてを切り倒すわけではなく、成長した木を必要なだけ切り倒し、そこに代わりの新しい木を植える。アナスタシアの構想に基づいた一族の土地の総価値は百万ドル以上にもなり得、しかもそんな土地を造ることがどの家族にも、ごく平均的な収入の家庭でさえもできるというのだ。家は、はじめはむしろつつましいものでよい。豊かさを成す主要なものは、正しくそして美しく整備された土地なのだ。

裕福な人々はすでに多額の代金をランドスケープデザインの会社に払っている。そのような企業はモスクワには四十社近くあり、仕事は引きも切らない。家に付随する百メートル四方もの土地の適切で美しい整備となれば、彼らの値踏みでは千五百ドル以上の仕事になるだろう。

六メートルの高さの針葉樹を一本植えるのに五百ドルかかる。美しく整備された場所に住みたいという人々は、それだけの大金を支払っているのだ。それは、彼らの親たちの頭に、子どもたちに一族の土地を持たせるという考えが浮かばなかったからだ。本当はそのために金持ちである必要もなく、必要なのは優先順位を正しく設定することだけなのだ。我われ自身がこのような単純なことを理解できないのに、どうやって子どもたちを教育することができよう？　まず自分自身の教育からはじめなければならないというアナスタシアの発言は、正しい。

　私は自分でも土地を持ちたいと、とても強く思うようになった。一ヘクタールの土地を得て、家を建てる。ただ最も重要なのは、土地の周囲にさまざまな樹木や草花を植え、アナスタシアが描いたように整備し、そしてその土地が同じように美しく整備された他の人の土地で囲まれていることだ。アナスタシアと息子もそこに住むか、遊びに来ればいいのだ。そして後には……孫やひ孫たちが。もしかすると子孫たちは都会で仕事をしたいと思うかもしれない。そうであれば、彼らは休息するために自分の一族の土地へと帰ってくることができる。そして年に一回、例えば七月二十三日の全地球の日に、親族全員がその家に集まる。もちろん私はその頃にはもういないだろうが、私により残された土地が、そこで成長する木々が、庭がある。小さい池も掘り、稚魚を放して魚を棲《す》まわせよう。アナスタシアが話したように、木々は独特な配置で植えられている。子孫たちが気に入る木もあれば、やり変えたいものもあるだろう。しかしいずれの場合にも、私を思い出してくれるのだ。

　私は自分の土地の中に埋葬してもらいたい。そして私は、私の墓がけっして墓として土地の中で識別されることがないようにと遺言する。誰にも墓の前で悲しみにくれたフリをしてほしくないし、いかなる悲嘆《ひたん》も、そこにあってほしくないのだ。墓石の立った墓など建てず、ただ肉体から植物が育ち、地上に新しい草や茂みが芽を出せばよい。そうだ、子孫や親族たちの身体に良いベリーのようなものが生えればよいのだ。墓石にいったいなんの意味があろう？　何もない、悲しみだけだ。私が残した土地に帰ってくるとき、悲しみではなく歓びと共に私を思い出せばよいのだ。ああ、私はそうなるようにすべてを配置しよう、すべてを植えよう……。

私の意識は何か壮大な、なんとも嬉《うれ》しい予感の中で絡《から》まり合っていた。早くはじめなければ、どうにかして行動しなければ、早く街へたどり着かなければ。しかしこの森から河まで行き着くだけで、まだ十キロメートルも歩かなければならない。早くこの森が終わればいいのだが。するとと不意に、記憶の中にあったロシアの森についての情報が、どこからともなく浮かんできた。すべての数字が思い出されたわけではないが、いつか読んだ統計誌にあったデータを次にあげる。

「森林は、ロシアの主要な植生であり、国土の四十五パーセントを占める。ロシアは世界で最も多くの森林を保有している。一九九三年における森林面積は八億八千六百五十万ヘクタールであり、木材総保有量は八〇七億である。これは世界の森林面積の二一・七パーセントならびに総保有量の二五・九パーセントに値する。前者より後者の数値が高いことが、地球全体の他の場所よりも成熟度が高く、生産性の高い森林がロシアにあることを表している。

森林は、地球の大気バランスおよび気候調節において重大な役割を果たしている。B・N・モイセーエフ氏の算出によると、ロシアの森林の総バランスは、二酸化炭素が十七億八千九百六十万四千八百トン、酸素が十二億九千九百一万九千九百トンである。ロシアの森林では、年間六億トンの二酸化炭素が吸収されている。この膨大な量のガスの移動が、惑星の大気の構成要素と気候を本質的に安定させている」

こういうことなのだ！　ロシアは何かしらの使命を担っていると言う人がいるが、それは未来に控えているものではなく、森によってすでに遂行途中のものなのだ。

なんということか。少量であろうと多量であろうと、量は重要ではない。重要なのは、この惑星の全員がロシアの空気で呼吸しているということだ。私が今、こうして軽やかに歩いているこの森で生み出される酸素で、みんなが呼吸しているのだ。この森は、この惑星に生きる人々にただ酸素を供給しているに過ぎないのだろうか。それとも、もしかするともっと大切な何かを？

今やタイガは、一人で歩く私に警戒心を呼び起さない。安全な公園を歩いているような、そんな感覚だ。もちろんタイガには公園の遊歩道はなく、枯れ木や灌木《かんぼく》のうっそうとした茂みが道を阻むこともある。しかし今回、私はそういったものに苛立つことはなかった。

道中の通りすがりに、私は木の実を採っていた。ラズベリー、スグリ……。私ははじめて、同じ種類の木でさえ、みかけがそれぞれ異なる様子を興味深く眺めていた。なんとさまざまに植物が分布していることだろう、同じ景色が繰り返されることはない。

私はそのときはじめて、注意深くタイガを観察した。するとタイガが私により優しく接しているように感じた。おそらくその感じは、このタイガの草地で私の小さな息子が生まれ、アナスタシアとともに暮らしている、という認識から沸き上がったのだろう。アナスタシア、その女性との出逢いが私の全人生を変えてしまったのだ。

この果てしないタイガにはアナスタシアの小さな草地があり、彼女はそこを長く離れたがらないばかりか、彼女にとってその草地はどんなマンションであれ、たとえ最も豪華なマンションであろうとも、換えがたいものなのだ。それはなんの変哲もない草地のようにみえる。家も、ほったて小屋も、生活に必要な設備もないが、彼女はそこに帰ると途端に歓びにふるえる。そしてなぜか私にも、アナスタシアの草地に三度目の訪問をしたときには、辛い旅からやっと家に帰ったときのような感覚が生まれたのだった。

我われの世界では、まったくおかしなことが起こっている。人間社会は何千年も、幸せのため、一人ひとりの幸福のために格闘しているようにみえる。しかしよくよく考えてみると、社会の中心、現代の文明化都市の中心にいるまさにその人こそが、より頻繁《ひんぱん》に無防備な状態にさらされている。交通事故に遭ったり、略奪《りゃくだつ》されたり、始終あらゆる病にさいなまれたりして、薬屋なしにはもはや生きていけず、また一方で満たされない思いによって自殺という形で人生を終えることもある。自殺者の数は、まさに生活水準の高い文明国において増加している。さまざまな地域の母親たちがテレビに出ては、子どもたちに食べさせるものがない、家族は飢えていると話す。

アナスタシアは小さな赤ん坊と一緒にタイガに住み、まるで異なる文明のように暮らしている。彼女は、我われの社会に求めることもなく、身を守るための警察も軍隊も必要としていない。この草地では彼女にも赤ん坊にも悪いことなどまったく起こり得ない、そんな印象が醸《かも》し出されるのだ。

そうだ、もちろん我われの文明は異なっている。そして彼女はその二つの異なった世界から良いところを取ればよいと言っている。そうすれば、地球の多くの人々の生活が変わり、新しい幸せな人間社会が生まれるのだ。その共同体はきっと興味深いものだろう。新しく、今までにないものになる。例えばこんな風に……。

大宇宙を味見しよう

長い間私は、アナスタシアがなんの心配もせず乳飲み子を一人にすることに、賛成できないでいた。例えば茂みの下に寝かせておいたり、休んでいるメス熊やメス狼のそばにいさせておいたりする。しかし私は、もはやどんな獣《けもの》も彼に触れることはないと確信していた。それどころか、獣たちは全力をつくして彼を守ろうとするのだ。だが誰から守るというのだ？　周囲の獣たちがみんな子守《こもり》のようなものであれば、いったい誰から守るというのか？　いずれにせよ、乳飲み子を一人にしておくことなど、私にとっては異様なことに思える。私はやめるように説得をしようと、アナスタシアに言った。

「獣たちが赤ん坊に触れないからといって、他の不幸が起こらないわけではないよ」

彼女は答えた。

「想像できない、ウラジーミル。あなたはどんな不幸のことを考えているの？」

「無力な子どもたちにはいろんなことが起こるだろう。例えば、土が盛り上がったところに這《は》い上がってしまって、そこから転げ落ちて、小さな足や腕を脱臼《だっきゅう》したりするかもしれない」

「子どもが自力で這い上がれるような高さは、害を及ぼす原因にはならない」

「じゃあ、何か悪いものを食べてしまったらどうする？　何も考えずになんでも口に入れたがるじゃないか。そのうち中毒になっちまうよ。そうなったら誰が胃を洗浄してやれるっていうんだい？　近くには医者なんぞいないし、何かあったときに子どもの腸を洗浄してやる浣腸《かんちょう》だって、君は持っていないのじゃないか」

アナスタシアは、ただ笑って答えた。

「浣腸なんてなんのために必要なの、ウラジーミル？　腸は他の方法で洗浄できるし、その方が浣腸なんかよりもっと効果的」

「どうやって？」

「試してみたい？　ちょうどいいわ、あなたには助けになるかもしれない。今、草の葉を少し持ってくる……」

「待ってくれ、いらないよ。わかったぞ、君は俺に腹を壊すようなものをくれるつもりなんだろう」

「あなたはだいぶ前からお腹を壊していたでしょう。その草は、あなたのお腹から悪いものを全部追い出してくれる」

「わかった、赤ん坊に何かあったら、君はその草をやって赤ん坊に腹下しをさせるんだな。でも、赤ん坊をそんなふうにひどい目に合わせるまで放っておくことはないじゃないか！」

「そこまでにはならないわ。私たちの息子は悪いものは食べたりしない。子どもたち、特に乳児は、母乳に慣れているから、他のものを大量に食べたりはしない。私たちの息子も、少しだけベリーや草をひとつ味見するくらい。害のある実や草は苦く感じるから、彼にとっては悪いもので、吐き出してしまう。たとえ少し食べてしまっても、胃に悪い作用をするから吐き戻してしまう。そして彼はそれを覚えて、それからはその実や草は食べなくなる。大地のすべてを、誰かに言い聞かされるのではなく、味わうの。息子には、大宇宙を味見させておきましょう」

おそらく、おおむね彼女は正しいのだろう。これまで赤ん坊に何事も起こらなかったのだから。また、私はもうひとつ興味深い事実に気づいた。アナスタシアの草地の周りの獣たちが、自分の子らに人間とのかかわり方を躾《しつ》けたり、教えたりしているのだ。私は以前、アナスタシア自身が教え込んでいるものと考えていた。しかし後に確信したのだ、彼女はそんなことに自分の時間を費やしていない。

あるとき私が目にしたことである。私たちは草地の淵《ふち》の陽の当たるところに座っていて、アナスタシアは息子に母乳を与えた直後だった。息子は至福の様子で彼女の腕に抱かれていた。はじめはちょっとだけまどろんだり眠りに落ちたりしていたが、しばらくすると小さな手でアナスタシアの髪をいじりながら微笑んでいた。アナスタシアも息子をみつめて微笑みながら、優しい声で彼に色々な言葉をささやいていた。

私は、メス狼が仔狼《こおおかみ》を連れて草地に入って来たのをみた。まだほんの小さな四匹の仔狼を連れている。メス狼は我われの方へ歩いて来たが、十メートル以内に近付くことはなく、草の上に横になった。母親の後をちょこちょこと付いて来た仔狼たちは、すぐに母親の腹に吸い付きはじめた。アナスタシアは、仔狼を連れ横になったメス狼をみつけると、草から立ち上がり、息子を抱いて近づいて行った。メス狼から二メートルほど離れたところにしゃがむと、微笑みながら仔狼らをじっとみつめていた。そして優しく話しかけていた。

「ああ、私たちのお利口さん、あなたはなんてかわいい子どもたちを産んだのかしら。一匹は必ずみんなのリーダーになるわ。この女の子はママにそっくり。ママに歓びを運んで、立派に一族をつなげていく」

メス狼はまどろんでいるかのように、気だるい様子で目を細めていた。それはまどろみのせいなのか、アナスタシアの声の愛撫《あいぶ》のせいなのか。仔狼は母親の腹でじっとしながら、アナスタシアをみつめはじめ、そのうちの一匹がまだおぼつかない足取りで彼女の方へと進みだした。

突然、まどろんでいたようにみえたメス狼が飛び起き、その仔狼をくわえると、他の仔狼たちの方へと戻した。アナスタシアの方へ近づこうとした二匹目、三匹目、四匹目の仔狼にも同じことが起きた。何もわからない仔狼たちは何度も試みを続けたが、メス狼は仔狼たちが歩みをやめるまで引き戻し続けた。二匹が互いにじゃれ合いをはじめ、他の仔狼たちはおとなしく座り、我われをみつめていた。アナスタシアの腕の赤ん坊も仔狼を連れたメス狼をみつけ、彼らをみつめはじめた。それから我慢できないといったふうに脚をバタバタと動かしはじめ、何かを訴えるような声を発した。

アナスタシアは仔狼と一緒にいるメス狼の方へ手を伸ばした。二匹の仔狼はどこか自信なさげに、伸ばされた人間の手の方へと向かったが、このときメス狼は仔狼たちを引き戻さず、それどころか遊んでいた二匹を伸ばされた手の方へと押しやったのである。そしてじきに仔狼らはアナスタシアのそばまで来た。一匹は伸ばされたアナスタシアの手の指を噛《か》みはじめ、二匹目は前脚で手の上に乗り、他の二匹は足の方へと寄って来た。息子はアナスタシアの腕の中でそわそわと動きだし、明らかに仔狼たちの方を目指していた。アナスタシアが彼を草の上に下ろすと、その瞬間、息子はすべてを忘れて仔狼と遊びはじめた！　アナスタシアはメス狼の方へ行き、優しくたてがみを梳《と》かしてやると、私の方へ戻ってきた。

躾けられたメス狼は絶対に自分からアナスタシアに構うことはなく、あるジェスチャーによってのみ彼女のもとへ駆けつける。そして今、メス狼は同じことを自分の子孫に教えていたということだ。メス狼も、自分の母親から教えられたのだろう。そして母親も、その母親から。そうやってここの獣たちは世代から世代へと、人間とのかかわり方の規則を伝えてきたのだ。しかも尊敬を込めた、節度のあるかかわり方であると言わなければならない。しかし、ならば誰がどうやって、これとは異なる人間とのかかわり、人間を襲うことを教えたというのだろう？

このシベリアのタイガに住む世捨て人たちの暮らしを知ってからというもの、多くのさまざまな疑問、以前は想定することさえできなかったさまざまな疑問が浮かんだものだ。アナスタシアは世捨て人の生き方を変えるつもりはない。しかし、……ちょっと待て！　私がアナスタシアのことを世捨て人として考えるとき、「世捨て人、女世捨て人」という言葉はすなわち社会、最新の情報のシステムから隔絶《かくぜつ》された人を連想させる。しかし、実際はどうだ？　毎回彼女の草地に滞在した後、私は新しい本を出している。さまざまな人々、老人、若者、学者や宗教団体のリーダーたちが彼女について議論している。私が彼女に、情報あふれる我われの社会からのあらゆる情報を提供しているのではなく、彼女が私に我われの社会が興味を抱く情報を提示しているのだ。

それではいったい誰が真の世捨て人なのか？　我われは豊かな、いや、豊かと思い込んでいる情報の蜘蛛《くも》の巣の中で絡まってしまったのではないか？　そうして、実際に情報の真の源から離れていった、または引き離されてしまった。そしてこともあろうに、実際は辺鄙《へんぴ》なタイガのアナスタシアの草地こそが、まるで情報センター、あたかも宇宙船を存在の異次元へ発射するための基地となっているのだ。ならば私、我われこそ何者であり、アナスタシアはいったい何者なのか？　しかし今、それがそんなに重要なことだろうか？　重要なことは他にある。個人、国、そして人類社会全体をより良い暮らしにすべく、個々の生き方を変えることで成しうる変革。この改革の可能性についての彼女の最近の発言があるのだ。

信じがたいほどにシンプルである。各個人に一ヘクタールほどの土地を与えればいいというものだ。その後、彼女はその土地で何をしなければならないかを話したが、それは……またしても信じがたいほどシンプルなのだ……。そうすれば愛のエネルギーがずっと人間と共にある。互いに愛し愛される夫婦ができる。幸せな子どもたちができ、多くの病気が消え、戦争や大惨事に終止符が打たれる。人間は、神に近づく。

実際、彼女の草地に似たものを大都市の周りにたくさん造ることを彼女は提案している。彼女はその際に、我われの文明が築いたものを否定していない。「ネガティブなものでも善のために使えばよい」と話している。そして私は彼女の構想を信じた。それが実現することで、我われの人生にすばらしいことが起きると信じた。その構想にある多くのことが、私は納得のいくことに思えた。ただしもう一度、すべてを順序立てて検証しなければ、よく考えなければならない。彼女の構想を、それぞれの地域のもとで適応させなければならない。

土地とその整備に関するアナスタシアのアイディアは、私の心をつかんだ。早く家にたどり着き、学者たちがこのような入植地《にゅうしょくち》についてなんと言っているのか、そして世界にこれに似たものがあるかどうかを調べたかった。新しい入植地についての詳細をまず計画し、それから参加希望者たちとの協同作業によって建設をはじめたいと思った。もちろん私も、他の誰であっても、単独でこのすばらしい未来の入植地の計画をし、一人でその責任を負うことはできない。みんなで一緒に行わなければならないのだ！　……他の失敗例を考慮しながら共に情報を検討し、共に自分たちの入植地の計画を立てなければ。

オーロヴィルの夢

アナスタシアのところから帰った後のはじめの数カ月間、私は集中的にエコビレッジについての情報を集め、研究をしていた。大部分の情報は、国外のエコビレッジに類するものについてだった。このテーマについて私が集めた情報をすべて合わせると、ベルギー、カナダ、デンマーク、イギリス、フランス、ドイツ、インドその他の十九カ国における八十六カ所であった。しかし、これらの情報はこれといって喜ばしいものではなかった。これらの国のどれも、十分な広がりを持った動きはなく、それらの国の社会状況に重要な影響を与えるようなエコビレッジはなかった。最も大きく有名な入植地のひとつがインドにあり、オーロヴィルという。この街について少し詳しく説明しようと思う。

　オーロヴィルは、一九六八年にインテグラル・ヨーガの創始者であるシュリ・オーロビンドの妻、ミラ・アルファッサによって創設された。ポンディシェリ市から遠くないところに一九四〇年代にインド政府により土地が割り当てられ、シュリ・オーロビンドのアシュラム、すなわちインテグラル・ヨーガ信奉者のセンターとなっていた。入植が始まると、五万人の人口を抱える大きな都市になると謳《うた》われた。「オーロヴィル」とは、「空焼けの街」または「朝焼けの街」の訳語である。人々が団結し、精神世界に矛盾しない調和のとれた物質世界の建設をするという理念を実現するはずだった。ミラ・アルファッサは自身の宣言書の中でこう述べている。

「オーロヴィルは、人類の和合の生きた現実となるための、精神と物質の研究の場である」

人々が精神性と愛の和合の中で、自然世界と調和のとれた暮らしをするという創設者の理念は、インド政府、インディラ・ガンディー氏、ユネスコに認められ、インド政府および多くのスポンサーの資金援助を受けた。創設式典には百二十一カ国の代表と、州の代表二十三名が参列した。おそらく世界中の多くの〝スピリチュアル〟な人々の夢であるすばらしい街の建設が始まった。

一方で、一九七三年、ミラ・アルファッサの死後に、オーロビンドの弟子であるサットプレムが、オーロヴィルのことをただの「商業的事業」だと名づけて、猛烈《もうれつ》に反対した。シュリ・オーロビンドのアシュラムは「事業」の財政の大部分を管理しており、街で行われるすべてのことに対し権力を持とうとした。しかし住民は彼らの共同体は地球に属しているのであり、アシュラムに指図されるものではないと考えていた。そして、スピリチュアルなアシュラムとスピリチュアルなオーロヴィルの住民たちとの激しい対立がはじまった。対立は精神的な次元だけでなく、拡大して肉体的な次元へと移っていった。一九八〇年に、インド政府はオーロヴィルをシュリ・オーロビンドの団体から引き離すという決断を下さざるを得なくなった。居住地では常設の警察署ができた。オーロヴィルのこの事態は、シュリ・オーロビンドの活動や教え全体へも危機感を及ぼすものとなった。

現在のオーロヴィルでは、五万人以上という当初の想定をよそに、住人は約千二百人である。地元の住民を含めても、この地域の十三の村落の人口は合わせて三万人だ。もしかするとオーロヴィルの街の夢の崩壊《ほうかい》の理由は、次のことにあるのかもしれない。オーロヴィルの住民たちが土地を割り当てられたとき、自分の家を建てる権利は持つが、家が建っている土地は法的にはオーロヴィルの所有地となる。住人は資金を出して土地を獲得するが、名義はオーロヴィルなのだ。このようにしてオーロヴィルは完全な信用を得るが、その住民たちの誰一人として完全な信用を得ることはない。住民一人ひとりが依存してしまっているのだ。しかしこの計画を立てたのは、高度にスピリチュアルだと考えられていた人々である。おそらく、スピリチュアルというものにも別の顔があるのだろう。

現在のオーロヴィルの状況は私をひどく落胆させ、私はすっかり気落ちしてしまった。アナスタシアの構想への疑問は起こらなかったが、一方で否定的な考えも頭に這いずり込んできた。インドという人間の存在についての精神的理解において先導的とも考えられる国で、きちんとした入植地ができなかったのであれば、政府やユネスコ、各国のスポンサーからの援助を受けながらも上手くいかなかったのであれば、どうしてアナスタシアがすべての「暗礁《あんしょう》」を一人で予見することができるだろう？　仮に一人ではないにしても、彼女の意見を分かち合う数多くの読者たちも、すべてのことを計算し、熟考《じゅっこう》し、予見してみてもいい。しかしみんなの考えを合わせても、うまくいかないかもしれない。誰にも経験がないのだから。

誰か一人でも、個々の人間や社会全体の幸せなあり方を築く土台となるその礎石《そせき》を知っていたのなら、きっとどこかに幸福な社会が築かれていただろう。しかしそれがないのだ！　どの国にも存在しないのだ。良くない例があるだけだ。では良い例とは、どこで探せばいいのか？

「ロシアで！」

アナスタシアが答えた。

新しい文明の先駆者たち

「新しい、美しい未来の芽がロシアのダーチニク（＊ダーチャと呼ばれる郊外の簡易別荘で自家菜園を造っている人のこと）たちの中にある！」この言葉が、アナスタシアがそばにいないそのときに、ひとりでに私の内で響いた。その一瞬で思い出した。四年前のことだが、アナスタシアがどれほど夢中で、歓喜にふるえながらロシアのダーチニクたちのことを話していたかを。彼女はまさにダーチニクたちのおかげで、一九九二年に地球規模の大惨事《だいさんじ》が避けられたのだと考えている。まさにロシアで、地球の一部を抱擁《ほうよう》するその驚くべきムーブメントが起こったのだ。彼女が話していたことを覚えている。

「……何百万人もの人間の両手が、愛をもって大地に触れた。機械ではなくまさに自分の両手で。ロシアの人々は、自分の小さなダーチャの一画で、やさしく地球に触れた。そして地球はそれを感じた。地球はすべての手が触れるのを、一つひとつつぶさに感じた。地球は大きいけれど、とても、とても敏感。そして地球は、もう少し持ちこたえる力を自身の内に見出した」

その頃、つまり四年前、私はこの発言をあまり深刻に受け取らなかったのだが、今、世界中で起こっていたスピリチュアルなエコビレッジを創ろうという人々の数えきれない試みを知り、私は突然理解したのだ……。大きな声で呼びかけなくとも、訴えなくとも、宣伝や派手な騒ぎをしなくとも、ロシアには現実に、最も大規模に行われている全人類のための重要性を持つプロジェクトがあるではないか。無数にあるロシアのダーチャ社会を前にして、世界各国でのエコビレッジ創設の情報は、単にくだらないものに思えて来た。

ご自分で判断していただきたい。私の前に大量の記事やさまざまな論文集があり、その中ではエコビレッジに何名の人が暮らすべきかという問題を真剣に取り上げている。そして百五十人を超えないようにと提言している。また、エコビレッジの管理組織やスピリチュアルな指導者に、大きな重要性を持たせている。

一方でロシアのダーチャ協同組合はすでに何年も前から存在していて、ひとつの組合を構成する世帯は三百以上である。管理人はそのうちの一人か二人で、年金生活者であることも多い。そもそも、ロシアのダーチャ協同組合の代表者を管理人と名づけることができるだろうか？　その役割は、どちらかといえば登録機関としてだったり、大多数の構成員の大多数の意思を遂行《すいこう》する人、執行《しっこう》する人に似ている。

ロシアのダーチャ・ムーブメントにおいて、集権的な機構はまったく存在しない。一方で国家統計局のデータによると、すでに一九九七年には千四百七十万世帯が果樹園を、七百六十万世帯が菜園を持っていると公表している。彼らが所有する土地の総面積は百八十二万一千ヘクタールである。国民はジャガイモの総生産量の九十パーセント、ベリーや果物の七十七パーセント、野菜の七十三パーセントを自力で栽培している。

おそらく、エココミュニティやエコビレッジのプロジェクトに長年携わる理論家たちは、ダーチャ協同組合はエコビレッジではないと私に反論するだろう。それに対して私は即答したい。大切なことは名称ではなく、その本質にあるのだと。

ロシアのダーチャ協同組合の圧倒的大多数が、エコビレッジの原理に合致するものである。そればかりか、精神性の向上だとか、自然に対する思いやりの必要性などを声高に宣言することもなく、ダーチニクたちが言葉ではなく実際の自身の生き方の中で、精神的な成長をもみせているのだ。彼らの手で何百万本もの木が植えられた。彼らの努力によって、何万ヘクタールもの荒れ地、農耕不適地とされていた土地、いわゆる捨て地に、今は花咲く園がある。

ロシアでは国民の一部が飢餓《きが》に陥《おちい》る寸前である、ということを耳にする。教師だったり鉱夫だったりが次々とストライキを起こし、政治家は国の危機を脱する道を探して忙しい。ペレストロイカの期間に、ロシアは一度ならず大規模な社会崩壊の危機に瀕《ひん》した。しかし、それは起こらなかった。一方で、つい近年の我われの生活において、ジャガイモの九十パーセントと、ベリーの七十七パーセント、野菜の七十三パーセントを頭の中で差し引いてみる。今度はその数字の代わりに、何百万人の不安と緊張の値を加えよう。人々を安心させるダーチャ・ムーブメントの要素を近年の状況から差し引くのならば、必ずこれを加えなければならない。自分の畑の畝《うね》に触れるダーチニクたちが心安らかになる様子を目にするのに、心理学者である必要すらないではないか。こうして考えると、一九九二年、一九九四年、または一九九七年に我われに起こり得たのはなんだったのだろう？　このうちどの年にも、とてつもない社会の崩壊が起こっておかしくなかった。そしてその崩壊は、死をもたらす兵器をぎゅうぎゅうに詰め込まれた惑星に、何をもたらしたことだろう？

しかし、大惨事は起こらなかった。アナスタシアは、一九九二年の地球規模の大惨事が起こらなかったのは、ひとえにロシアのダーチニクたちのおかげだと断言しており、今その状況説明となる情報を知った私は、彼女を信じている。

まだソビエト連邦だった頃、我われの国の首脳陣の誰の賢い頭脳が、ロシアのダーチャ・ムーブメントに〝ゴーサイン〟を出す決断をしたかということは、もはや重要ではない。あるいはもしかすると、それをまさにロシアに根付かせたいという神の意志だったのかもしれない。今重要なのはまったく別のこと、すなわちそのムーブメントが存在するということなのだ！　何千年にもわたってあらゆる大陸で多くの人々が希求し成し得なかったことが可能であり、そしてそれが人間社会において安定的に存在することができるという、なによりも輝かしい証明になるのである。

　アナスタシアは、ロシアのダーチャ・ムーブメントが、人間社会の成長における極めて大きな転換期であると言う。

「ダーチニクたちは、後に続く美しいものの先駆者《せんくしゃ》」

　彼女は、彼女によって描かれた未来の入植地の構想のことを言っている。そして私自身も、そのような美しい入植地のうちのひとつに暮らしたい。そしてそれが存在する国が、繁栄する国であってほしい。そしてその国が、ロシアという名前であってほしい。

証拠探し

未来のロシア――それは、今生きている多くの人々にも幸せな暮らしを営む機会を与える、美しい国。

未来のロシア――それは、この惑星の人類社会に、幸せな暮らしを取り戻す国。

私は美しく開花するロシアをみた。彼女、アナスタシアが、私に未来の国の姿をみせてくれた。そして情熱的でいつも陽気なシベリアのタイガに住むこの女世捨て人が、どうやって他の惑星や未来や過去への旅を成し得たかということはまったく重要ではなく、意味のないことだと思えてきた。彼女がどうやってみえない糸であらゆる国の人々の魂を、ひとつの創作への躍動《やくどう》の高まりへと結び付けているのかということも。重要なのはまったく別のこと、この高まりが存在するということだ。彼女がどうして我われの生活についてあれほど多くの情報や知識を持っているのかということが、はたして意味のあることだろうか。その知識のもたらす結果、つまり彼女の情報に触れたあらゆる町の人々が、杉並木を植え、杉のオイルを作り、そして美しいものについての歌や詩を書く人々が続々と増え続けているということこそが、比較の余地がないほどずっと重要なのだ。

そんなことがあるだろうか！　彼女は何か夢を描く、私がそれを書く、するとそれが実現するのだ！　ファンタジーだ！　しかし、ファンタジーはみんなの目の前で、実生活において現実となっている。そして今や、美しい国のことを彼女は夢みた。これも本当に実現するだろうか？　いや実現させなければならない！　どうにかしてそれを助けなければ！

アナスタシアが話したこと、みせてくれたものについて考え、分析し、私は美しい未来が実現することをより強く確信した。私はそれを信じている。

私はアナスタシアのすべての言葉を信じはじめていたが、未来のロシアについての章を書き終えて本にすることがどうしてもできなかった。前巻の『共同の創造』にも入らず、この本の出版はその章のせいで遅れてしまった。私は彼女の話のすべてが、十分に説得力のある現実的なものと思われるよう書きたかった。私自身だけでなく、多くの人がそれを信じ、行動し、美しい未来の創造をはじめてほしいと思った。ただいくつかのアナスタシアの発言のせいで、本当に説得力のあるものにすることが、どうしても上手くいかなかったのだ。

私は『共同の創造』の中で、我われを取り巻く自然のすべては物質化した神の意識に他ならない、というアナスタシアの主張について書いた。人間がもしその一部でも理解できたのなら、食べ物を手にするために土に肥料をやる労力を費やす必要などなくなる。土は自分で肥沃度《ひよくど》を回復できるのだから。それにあらゆる害虫や雑草との闘いに労力を費やす必要もなくなる。意識は日々の生活の問題から解放され、人間はもっとその存在に特有なこと、つまり神との美しい世界の共同創造に力を注ぐことができるのだ。私は彼女のこの言葉を、多くの人に信じてほしいと思った。しかし、我われの国以外でも、すべての農業技術が肥料なしには成り立っていないのに、どうして人々が彼女の話を信じられるだろうか？

世界中の多くの工場で、土に撒《ま》くためのありとあらゆる化学薬品を製造している。私は何度かこの問題について何人もの農学者に問い合わせたが、その度にまったく同じ、なんとも偉《えら》ぶった答えが返ってきた。

「もちろん一ヘクタールの土地に楽園を造ることはできるでしょうが、その楽園では朝から晩まで働くことになるでしょうな。土に肥料を与えなければ良い収穫は得られませんよ。農薬なしでも畑はうまくいきません。無数の害虫たちが作物をだめにしてしまうのですから」

私が、タイガではすべてが人間の助けなしで成長しているというアナスタシアの論証を引き合いに出すと、学者たちはこう断言した。

「仮に成長するとしよう。でも君の女世捨て人を信じるなら、タイガのプログラムは直接神から課せられたものだ。人間に必要なのは、タイガで育つものばかりじゃない。例えば、果樹園なんてタイガにはないだろう。果樹園は人間の手入れを必要とするものだからだ。果樹園は自分で育ったりしない」

私は何度か「菜園のすべて」、「園芸家」、「ダーチニク」といった店を訪れ、店の中でたくさんの人々がさまざまな化学肥料の袋を買っている様子をみていた。そういった人々をみて、私は彼らがアナスタシアの言っていることを決して信じないと、すなわち未来のロシアについて書くことは無意味だと思った。彼らはそれを信じないのだから。その未来は何よりもまず、土、そして我われを取り巻くものに対する新しい認識、異なるかかわり方と結びついているものだからだ。そして現代人の誰一人として、彼女の言ったことを立証できない。彼女の言葉の裏付けとなる現実の例がない。実際に行われているのは、すべて彼女の言ったことに反することなのだ。そしていくつもの工場が、あらゆる害虫に対しての農薬を作るために稼働《かどう》している。肥料や化学薬品を売る一連の店がある。土についての科学があり、大勢の人々が科学的な研究に明け暮れている。アナスタシアの主張に説得力のある証拠がないことがあまりにも強い威力《いりょく》でのしかかり、私はもはや何も書けなくなっていた。それゆえ、私はオーストリアのインスブルグに行くことにしたのだった。ドイツの出版社が電話をかけてきて、生体エネルギー研究所の所長であるレオナルド・ホシェネング氏が、ヨーロッパのリーダー的なヒーラーたちの前で、私にアナスタシアの話をしてほしいと言うのだ。研究所が、旅費、宿泊費、そして講演に対して一時間あたり千マルクを支払う用意があると言う。私は金のためではなく、アナスタシアの構想、彼女のロシアの未来についての主張を立証することができる、多くの人が理解できる「賛成」または「反対」の理由を探しに、そこへ行った。

ヒーラーたちへの講演のために私を招待したホシェネング博士は、自身が専門医であり、そして先祖代々著名なヒーラーだった。彼の祖父は、日本の皇族をはじめ多くの身分の高い人々を治療した。研究所の建物の他に、欧州各地から来た多数の患者たちが宿泊している小さめで快適なホテルやレストラン、公園、そして街の中心部の建物をいくつか所有していた。彼は億万長者であったが、多くのロシア人が想像するような西欧の金持ちのライフスタイルに反して、私が知る限りでは、レオナルドは人々の治療における責任ある仕事は、すべて彼自身の手で行っていた。彼は、自分のもとを訪れる一人ひとりを自ら診察していた。患者数はときに一日五十人を超えることもあり、そんな日は十六時間勤務していた。ごくまれに、信頼して診察を任せることもあった……ロシアから来たヒーラーに。

インスブルグに集まったヒーラーたちの前で講演をするとき、私は彼らの第一の関心がアナスタシアであることを理解していた。時間の大部分を使ってアナスタシアについて話し、賛成論または反論が聞けることを心の中で期待しながら、彼女の未来のロシアについての構想について最後に少し話した。しかし彼らは、賛成も反論も何もしないまま、ただ内容を確認する質問を続けていた。

夜、ホシェネング博士はレストランでパーティーを催した。普通の夕食会とでも呼べるものだった。なんでも好きなものを注文できるのだが、みんながつつましくサラダの類《たぐい》を好み、誰も酒を飲んだりタバコを吸ったりしなかった。私もアルコールを注文するのをやめておいた。それは彼らの中で異色にみられたくなかった訳ではなく、ただなぜか肉も酒もほしいと思わなかったのだ。その夕食会では、再びアナスタシアの話になっていた。そしてそこで、誰が最初に言ったのかは覚えていないが、あるフレーズが生まれた。

〈ロシアの美しい未来は、シベリアのアナスタシアとつながっている〉

この言葉をみんなが唱和した。イタリア、ドイツ、フランスのヒーラーたちは言い方を変え、繰り返していたのだった。

私は何か具体的なことを待っていた。なぜ、何によって美しいことが起きるのかを。しかし誰一人として具体的な証拠を提示することはなかった。ヒーラーたちは自分の直感を理由としていたのだが、私には証拠が必要だったのだ。誰の目にもみえない神の意識を正しく理解さえすれば、特に何かを費やさなくとも大地は人間を養うことができる、ということに。

ロシアに帰り、私はヨーロッパのヒーラーたちの言葉を思い出しながら、今度は特に期待も抱いてはいなかったが、再び具体的な証拠を探そうとした。そのためならどこへでも行く覚悟だった。しかし遠くへ行くことにはならなかった。信じられない偶然が、まるで誰かがわざと仕組んでいたかのように、単に論理的な証拠としてだけではなく、アナスタシアの言葉についての、生きた、現実的な確証が与えられたのである。

次のようなことが起きたのだ。

永遠の園

ある日、ウラジーミル市にある「アナスタシア文化財団」（＊正式名称は「ウラジーミル市 非営利型 文化と創造支援 アナスタシア財団」）の従業員らと一緒に郊外へ出かけた。我われは美しい景色の小さな池のほとりに腰を下ろした。女性たちが昼食用にサラダを並べ、男たちは焚火《たきび》の世話をしていた。私は池のほとりに立ち、水面をみながら考え事をしていた。なんだか気分は乗りきらないでいた。すると突然ヴェロニカという、近くの村に住んでいる女性が私に話しかけてきた。

「ウラジーミル・ニコラエヴィチ（＊メグレ氏の敬称）、ここから七キロメートルくらい先の野原の中に、昔貴族の敷地だった場所が二カ所あるんです。もう建物の姿形《すがたかたち》は残っていなくて、果樹園だけが残っています。誰も手入れなんかしていませんが、毎年実をつけているんですよ。村で、手をかけて肥料をやって育てている木よりもたくさんの実をね。一九七六年にこのあたりはひどい寒波に襲《おそ》われて、村の果樹園はだめになって、もう一度植え直さなくてはならなかったんです

が、野原のあの二つの果樹園だけは寒気にやられることなく、一本も枯れずに済みました」

「どうして寒波にやられなかったのですか？」と私は聞いた。「何か特別寒波や霜《しも》に強い品種だったのですか？」

「普通の品種ですよ。でもあの敷地では、すべてが一ヘクタールの中に特別に配置されていて……そうです、あそこは全部、あなたの本に書かれていたアナスタシアの話にそっくり。果樹園の周りには、二百年くらい前に植えられたシベリア杉と、このあたりに育つ樫《かし》……そう、それにあそこに生えていた草で作った干し草は、普通のものより瑞々《みずみず》しいんです。そして長いこと傷まない……。もしみたいのでしたら、今からでも行けますよ。道は荒れ野の道ですけど、ジープなら通れます」

私は自分の耳を疑った。誰がどうやって、求めているときに、求めている場所で、このような贈物をしてくれるのか？　我われに起こった偶然は、本当に偶然なのか？

「行きましょう！」

轍《わだち》は以前ソフホーズ（＊大規模な機械化農業を行った、ソ連の国営農場）だった野原を突き抜けていた。野原と書いたが、どちらかというと緑豊かに草が生えた牧草地のようだった。

「作付面積は縮小しています、ここで農業を経営している会社には肥料をやるための金がなくて」。ヴェロニカの夫、エヴゲニーが解説した。「その分、土が休んでいるんです。それに土だけじゃないんです。今年は鳥たちが歌い出しました、前はこんなに楽しそうにさえずってなかったのに。

いったい何に喜んでいるんだか。今は野原の草から農薬がなくなったからかもしれませんね。革命（＊一九一七年のロシア革命）まではこのあたりの草地は村だったって、うちの婆ちゃんが話していました。今やほら、村の跡なんか残っちゃいない。ほら、そこをみてください。轍の右側にあるのが、昔の貴族の敷地ですよ」

遠くに、高い木々が密集して生えている、広さおよそ一ヘクタールの場所があった。それは野原と草地の中に、無造作《むぞうさ》な形をした緑の森の島のようだった。車で近づくと、密生した樹齢二百年ほどの木と灌木《かんぼく》の茂みの間に、森のオアシスへの入り口があった。我われはそこから歩いて中へ入って行った。すると……中には……なんと、中には老いて幹が硬くなったリンゴの木たちが、自身の枝を堂々と伸ばしていた。その枝には、尋常《じんじょう》ならぬほど実がぎっしり付いている。木の周りは掘り起こされておらず、草の間に生え、害虫駆除《くじょ》剤も撒《ま》かれていない古い木は、リンゴを実らせ、しかも実は虫に喰われてもいない。何本かはまったくの老木で、枝はリンゴの重みで折れそうになっていた。かなりの老木……おそらく実をつけるのは今年が最後かもしれない。

じきにこの木たちは枯れてしまうだろうが、その古いリンゴの木の一本一本のそばでは、もう新しい木の芽が土を突き破っていた。〝きっと、この木たちは死なない〟という思いがわいた。〝自分の種から出た芽が青々と強くなるのを見届けるまでは、死なないのだ〟

私は果実を味見しながら果樹園を歩き、生えている樫の中を歩き回った。すばらしいオアシスを創り上げた人の意識をみているようだった。まるで、彼の思いを聞いているようだった。

「ほら、果樹園の周りには樫の森を造らなきゃいけないんだ。寒波からも、干ばつの年の暑さからも守ってくれる。鳥たちは高い木の上に巣を作って、イモムシたちに我がもの顔をさせやしない。池のほとりまで木陰ができるように、樫並木を植えよう。樫が成長すれば、上の方では梢《こずえ》が互いに触れ合って光を遮り、下の方は広々とした木陰の小道ができる」

そして突然、何かよくわからない意識が、まるで血管に血液が速く流れるよう脈打たせているかのように感じた。この意識は、いったい私にどうしてほしいと言っているのだろう？　そして……フラッシュのように……もちろんだ、アナスタシア！　もちろん君が言った「神を感じることができる、神の創造物に触れ、そして神の創造を続けるときに」という言葉の通りだ。気取った身振りでも、高く飛び跳ねることでも、新しい流行の儀式でもなく、神に、神の意識に直接語りかけ、神の願いや自分の使命を理解することがきっとできるのだ。ほら私は今、人の手で造られた池のほとりで樫の木の下に立ち、まるでこの生きた創造物を創った人の意識を読み取っているかのようだ。彼、その人、そのロシアの人は、二百年前にここで暮らしていた人で、きっと他の人よりも強く創造主の意識を感じていたのだろう。だから彼には楽園のような創造物を創ることができたのだ。自分の園、自分の一族の住処《すみか》を。

彼、そのロシアの人は死んだが、住処は残った。そして果実を実らせ、秋にその美味しい実を食べにやってくる隣村の子どもたちの腹を満たしている。果実を採って売っている人もいる。ロシアの人よ、あなたはきっと、ここであなたの孫やひ孫に暮らしてほしかったんだな。もちろんそうだ！　だって、朽ちてしまうコテージなんかではなく、永遠のものを創造したんだ。それなのに、あなたの孫やひ孫は今どこにいるんだ？　あなたの一族の土地には人がいなくなり、草は伸び放題に伸び、池は干上《ひあ》がらんばかりだ。でもなぜか小道には背の高い雑草が生えることなく、絨毯《じゅうたん》のように背の低い草だけが生えている。きっとあなたによって創造された楽園の一画、あなたの一族の領地は、まだあなたの孫たちを待っているんだ。何十年、何百年経とうが待っているんだ。では孫たちはいったいどこにいるんだ？　今は何をしているんだ？　誰に従い、誰に頭《こうべ》を垂《た》れている？　誰が彼らをここから追い出したんだ？

我われの国には革命があったが、もしかしたら全部そのせいなのか？　もちろん革命のせいだ！　ただし、革命を起こすのは人だ。大多数の人々の意識が本質的に変化したときに。ロシアの人よ、あなたの時代の人たちの頭の中で起こった、あなたの一族の領地を空っぽにしてしまうほどの事とは、いったいどんな事だったんだ？

年老いたロシア人の領主が、彼の領地で血生臭い殺戮《さつりく》が起こるのを防いだという話を、地元の老人たちが話していた。

近郊の二つの村から、革命気分に盛り上がり、自家製ビールで温まった人々が集まり、群衆となって彼の一族の領地を略奪《りゃくだつ》しようとやって来たとき、かご一杯のリンゴを持って、年老いた領主が彼らを出迎え、そして二連銃で撃たれたのだ。その前夜に、彼は人々が彼の家を略奪しようと集まっているのを知った。しかし彼は孫に、ロシアの将校であった孫に、領地を棄《す》てるように説き伏せたのだ。孫、ゲオルギー軍事勲章《くんしょう》（＊聖人ゲオルギオスにちなんだ帝政ロシア時代の軍事勲章。戦争において功績をおさめた将校に授与された）を持つ将校は、三連ライフルを肩にかけた連隊仲間たちと一緒にその領地を離れたのだった。荷馬車には、戦闘で使ったことのある機関銃を積んで。おそらく彼は亡命し、彼自身にも孫が育っていることだろう。

ロシアの人よ、あなたの孫たちは成長する、よその国で。かたやロシアでは、あなたの一族の領地で園の木の葉が風に揺られ、老いたリンゴの木が毎年実をつけ、周辺の住人たちをその豊作で仰天《ぎょうてん》させる。あなたの家も納屋も跡形もなくすべて取り壊され、消えてしまった。しかしそのすべてに反して、あなたの園は生きている。きっとあなたの子孫たちが戻ってきて、世界一のリンゴの味をみるという望みを抱いて待っているのだ。その子孫たちはまだ、そして一向に家路につかないままに。

どうしてこんなことが起こるのか。そして誰が、我われにこのように自分を犠牲にして自分の豊かな暮らしを探すことを強いているのか？　誰が我われに、花々の花粉や心地よいエーテルではなく、有毒ガスやほこりでいっぱいの空気の中にいることを強いているのか？　誰が我われに炭酸ガスで殺された水を飲むことを強いているのか？　誰が？　我われは誰なのだ？　ロシアの人よ、なぜあなたの子孫たちは帰ってこない？　自分の一族の住処へ。

＊＊＊

もうひとつの領地のリンゴは、もっとおいしかった。その果樹園の周りには勇壮《ゆうそう》たるシベリア杉が植えられていた。

「以前はもっとたくさんの杉が生えていたけれど、今残っているのは二十三本だけなんです」

現地の住民が教えてくれた。「革命後、まだ労働日（＊一九三〇年から一九六六年まで、コルホーズ員の収入算定の基準とされた労働の計算単位）があった頃、人々に仕事の対価としてこの杉の種を与えていたんです。今はほしい人が採っています。ただときどき、杉の木から松ぼっくり（＊シベリア杉は学名をシベリアマツといい、松ぼっくりをつける）が落ちるよう、丸太ですごく強く叩いているみたいですが」

二百年前に人間の手で植えられた二十三本のシベリア杉たちは、一列に、まるで兵士のように立ち並び、酷寒の風や害虫から美しい園を守っているかのようだ。もっとたくさん生えていたのだが、次々と倒れてしまった。シベリアでは、杉の周りには必ず背の高い松が生えているものだからだ。杉は根からだけでなく梢からも養分を取り入れることができるため、杉の根の構造は大きくない。従って、杉だけで突風に耐え抜くことはできない。だから、松が杉を守っている。一方そこでは杉が一直線で立っていた。百五十年間は耐えられたものの、その後梢が大きくなると、次々と折れていったのだ。

この五十年間、誰もそばに松や白樺を植えることに思い至らなかったため、ほら、このようにシベリア杉が自分たちのたった一列だけで園を守るため、意地悪な風に立ち向かわなければならなかった。そのうちの一本は、おそらく昨年頃に倒れはじめたのだろう、隣の木にもたれかかっていた。私はひどく傾いてしまった木の幹をみていた。その木の梢は隣に立っている木の梢に絡まっていた。二本の木は枝を絡ませ、倒れかけた木は枯れずにすんでいる。二本とも青々とし、実をつけていたのだ。もうたった二十三本しか残っていない。しかし彼らはまだ立っている。互いに支え合いながら、実をつけながら、そして園を守りながら。

どうかもう少しの間頑張ってくれ、シベリアっ子たちよ。お前たちのことを私が本に書くから……。

ああ、アナスタシア、アナスタシアよ。君は私に本を書くことを教えたが、なんだって君は多くの人がすぐに理解できるような言葉を教えてくれなかったんだ？　たくさんの人たちに！　どうして多くの人にわかるように書くことができないんだ？　なぜ考えが混乱するんだ？　なぜ、杉の木が倒れ、人々はそれをみながら何もしないんだ？

我われの時代まで保たれている、美しい園と木陰の並木道がある昔の貴族の領地から、そう遠くないところに村がある。この村の景観が、周囲の景色全体を壊している。遠くからみると、なんだかうじ虫のようなものがわいてすべてを汚し、花咲く野原に穴を掘り散らかしているかのような印象を受けるのだ。灰色の村の家々のスラム化、宅地に付随《ふずい》する建物の腐敗《ふはい》、道の泥、車やトラクターのタイヤが残したひびだらけの轍などが、そのような印象を生み出すのだ。

私は住民に「杉と樫の森の中にある園へ行ったことがあるか？」と訊ねた。

多くの住民がそこへ行き、リンゴを味わい、若者たちはピクニックに行くと言う。

「あそこは美しい……」老人も若者も一様に言う。

「では、なぜ誰も自分の宅地をあのように、あの園の似姿《にすがた》になるよう整備しないのか？」という問いには、みんなが同じように答えた。

「うちには、あの美しさを造りだした領主ほどの金がない」

老人が言うには、その領主は苗木をシベリアから運んできたという。しかし、「あの杉から種を採って土に植えるのに、いったい金がいくらかかるのか？」という問いには、沈黙した。

この沈黙は、次のような考えを抱かせもする。我われが混乱の中にあるのは、可能性や資財がないからではなく、我われ自身の中に何らかの暗号がかかってしまっているせいなのだ。

今、お金のある人々が次々とコテージを建てている。コテージのそばには、掘り返されたりアスファルトを敷かれた土がある。二十年か三十年後にはコテージの修理をしなければならないだろう。そして、子どもたちにはこの古いガラクタはいらなくなる。そのような一族の土地、祖国はいらなくなり、だからみんなよそへ行き、新しい祖国を探すのだ。しかし、自分の中に両親から受け継いだ同じ謎の暗号を一緒に運び、そして永遠の創造者としての生き方ではなく、地上の一時的で日和見《ひよりみ》的な生き方を繰り返す。誰が、どうやったらこの謎の、絶望の暗号を外すことができるのだろう？

ひょっとすると、アナスタシアが話しそしてみせてくれたロシアの未来が、このための何かの助けになるかもしれない。一方、懐疑《かいぎ》的な人々の疑念を吹き飛ばすために、私はこの本の表紙カバーの内側に、驚くほどすばらしいロシアの園の写真を載せた。* 未来のロシアへ枝をいっぱいに広げ、実を付けているその園の写真を。

＊現在、ロシアにも掲載可能な写真データがないため、本書への掲載はしておりません。

アナスタシアのロシア

アナスタシアが一族の土地で構成される未来の入植地について話をしていたとき、私は彼女にお願いした。

「アナスタシア、お願いだ。未来のロシアをみせてくれ。君にはできるだろう?」

「できるわ。ウラジーミル、未来のロシアのどこをみたいの?」

「じゃあ、例えばモスクワだ」

「一人で未来へ行きたい、ウラジーミル? それとも私と一緒に?」

「君と一緒の方がいい。何かよくわからないものをみたときには説明してくれ」

アナスタシアの手のひらの温もりがすぐに私を眠りへと沈め、そして私はみた……。

アナスタシアはロシアの未来を、異惑星の生命をみせたときとまったく同じ方法でみせてくれた。彼女がどうやってそれを行うのか、いつの日か学者たちがきっと知るだろう。しかしここでは方法自体にはまったくなんの意味もない。私の見解では、最も重要なのは、具体的にどのような行為によってその美しい未来をもたらすことができるのかという情報なのだ。

未来のモスクワは、まったく私が想像していたものではなかった。都市の面積は広がっていない。あると思っていた摩天楼《まてんろう》もない。古い建物の壁は陽気な色に塗られ、多くの壁面に風景や花の絵画が描かれていた。後でわかったのだが、その作業をしたのは外国人労働者だったらしい。彼らはまず壁に補強材を塗り、それから画家たち、同じく外国の画家たちがその絵画を描いていった。絡み合った植物の茎が、多くの建物の屋根からぶら下がっており、その葉が風に揺れ、通る人に挨拶をしているようにみえる。

首都のほとんどすべての大通りには、木々や花が植えられていた。カリーニン大通りのニューアルバート通り側の中央分離帯には植え込みが伸びている。幅は四メートルくらいだ。コンクリートの縁石がアスファルトの上に五十センチメートルほどの高さでそびえ立ち、それは土で覆われ、その土から草や野花が育っている。赤い実の房を付けたナナカマド、白樺、ポプラといった木々、フサスグリやラズベリーの低木やその他の自然の森の植物が、互いにさほど遠くない距離で順序良く並んでいる。

同じような植え込みが、モスクワの大通りや広い道路の多くでみられた。狭くなった道路や大通りには、ほとんど乗用車が走っていない。走っているのは主に、ロシア人には似ていない外見の人々が乗ったバスだった。そして歩道には、たくさんのロシア人らしくない外見の人々が歩いている。私の頭の中には、モスクワがより技術の面で発展した国々に占領されてしまったのか、という考えさえ浮かんだ。しかしアナスタシアが私を安心させた。私がみている外国人は占領者たちではなく、観光客たちだと言う。

「何が彼らをモスクワへ惹きつけるんだい？」

「偉大な創造の雰囲気、生命を与える空気と水。みて、どれだけの人がモスクワ川のほとりで水をすくったり、堤防からロープの付いた容器を落として水を汲んだりして、大喜びで川の水を飲んでいるかを」

「いったいぜんたいなんで川から、沸かしもしないで直接水を飲んだりできるんだ？」

「よくみて、ウラジーミル。モスクワ川の水がどれほどきれいで、透明なことか。この川の水は生きている。世界中の店で売られているボトルに入った水のように、炭酸ガスで殺されたりしていない」

「幻想みたいだ、こんなこと信じられない！」

「幻想？　でも、あなたやあなたの年代の人たちが若かった頃、もうすぐ水が売られるようになるなんて聞いても、嘘だと思わなかったかしら」

「まあ、そうだな。俺たちの若い頃にそんなことを信じる奴なんていなかっただろう。でもモスクワほどの大都市で、どうやって川の水をきれいにできるんだ？」

「ゴミを流さない、有害な廃棄物を流さない、川岸にゴミを捨てない」

「たったそれだけか?」

「ね、これこそ幻想的じゃないでしょう。実際はまったく簡単なこと。今モスクワ川はアスファルトを流れる排水からも隔離《かくり》されていて、川を汚す船も航行が禁止されている。インドを流れているガンジス川は聖なる川と考えられてきたけれど、今や全世界がモスクワ川に、その水に、生命と原初《げんしょ》の姿を水に取り戻させた人々に、深々と頭を下げている。この驚くべき奇跡を一目みて、水を飲み、身体を癒そうとさまざまな国から人々が訪れているの」

「じゃあモスクワの人たちはどこにいるんだ、どうして乗用車がほとんど道路を走っていないんだ?」

「首都に定住している人口は百五十万人くらいで、何千万人という観光客が世界のあらゆる国から訪れている」アナスタシアはそう答えて付け加えた。「車が少ないのは、残ったモスクワっ子たちがより合理的に一日を過ごすようになって、移動の必要性が減ったから。規則として職場は家の近くにあって、歩いて行ける。観光客が地下鉄とバスで移動しているの」

「他のモスクワっ子たちはどこに消えちまったんだ?」

「自分の美しい一族の土地に住んで、働いているの」

「じゃあ、いったい誰が工場で働いたり、観光客の世話をしているんだ?」

するとアナスタシアは次のように話した。

「地球で採用されている暦の算定で二〇〇〇年目の年が終わろうとしたとき、ロシアの首脳陣はまだ国の発展の道を選択しきれないでいた。西側諸国で幸せとみなされている発展の道は、大部分のロシア国民にとっては心惹かれるものではなかった。ロシア国民はすでにその国々からの食べ物を食べたことがあり、好きになれなかった。科学技術の発展により、いわゆる先進国と呼ばれている一連の国々で、肉体や精神にさまざまな病気が生まれたことが明らかになってきた。犯罪そして麻薬中毒は増え、女性たちが子どもを生みたいと感じることがどんどん少なくなった。先進国とみなされている西側諸国の人々の生活様式はロシア国民を惹きつけず、かといって以前の社会主義体制に戻ることも望まず、新しい道はまだみえていなかった。国内では抑《よく》うつの状態が強くなり、それが人間社会をますます圧倒していった。ロシアの人口は老齢化し、人々は死んでいった。

新しい千年紀のはじめに、ロシア大統領の発議により、希望するロシアの家族に無償《むしょう》で一ヘクタールの土地を割り当て、一族の土地として整備させることについての法律が可決された。その法律では、割り当てられる土地は生涯を通して使用することができ、子孫へ相続する権利もあると謳《うた》われている。一族の土地で生産されたものにはいかなる税金も課されない。

立法府は大統領の発議を支持し、憲法もそのための改正が行われた。大統領や立法府が考えるこの法律の主な目的は、国内の失業者の減少、低所得世帯の最低生活費の確保、難民問題の解決だった。でもその後に起こったことは、最後まで誰も予想できなかったこと。

二百世帯以上でできた入植地に最初の土地が分配されたとき、自分の土地を整備するため区画を取得しようとしたのは低所得者や失業者、災難に遭《あ》った移民たちだけではなかった。まずはじめに、あなたの読者の中間層と実業家の人たちで、用意されていた区画がすべてうまってしまったの、ウラジーミル。彼らはこのために、それまでの準備をしてきた。そしてただ待っていただけではなく、そのうちの多くの人たちがすでに自分たちのマンションで、粘土製の鉢に植えた種から一族の木を育てていて、未来の力強い杉や樫が、まだ小さなその芽を出していた。

まさに実業家たちのイニシアティブとその資金によって、あなたが『共同の創造』の本の中で書いたような、便利な生活のための医療施設や学校、レクリエーションホールや道路なんかの、たくさんのインフラが整った入植地の設計が形になった。最初の新しい入植地で自分の生活を築きたいという希望を表明した全体の人数のうち、実業家がおよそ半分を占めていた……。

実業家たちにはそれぞれ自分のビジネス、自分の収入源があった。土地の建設や整備をするために、彼らには労働力が必要だった。建設や環境整備に、近所に住む低所得者たちを労働力として参加させることは理想的だとわかった。こうして一部の世帯がすぐに仕事を得て、そして、それによって自分自身の建設のための資金源を得た。その地区自体に暮らそうとしている人たちよりも質の高い仕事を一生懸命する人はいない、ということを実業家たちは理解していた。だから、新しく建設されている地区の未来の居住者たちの中に専門家がいないときにだけ、外部の人に依頼していた。

未来の園、森を造り、一族の木や生垣を植えることだけは、各自が自分でやろうと志した。

大部分の人には、より良く自分の土地を整備するための十分な経験も知識もまだなく、未来の住人たちの間では、そういった知識を持っている年輩者たちが特に尊敬を集めていた。いつか朽ちてしまう建造物や住居ではなく、造園の方に特別な注意が払われた。人々が暮らす建物自体は、生きた大きな神の家の小さな一部に過ぎなかった。

五年後、すべての定住区画に家が建てられた。大きさや建築様式はさまざまだけれど、人々はすぐに、重要な意味をなすものは、決して家の大きさではないということを見て取った。重要なことは他にあり、それが各区画それぞれの景観そして入植地全体の景観に、美しさを描いていった。

各区画に植えられた樫や杉の木はまだ小さかった。生垣もまだ成長途中だった。でも新しい春が訪れるたびに、まだ小さなリンゴもサクランボも若い園で一生懸命花を咲かせ、花壇の花や草たちは自分を美しい生きた絨毯に似せようと懸命だった。春の空気は、心地よい香りと花の花粉で満たされていた。空気は生き生きとしたものになった。そして新しい入植地に住む女性たちはみんな、子どもを生みたいと思うようになった。そんな願いが生まれたのは若い家族たちの間だけではなく、年輩とみなされていた人たちも、急に子どもをつくるようになった。人々は、自分たちはみられなくとも、未来に自分の子どもたちが、親の手で創造した美しい祖国の一画をみて歓び、そして親たちがはじめた創造を続けていってくれることを願った。

新しい千年紀の始まりの頃、各区画に芽生えたすべての生きた芽が、全地球の美しく幸せな未来の最初の芽となった。最初の一族の地を永続する土地へと築いた人々は、自分たちの行為の重要性を完全に理解してはいなかった。彼らはただ自分の取り巻く世界を、より大きな歓びとともにみるようになった。彼らはまだ、自分の行動によって、どれほど偉大な歓びが天なる父へともたらされたかを自覚していなかった。父は歓びと感激の涙を、地球に降る雨の中に流していた。そして太陽と共に微笑み、そして若木の梢で、密《ひそ》かに撫《な》でようとした。突然に永遠を自覚し、父のもとへ帰ってきた子どもたちを。

新しい入植地のことがロシアの紙面で取り上げられるようになり、多くの人々がその美しさをみたいと思うようになった。自分でも同じようなものを創るために。そしてもしかしたら、もっとよいものを創るために。

美しいものを創造したいという熱望のインスピレーションは、何百万人のロシア人の家族をとりこにした。最初にできた入植地に似たものが、ロシアの色々な地域で同時に造られていった。現在のダーチャ・ムーブメントに似た、全体的なムーブメントが始まった。

人々に自分で自分の生活を整備し、生活を幸せにする可能性を与える最初の法律ができてから九年後には、三千万以上の家族が自分たちの一族の土地、自分の祖国の一画を創造するようになった。彼らは自分の美しい区画を育てていった。神により創造された、生きた永遠の素材を使って。まさにそれにより、彼らは神と共に創造をしていた。

一人ひとりが自分の土地、生涯にわたって使用が許された一ヘクタールの土地を、楽園の一画に変えた。広大なロシアにおいては、一ヘクタールはほんの小さな一画にみえる。しかしそんな一画が数多くあった。まさにそれらによって大きな祖国が成り立っていた。善《よ》き手により創造されたその一画を通して、楽園のように、大きな祖国が花開いていた！　彼らのロシアが！

それぞれの一ヘクタールの土地では、針葉樹や広葉樹が植えられていた。人々はすでに、土地の肥沃度《ひよくど》を高めるにはどのようにしたらよいのか、周囲に生える雑草が土壌のバランスを整えてくれることを理解していた。そして化学肥料や農薬を使用するという考えは誰にも浮かばなかった。

ロシアにおいて、空気と水の成分が変わった。身体を癒《いや》すものになった。食糧の問題も完全に解決された。各家族が簡単に、そして特別な努力もなく、自分の食べ物を確保するだけでなく、自分の土地で余分に育ったものを売ることもできた。

自分の土地を持つロシアのすべての家族が、自由で豊かになり、そして全ロシアが、世界に存在する他の国とくらべて、最も強く、豊かな国家となった」

最も豊かな国家

「待ってくれアナスタシア、何によって国家全体が突然豊かになったんだ？　君は自分で言ったよな、一族の土地で生産された物にはいかなる税金も課されないって。だったら国家はいったい何からお金を得るようになったんだい？」
「あら、『いったい何から？』だなんて。注意深く考えてみて、ウラジーミル。あなたは実業家でしょう」
「実業家だからさ。国家というものが、いつだって一人ひとりから少しでも多く税金をとろうと躍起《やっき》になっているのを知っている。でもここでは三千万もの家庭を税金の支払いから放免《ほうめん》してるんだぞ。その世帯自体はもちろん豊かになるだろうけど、そんな条件では国家は必然的に破産するに決まっている」
「破産しなかったの。まずは、失業者が完全にいなくなった。現在の社会で普通の仕事とされている産業、あるいは他に商業ないし公的な職務に順応できなかった人が、自分のすべての時間か一部の時間を、一族の土地での仕事、より正確に言うと、自分の一族の土地での創造のために使えるようになったから。失業者がいなくなることで、国家はすぐに失業者を抱えるための資金を浮かすことができた。そのような家庭のおかげで食糧の自給を国内だけで完全に賄《まかな》えるようになったことにより、国家は農業生産におけるあらゆる支出から解放された。でも、それが主要なことではないの。ロシアの国家は、多くの家庭が神の定めと合致する自分の区画を整備したことにより、典型的な収入源だとみなされてきた石油やガス、その他資源の販売による今日の収入よりも、ずっと大きな収入を得た」

「何が石油やガスや武器の輸出よりも大きな利益をもたらすんだ？」

「たくさんのもの、ウラジーミル。例えば空気、水、エーテル、創造のエネルギーに触れること、心地よいものを観察すること」

「あまりよくわからないな。アナスタシア、具体的なものに言い換えてくれ。どこから金が生まれたんだ？」

「もっとわかりやすく説明してみる。ロシアにおける一風変わった変化は、世界中の大勢の人々から注目された。ロシアの大部分の人々の生き方が著《いちじる》しく変化したことについて、世界のメディアが書くようになった。世界中の人々にとって、これが中心的な話題となった。巨大な観光客の流れがどっとロシアに押し寄せた。観光客の数は相当なもので、希望者の全員が訪れることができないほど。そして多くの人が、自分の順番がくるのを何年も待つことになった。ロシア政府は、国内への外国人観光客の滞在期間を制限しなければならなくなった。それは彼らのうちの多くが、特に年輩の人たちが、数カ月単位、ときには年単位でロシアに滞在しようとしたから。

ロシア政府は入国する外国人一人ひとりから高い税金を徴収《ちょうしゅう》した。でもその策ではまったく希望者の数を減らすことができなかった」

「もし全部テレビでみることができるのなら、外国人たちはなんでわざわざ自分の足を運んでまで、この国に来ようなんて思うんだ？　新しいロシアの生き方について世界中のメディアが伝えるようになったって、君は言った」

「むしろ、世界中の人々が、身体に癒しを与えるようになったロシアの空気を吸いたいとさえ思うようになったの。生きた水を飲んでみたい。世界のどこにもなかった果実を味見してみたい。自分自身で、神の千年紀を歩んでいる人たちとふれあってみたい。それによって自分の魂を歓ばせ、苦しんでいる肉体を癒したい」

「世にもめずらしい果実って、どんな果実が生まれたんだ？　なんていう名前だい？」

「名前は今までと同じ、でも質がまったく異なるの。もうわかっているでしょう、ウラジーミル。温室栽培のトマトやキュウリとくらべて、太陽の光を直接浴びて育った露地《ろじ》栽培のものがどれほど良いかを。有害な化学肥料を加えられていない土で育った野菜や果物の方が、もっとおいしくて身体に良い。そして周囲にさまざまな草や木が生えている方が、野菜や果物が身体を癒す力はもっと強くなる。育てる人の気分、接し方も重要。果実に含まれているエーテルも、人間にとってとても有益」

「エーテルってなんだ？」

「エーテル、それは香り。香りがあるかどうかで、エーテルの存在がわかる。それは肉体だけでなく、人間を構成する目にみえないものも養う」

「わからないな、脳ってことか？」

「エーテルは意識のエネルギーを強化して、精神を養うと言ってもいい。ロシアのその入植地でのみそういった作物が栽培されていて、収穫された日に最大の効果をもたらす。だから世界各国の人々が、他の目的以外にも、そういった作物を試食するためにロシアを訪れていたの。

入植地で栽培された作物は、輸入野菜や果物だけでなく、大規模な農場で育った作物をも排除《はいじょ》した。人々は作物の質を理解し、感じるようになった。現代で人気のペプシコーラやその他の飲み物に代わって、自然のベリーで作った多種多様なモルス（＊ベリー類を煮て作る飲み物）が人気になった。現在の飲み物は、最も優良で高価とされているアルコール飲料でさえ、入植地で作られた自然のベリー酒との競争には勝てなかった。

そういった飲み物も、身体に良いエーテルを含んでいた。それは、自分の土地でそれらを作った人々が、ベリーを採取した瞬間から果実酒に浸けるまでを、数分以内に行わなければならないことを知っていたから。

自分の土地で暮らす家族のもっと大きな収入は、自分の森や菜園、そして近郊の野原で採れる薬草によって得られていた。

ロシアで採れる薬草の調合が、他の国で製造される最も高価な薬剤をよそに選ばれていった。でも、それは入植地で採れた薬草の調合だけであって、大規模農場で特別に商売として栽培されたものではない。大きな農場で同一種に囲まれて生えている草は、人間に必要な身体に有益なすべてのものを、大地や空間から十分に取り入れることができない。入植地で採れた作物の価格は、いわゆる工業的な方法で栽培された作物よりも何倍も高い値がついた。でも世界中の人々は、やっぱりその作物を選んだ」

「じゃあ、土地の所有者はどうしてそんなに値段を釣り上げたんだ?」

「ロシア政府が、最低価格を設定したの」

「政府が? 政府には関係ないじゃないか? 住民が作物を売るときに税金は取ってないんだから。なんのために政府はそれぞれの家庭を金持ちにしてやろうとするんだ?」

「だって、国家全体は一つひとつの家庭から成り立っているのよ、ウラジーミル。それぞれの家庭が、自分たちの入植地で学校や道路なんかのインフラ建設が必要なときに、融資《ゆうし》もしていた。ときには彼らが国の公共事業に出資していた。政治家や経済学者たちは各自の計画やプロジェクトを発表するけれど、そのうち実施されるのは、人々が自分のお金を出資することに賛成できるものだけだった」

「じゃあ、大多数に最も人気を集めたのは、例えばどんなプロジェクトだい？」

「ロシア国外にある化学薬品の財閥《コンツェルン》や兵器の工場、研究センターの買収」

「そりゃまた急展開だな。君はその入植地の家庭には、神の意識、善の意識が顕《あらわ》れたって言ったじゃないか。すべての土地が、彼らのおかげで楽園に変わりはじめたと。なのに化学薬品工場や財閥《コンツェルン》、兵器工場を買収するなんて」

「でも、そのプロジェクトの目的は、有害な化学薬品や兵器を製造することではなく、それらを製造する企業を撲滅《ぼくめつ》することだった。ロシア政府は、世界のお金の流れの方向を転換させる働きをしていた。人間に死をもたらすものに力を与えるエネルギーにかけられているお金が、今度は死をもたらすものを消滅させる方向へ向けられたの」

「それでどうなったんだ、政府にそんな無駄遣《むだづか》いのプロジェクトのための金は足りたのか？」

「足りた。ロシアはただ世界で最も豊かな国になったのではなく、他のすべての国よりも計り知れないほど豊かになった。全世界の資本がロシアへと集まった。そして中間層や富裕層も自分の資本をこぞってロシアの銀行だけに預けようとした。裕福な人々の多くが、自分の貯金をロシアのプロジェクトのために使うようにと遺言《ゆいごん》していった。それは全人類の未来が、その実現にかかっていることを理解した人たちだった。ロシアに滞在し、新しいロシアの人々を目にした外国人観光客たちは、もう以前の価値観では生きられなくなった。彼らは感嘆《かんたん》をもって知り合いや友人にみたことを語り、観光客の数は増大し、ロシア国家へさらに大きな収入をもたらしていた」

「アナスタシア、じゃあ教えてくれ。シベリアに住む人たちは、中央部の一帯に住む人々のように裕福になるためにどんなことができたんだい？　シベリアでは夏も短くて、菜園で育てるものではそれほど金持ちにはなれないだろう」

「シベリアでも、ウラジーミル、各家族が同じように自分の土地を整備したの。シベリアの人はその気候に特有なものを自分たちの土地で栽培したけれど、彼らには南の地域に住む人々よりも大きな優位性があった。国家はシベリアの家庭にタイガの土地を分配した。そして各家庭が自分の土地でタイガの恵みを採集した。そしてシベリアから薬効のあるベリーや薬草が売り出されるようになった。シベリア杉の実のオイルも……」

「外国では、杉のオイルは何ドルくらいになったんだ？」

「一トンあたり四百万ドル」

「なんてことだ、やっとその価値が評価されたんだな、現在の価格から八倍にも上がったのか。シベリアの人たちは一シーズンにどれだけ作っていたんだ？」

「あなたが今みているこの年には、三千トンが生産された」

「三千⁉　ていうことは、彼らはシベリア杉の実を採るだけで一億二千万ドルも受け取ったのか」

「もっと。さらに実の搾《しぼ》りかすからもすばらしい粉ができることを忘れているわ」

「じゃあ、彼らの一年の作業からの収入はいったい何ドルくらいになるんだ、例えばシベリアの平均的な家庭では？」

「平均では三百万から四百万ドルくらい」

「なんと！　それで、彼らにも税金は課されないっていうのか？」

「課されない」

「じゃあ、彼らはいったい何にそれだけの金を使うんだ？　それに、俺はシベリアで働いていたときにみたんだ。シベリアの村では、ちゃんと働きさえすれば狩りや漁業で生活を賄《まかな》えていた。でも今出てきたのはとんでもない大金だ」

「彼らも、他のロシアの人々と同じように、自分のお金で国家のプロジェクトに参加していた。例えばはじめの頃、まだロシアで雲の動きを修正する方法が習得されていなかった頃、シベリアの人々は飛行機の購入のために多くのお金を使った」

「飛行機？　なんで飛行機なんかが必要なんだ？」

「有害な降水を含んだ雲や雨雲を通過させないために。こういった雲は、まだ有害な生産活動を続けている国で形成される。シベリアの人々の飛行機はそれを防いでいた」

「狩りをしたのも、タイガで家族に割り当てられた敷地内だけだったのか？」

「狩りをすること、獣たちを殺すことを、シベリアの人たちはまったくしなくなった。彼らのうちの多くが、割り当てられた土地に夏の住居を建て、夏に薬草やベリー、キノコやナッツの収穫期にそこで暮らしていた。そこで生まれたまだ小さな獣の仔たちは、危害をもたらさない人々をみて、そして自分たちの縄張りの切り離せない一部である人々に慣れ、彼らとかかわり、仲良くするようになった。シベリアの人々はたくさんの獣たちに、手伝いをすることを教えた。例えば、リスは杉の木から熟した松ぼっくりを地面に落とし、そしてそれによりリス自身が大きな満足を得ていた。ナッツや種が入った箱や袋を引っ張ったり、倒木を取り除くことを熊に教えた人もいた」

「なんてことだ、熊までも手伝いをするようになったのか」

「驚くことなんてない、ウラジーミル。現代の人々が古代と考えている時代には、熊は生活の中にいて、かけがえのないお手伝いだったの。熊は食べられる球根を土の中から前脚で掘り出したり、採った球根を箱に入れ、ロープで結わえた箱を人間の家の近くに掘られた室《むろ》（＊食糧などの保存を目的に作られた地下貯蔵室）まで引っ張っていたりしたの。森に生えている木から蜂蜜の入った丸太《まるた》桶《おけ》を人の住居まで引っ張ってきたり、子どもたちをおいしいラズベリーがなっている所まで連れて行ったり、他にもたくさんの用事を担っていた」

「おいおい、プラウ（＊種まきや苗の植え付けに備えて最初に土壌を耕す農機具であり、トラクターの一種）やトラクターの代わりになったり、収穫を持ってきたり、おまけに子守りまでとは！」

「冬には冬眠して、修理も手入れもしなくていい。春になると、また人の住居にやってきて、人は熊に秋の収穫をごちそうしてやった」

「どういうことかわかったぞ。つまり、その熊たちには動物的な条件反射が働いたんだ。人間が彼らのためだけに食べ物を保存しておいてくれているように思えたんだろう」

「その方が明確に理解できるというなら、条件反射でもいい。あるいは、父によってそのように考えられたのかもしれない。ただ、熊にとっては、春に球根はそれほど大事ではなかったということだけ言っておくわ」

「じゃあなんでだ？」

「冬の間ずっと穴の中で一人ぼっちで眠り、春に目覚めた熊は、人のもとへと急いだ。優しさを感じるため、褒《ほ》めてもらうために。人間から可愛がられることをみんなが必要としていたの」

「犬や猫のことを考えると、確かに必要だな。じゃあ他のタイガの獣たちは何をしていたんだ？」

「他のタイガの住民たちも、少しずつ仕事を見出されていった。その縄張りに住む、手なずけられたタイガの住民たちにとっての最高のご褒美《ほうび》は、優しい言葉や身振り、撫《な》でられること。特にお手柄だったときのご褒美は、掻《か》いてもらうことだった。ただ、人が誰か一匹に好意を寄せたりすると、獣たちは少し嫉妬《しっと》したりもした。そのせいでケンカすることもあった」

「シベリアの人たちは、冬には何をしていたんだ？」

「シベリア杉の種の加工。現在は輸送を楽にするために種を松ぼっくりから外してしまうけれど、彼らは収穫の後、すぐには種を外さず、松脂のついた松ぼっくりの中で保存していた。そうすれば、種は何年か保存できる。それに、冬に女性たちは手芸をしていた。例えば、今ではイラクサの繊維《せんい》で織られて刺繍《ししゅう》が施してある手作りのシャツは、とても高価なもの。シベリアの人々は冬にさまざまな国の人々を受け入れ、癒していた」

「アナスタシア、でもロシアが人間が暮らすのにそんなに豊かなところになってしまったら、多くの国がロシアを自分のものにしたいと願うようになるんじゃないか？　だって、君は兵器を製造する工場は閉鎖《へいさ》されたと言った。つまり、ロシアは実質的に農業国になって、外部の攻撃から守られていないじゃないか」

「ロシアは農業国になったのではなく、世界の科学センターになったの。

有害な兵器を製造する工場が閉鎖されはじめたのは、あるエネルギーが発見された後だった。そのエネルギーの前では、最新鋭の軍備もただの無益なものとなるだけではなく、それを保有する国自身に脅威《きょうい》を与えるものとなってしまう」

「いったいどんなエネルギーだ？　何から採れて、誰がそれを発見したんだ？」

「そのエネルギーはアトランティスの人たちが持っていた。彼らはそれを早過ぎる段階で知ってしまった。だから地球の大陸からアトランティスは消えてしまった。そして再びそのエネルギーを、新しいロシアの子どもたちが発見した」

「子どもたちだって⁉　すべてを順序立てて話してくれ、アナスタシア」

「いいわ」

地球に善あれ

とあるロシアの一族の土地で、仲の良い家族が暮らしていた。夫と妻、そして彼らの間には二人の子どもがあった。八歳の男の子はコンスタンチン、五歳の女の子はダーシャ（＊ダリアの愛称。ロシア語では頻繁に、一人に複数の愛称がつく）といった。父親はロシアの最も有能なプログラマーの一人だと言われていた。彼の仕事部屋には最新のコンピュータが何台か置かれていて、彼はそれらを使って軍事関係の官庁のためのプログラムを作っていた。ときおり仕事が忙しくなると、遅い時間までずっとコンピュータの前に座っていることもあった。

夜になると家族全員で集まるのが習慣になっていて、みんなで彼の仕事部屋に集まり、そこで各自が静かに各々のことをしていた。妻は肘掛椅子《ひじかけいす》に座り刺繍《ししゅう》をしていた。息子は本を読むか、新しい入植地の風景の絵を描いたりしていた。でも五歳のダーシャだけは、いつでもやりたいことをみつけられるわけではなく、そんなとき彼女は家族全員がみえるように肘掛椅子に座り、長

いこと家族一人ひとりをみていた。ときに彼女は目をつぶっていたが、そのときの表情は、ありとあらゆる感情のすべてを表していた。

その一見普段通りの夕べに、一家は父親の仕事部屋に集まり、いつものように各自がそれぞれのことをしていた。仕事部屋のドアは開いていたので、みんながその隣にある子ども部屋から聞こえる、古い鳩時計の鳴き声を聞いた。通常、鳩時計が鳴るのは昼間だけだ。もう夜だというのに。父親は仕事の手を止めてドアをみつめた。そして他の家族たちも、驚いて音が聞こえた方をみた。小さなダーシャだけが、肘掛椅子に座って目を閉じていて、何も気が付かないでいた。彼女の唇には、微かなようでもあり、あからさまなようでもある微笑みが遊んでいた。突然、再び鳩時計の鳴き声がした。まるで誰かが子ども部屋にいて針を動かし、機械仕掛けの鳩を何度も鳴かせ、時を告げさせているかのように。この一家の父親であるイワン・ニキフォロヴィチは、肘掛椅子を回転させ息子の方へ向き、こう言った。

「コスチャ（＊コンスタンチンの愛称）、部屋に行って時計を止めるか、直してみておくれ。おじいちゃんからもらったあの時計、ずいぶん長いこと動いているからな。でも、なんだかおかしな壊れ方だな……おかしい……どうなっているかみてきておくれ、コスチャ」

子どもたちはいつも言うことをきいていた。おしおきを怖《おそ》れて言うことをきいていたのではない。罰など一度も与えられたことはなかった。コスチャとダーシャは両親を愛し、そして尊敬していた。二人にとっては、両親と一緒に何かをすることや両親の願いをきくことは、大きな喜びだった。父親の言葉を聞いて、コスチャはすぐにその場から立ち上がった。しかし父と母が驚いたことに、彼は子ども部屋へ行かなかった。そこに立って、肘掛椅子に座って目を閉じている妹をみていた。子ども部屋からは、依然として鳩時計の鳴る音が聞こえていた。しかしコスチャはそこに立って、目をそらすことなく妹をみつめていた。一家の母親ガリーナは、不安になって、その場に固まった息子をみた。そして突然立ち上がり、びっくりしたように叫んだ。

「コスチャ……コスチャ、どうしたの？」

八歳の息子は母親の方を向き、母親がびっくりしている様子に驚いて言った。

「僕は大丈夫だよ、ママチカ（＊ママの愛称）。パパのお願いをきこうと思っているんだけど、なかなかできないんだ」

「どうして？　動けないの？　自分の部屋に入れないの？」

「動けるけど……」コスチャはその証拠に腕を振り、その場で足踏みをしてみせた。「部屋になんか行くことないんだ。彼女はここにいて、彼女の方が強いんだ」

「誰がいるっていうの？　誰が強いって？」母親はさらに不安になった。

「ダーシャだよ」コスチャは答え……そして肘掛椅子に座って、目を閉じ微笑んでいる妹をゆび指した。

「ダーシャが針を動かしているんだ。僕は針を前のところに戻そうとしているけど、うまくできないんだ。ダーシャが……」

「何を言っているの、コスチェンカ（＊コンスタンチンの愛称）？　あなたもダーシェンカ（＊ダリアの愛称）もここに、私たちの目の前にいるわ。あなたたちがみえているもの。いったいどうやってここに居ながら、同時に他の部屋の時計の針を動かせるっていうの？」

「うん、ここに居るよ」コスチャが答えた。「でも意識はあっちにあるんだ、時計のところに。ただ、ダーシャの意識の方が強いんだ。ほら、また鳴ってる。ダーシャの意識が針を速く動かしてるんだよ。最近ダーシャはよくこうやって遊んでる。もうやるなって言ったんだよ。ママたちが心配しだすかもしれないって思ったから。でもやっぱりダーシャはこうやって考え事をして、何か変なことをしだすんだ……」

「ダーシャはどんな考え事をしてるんだ？」イワン・ニキフォロヴィチが会話に入ってきた。「それに、これまでどうして私たちにこのことを話さなかったんだ、コスチャ？」

「パパたちもみてるでしょ、ダーシャが考え事をしているのを。時計の針はたいしたことはないよ、ダーシャはこうやって遊んでいるだけだよ。僕だって、誰も邪魔をしなければ針を動かせるもん。だけど、ダーシャみたいに考え事をすることはできない。ダーシャが深く考え込んでいるときは、ダーシャの意識に対抗できないんだ」

「ダーシャは何を考えているんだ？　コスチャ、おまえは知っているのか？」

「知らない。ダーシャに聞いてみて。僕はダーシャがまた何か変なことをしないように、考え事をやめさせるから」

コスチャは妹が座っている肘掛椅子に近づき、普通より少し大きな声で一語一語はっきりと発音して言った。

「ダーシャ、考えるのをやめるんだ。やめないと、一日中口をきいてやらないからな。それにママを怖がらせちゃったんだぞ」

幼い女の子のまつ毛が微かに震え、彼女は部屋にいる人をそれぞれ確かめるように視線を走らせた。そして我に返ったかと思うと椅子から飛び起き、謝るように視線を下げた。鳩の鳴き声は止まり、仕事部屋にはしばらく完全な静寂《せいじゃく》の時が訪れたが、それを幼いダーシャが謝罪《しゃざい》する静かな声が破った。彼女は顔を上げ、輝く愛くるしい瞳で母と父をみつめて言った。

「ママチカ、パパチカ（＊ママとパパの愛称）、こわがらせちゃったらごめんなさい。でもどうしても、私、とってもとってもどうしても、最後まで考えなくちゃいけないの。どうしても今、最後まで考えないといけないの。明日も、休んでからまた考えるの」

女の子の唇は震えていた。まるで今にも泣き出しそうだったが、彼女は続けた。

「コスチャ、口きいてくれなくてもいいもん。それでも考え事するもん、最後まで考え事が終わるまで」

「こっちへおいで、可愛い娘よ」

落ち着こうと努めながらイワン・ニキフォロヴィチはそう言って、抱きしめようと娘の方へ手を広げた。

ダーシャは父親の方へ飛んで行った。父親の膝に飛び乗り、小さな腕で首に抱きつき、少しの間彼の頬に顔を当ててると、膝から降りて彼のすぐそばに立ち、頭をもたれた。

イワン・ニキフォロヴィチは、なぜか動揺を隠しきれない様子で、娘に話しかけた。

「ダーシェンカ、心配するな。ダーシェンカが考え事をしても、ママはもう怖がらないよ。ただ教えておくれ、なんのことを考えているんだい？　どうしても最後まで考えなきゃならないって言うのは、なんのことだい？　それにダーシェンカが考え事をしていると、どうして掛け時計の針が速く動くんだい？」

「パパチカ、私ね、好きなことはぜんぶ、おっきな時間にしたいの。それで嫌なことは小っちゃくしてわからなくするの。それでね、嫌なことは時計の針が飛び越しちゃって、起こらないようにしたいの」

「だけど、好きなことも嫌いなことも、時計の針では決まらないんだよ、ダーシェンカ」

「時計の針では決まらないね、パパチカ。時計の針では決まらないってわかったの。でもついでに動かしちゃうの、時間を感じるために。鳩ちゃんは私の想いの速さを数えてくれるの。だって、間に合うようにしなきゃいけないから……ね、だから時計の針を動かしてるの」

「どうやってやるんだい、ダーシェンカ？」

「簡単よ。考えの端っこで掛け時計の針を想い描くの、それから針が速く動くようにって想うの。私が速く考えはじめたら、針ももっと速く動くの」

「何がしたいんだい、可愛い娘よ、時間を動かしたりして？　今のまんまの何が好きじゃないんだい？」

「時間は好き。このあいだわかったの、時間が悪いんじゃないって。人が自分で自分の時間をダメにするの。パパチカはよくコンピュータの前に座っているでしょ、それから長いことどこかに行っちゃう。パパチカはね、どこかに行っちゃうとき、時間をダメにしちゃうの」

「私が？　ダメにする？　どんなふうに？」

「いい時間は、私たちが一緒にいるとき。みんな一緒にいると、とってもよい一分や一時間、それに一日があるでしょ。そしたら周りのものが全部よろこんでる。パパチカ覚えてるでしょ、リンゴの木がほんのちょっとだけお花を咲かせだしたとき……パパとママが一番はじめのお花をみつけて、パパがママを抱き上げて、ママをくるくる回したの。ママチカが鈴みたいに笑ったから、周りのもの全部がよろこんだのよ、葉っぱも鳥さんたちもよろこんでた。私もね、全然怒らなかったの。パパが私じゃなくってママチカを抱き上げて回したのに。だって、私、ママチカのことが大好きだもの。私ね、みんなと一緒にそんな時間をよろこんでいたの。でも、その後で違う時間が来た。私わかったの。パパチカが、それを違う時間にしたんだって。パパチカはずっと長いことお家から遠くへ行っちゃった。リンゴの木には小っちゃなリンゴができはじめたのに、それでもパパはまだ帰ってこなかった。ママチカはリンゴの木のところへ歩いて行って、ひとりで立っていたの。でも誰もママチカを回してくれなくて、鈴みたいに笑わなかったから、周りのもの全部にとってよろこぶことがなかったの。パパがいないときはね、ママチカの笑顔は全然違うの。寂しい笑顔なの。それはわるい時間なの」

ダーシャは早口で、不安に駆られたように話した。突然彼女は口をつぐみ、それから一気にまくしたてた。

「パパチカ！　ダメにしないで、いい時間を……」

「ダーシャ……ダーシャの言うことも正しいかもしれないね……もちろん……でもおまえは、私たちみんなが……私たちみんなが生きているこの時間のことをまだ全部わかっていない……」イワン・ニキフォロヴィチはしどろもどろになっていた。

彼は動揺していた。どうにかして自分がなぜ家から離れる必要があったかを説明しなければならなかった。幼い娘に理解できるように。そして良い方法がみつからないまま、彼は自分の仕事について、コンピュータでミサイルの図やモデルをみせながら説明しはじめた。

「ほら、ダーシェンカわかるだろう。私たちにとってはもちろん、ここにいるのが心地いいね。そして私たちと一緒に隣り合って暮らしている人たちも、ここにいるのが心地いい。でも世界には他のところ、他の国があるんだ。そしてそこにはたくさんのいろんな武器がある……私たちの美しい園、ダーシェンカのお友達の家や庭を守るために、パパたちはときどき遠くへ行く。守るためには、私たちの国も同じようにたくさんの最新の武器を持っていなきゃならないんだよ……。最近ではね……ダーシェンカ……解るかい、最近他の国で、私たちの国ではないところで、新しい武器が発明されたんだ……。それは今のところ私たちよりも強い……。ほら画面をみてごらん、ダーシェンカ」

イワン・ニキフォロヴィチはキーボードを叩いた。すると画面に、変わった形のミサイルの画像が現れた。

「ほら、ダーシェンカ、みてごらん。これは大きなミサイルで、この本体に五十六個の小さなミサイルが入っているんだよ。大きなミサイルが人間の命令に従って、指示されたところへと飛んでいって、そこに住んでいるすべての生き物を全滅《ぜんめつ》させてしまうんだ。それにこのミサイルは撃ち落とすのがとっても難しい。ミサイルに向かって何かが近づいてくると、内臓のコンピュータが作動して、本体からひとつ小さなミサイルが発射される。そして近づく物を破壊するんだ。

小さなミサイルのスピードは大きなミサイルよりも速いんだ。出発したときに、大きなミサイルの慣性《かんせい》速度を利用するからね。そんな怪物みたいなミサイルを迎え撃つには、たったひとつが相手でも、五十七個のミサイルが必要だ。このカセットミサイルと呼ばれるミサイルを造った国には、今のところ三機しかない。その三機は、それぞればらばらの場所に、地下深くの穴の中に厳重に隠してある。でもラジオ波で伝えられる指示を受け取れば飛んで行く。すでに小さなテロリスト集団が、大きな破壊行為をすると一連の国々を脅《おど》している。私はね、ダーシェンカ、カセットミサイルに内蔵されたコンピュータのプログラムを解読しなければならないんだよ」

イワン・ニキフォロヴィチは立ち上がり、部屋の中を歩きはじめた。早口で話し続け、そのうちプログラムについての自分の思考の中へと深く入り込んでいき、まるでコンピュータの前に立っている自分の娘のことも忘れているかのようだった。イワン・ニキフォロヴィチは、ミサイルの外観が映し出されたモニターの前に素早く歩み寄ると、キーボードを叩いた。するとモニターの画面には、ミサイルシステムの燃料パイプの図面が現れ、その後レーダー装置の図面、そして再び全体像が映し出された。画像を次々と表示させながら、イワン・ニキフォロヴィチはもはや自分の幼い娘に注意を払っていなかった。そして声に出して考えはじめた。

「明らかに、セグメントごとにロケーション装置が取り付けられているはずだ。もちろんセグメントごとに。でもプログラムが異なっているはずがない。プログラムはきっと同一だ……」

突然、隣のコンピュータから警報音が発せられ、緊急注意を促した。イワン・ニキフォロヴィチは、隣のコンピュータのモニターの方に振り向くとその場に立ちすくんだ。モニターには次のような文言のメッセージが繰り返し点滅《てんめつ》していた、〈警報X〉、〈警報X〉。イワン・ニキフォロヴィチは素早くキーボードを叩いた。すると画面に軍服を着た男の映像が現れた。

「何が起きたんです?」イワン・ニキフォロヴィチは訊ねた。

「三つの異常な爆発が記録されました」男が答えた。「全防衛システムに第一準備態勢に入るよう指示が出ました。弱い威力の爆発が続いています。アフリカで地震が起きています。誰にもこの状況の説明ができない状態です。現在入っている情報によると、全世界の軍事ブロックが第一準備態勢に入っています。攻撃国はまだ特定されていません。爆発は続いていて、我われは状況を明らかにすべく調査中であります。我われの部署の全職員が、直ちに状況の分析に入るよう命令が出されました」

素早く、そして軍人特有の明確な口調で画面の男は話したが、最後にもはや冷静さを失って付け加えた。

「爆発が続いています、イワン・ニキフォロヴィチ、爆発が続いています。切ります……」

軍服の男の姿はモニターの画面から消えた。イワン・ニキフォロヴィチはそのまま消えた画面をみつめ、緊迫《きんぱく》した様子で考え込んだ。考え込んだままゆっくりと自分の肘掛椅子の方を向くと、幼いダーシャが依然《いぜん》としてそこに立っていた。そして彼は信じがたい憶測《おくそく》に身震いした。彼が目にしたのは、幼い娘が目を細め、瞬きもせず、最新型のミサイルの画像が映し出されたモニターの画面を凝視《ぎょうし》している姿だった。突然彼女の体が身震いすると、ダーシャはほっとしたように一息つき、キーボードの「ENTER」を押した。画面に次のミサイルの画像が現れると、彼女は再び目を細め、集中してそれをみつめはじめた。

イワン・ニキフォロヴィチは、まるで全身が麻痺《まひ》したかのように立ちすくんでいた。その場から動く力がなく、頭の中では熱に浮かされたかのように同じ問いを繰り返していた、〝本当にこの子が爆発させているのか？　自分の意識で爆発させているのか？　ミサイルが気に入らないからって。この子が爆発させているのか？　本当に？　いったいどうやって？〟。

彼は娘を止めようと思い、彼女を呼んだ。しかし彼は大きな声で言葉を発することもできず、ただささやいたのだった。

「ダーシャ、ダーシェンカ、可愛い娘よ、やめなさい！」

このすべての場面をみていたコスチャが、素早く立ち上がり、妹へ走り寄り、彼女のお尻を軽く打ちながら早口で発した。

「おい、ダーシャ、今度はパパまで怖がらせたな。これで二日間口きかないからな。一日はママの分、もう一日はパパの分だぞ。聞いてるのか？　コラ、聞いてるか？　パパを怖がらせたな！」

じっと集中していた状態をゆっくりと緩めながら、ダーシャは兄の方へ振り向き、そしてもう細めていない、逆に乞《こ》うような、謝るような眼差《まなざ》しで兄の目をみつめはじめた。コスチャはダーシャの目が涙でいっぱいになっているのに気がつき、手を妹の小さな肩に置くと、さっきよりも厳しさを弱めて言った。

「もういいよ、口きかないって言ったのは少しカッとなったんだ。でも朝リボンを結ぶのはもう自分でやるんだぞ。もう大きくなったんだから」。そして「絶対泣いちゃだめだぞ」という言葉とともに優しくダーシャを抱きしめた。女の子は小さな顔をコスチャの胸にうずめた。彼女の方は震え、悔《くや》しさに何度も繰り返していた。

「またこわがらせちゃった。もう嫌だよう。よくなるようにしたかったのに、こわがらせちゃった」

ガリーナは子どもたちの方へ歩み寄り、しゃがんでダーシャの頭を撫《な》でた。女の子はすぐに母親の首にすがりつくと、静かに泣き出した。

「この子はどうやってこれを？　コスチャ、どうやってるんだ？」

我に返ったイワン・ニキフォロヴィチは息子に訊ねた。

「時計の針と同じだよ、パパ」とコスチャが答えた。

「でも時計はすぐそこにあるが、ミサイルは遠くだ。それにどこにあるかは最高機密なんだぞ」

「パパ、ダーシャにはどこにあるかなんて関係ないんだ。ダーシャには、その物の形がわかれば十分なんだ」

「でも爆発は……　爆発させるには接触装置をつながなければならない……それに接触装置はひとつじゃないんだ。保護装置や暗号も……」

「パパ、ダーシャは接触装置をつなげながら全部の接触を起こさせちゃうんだ。前はすごく時間がかかって、十五分くらいかかってたけど、最近は一分半くらいでできる」

「前は、だって⁉」

「うん、パパ、でもミサイルでやったんじゃないよ。遊んでたんだ。ダーシャが時計の針を動かすようになってから、僕が古い電気自動車をみせたんだ。僕がまだ小さかった頃に乗るのが好きだったやつだよ。僕はね、パパ、ボンネットを開けてダーシャにヘッドライトの線をつなぐように頼んだんだ。だって、自分では線のあるところまでなかなか届かなかったから。ダーシャは線をつなげた。それに車を運転したいって頼むから、まだ小さいからエンジンをかけたりブレーキをかけたりできないだろって言ったんだ。でもどうしてもするってきかないから、させたんだ。僕はどうやってエンジンをかけたらいいかを説明したんだけど、ダーシャは全部自分の方法でやっちゃったんだ。ダーシャがねパパ、座ってハンドルを握ったら走ったんだ、エンジンをかけたりしないで。ダーシャはエンジンをかけようと意識した、僕はダーシャが手ではなんにもしてないのをみたんだ。うん、ダーシャはエンジンをかけたんだ、でもそれは意識の中でやったこと。それにねパパ、ダーシャは微生物とも仲良しなんだよ。あいつらダーシャの言うことをきくんだ」

「微生物だって⁉　どんな微生物だ？」

「たくさんいるやつだよ、どこにでもいるんだ。僕たちの周りや、僕たちの中にも。みえないけどいるんだ。パパ、覚えてる？　僕たちの土地の端っこの森の中に、昔の高圧送電線の残骸《ざんがい》の鉄の柱が地面から突き出ていたでしょ」

「ああ、突き出ていたね。それがどうかしたのか？」

「錆《さ》びてて、コンクリートの土台にのってた。ダーシャと一緒にキノコ採りをしてたとき、ダーシャがその残骸をみて言ったんだ。『なんてわるい子、木の実やキノコが育つ場所を取っちゃって』って。それから言った、『みんな、急いで、急いで食べちゃって』って」

「それで？」

「二日後には、あの錆びた残骸とコンクリートの土台はなくなってた。裸の土があるだけで、まだ草は生えてなかった……。微生物が金属とコンクリートを食べちゃったんだ」

「でもどうしてだい？　どうして、コスチャ、おまえはもっと早く私にダーシャに起こったことをすべて話してくれなかったんだ？」

「僕、怖かったんだパパ」

「何が？」

「歴史の本で読んだんだ……。そんなに昔じゃない頃、変わった能力を持っている人を隔離《かくり》しようとしたって。パパやママに全部話したかったけど、どんな言葉をみつけたらいいかわからなかったんだ。パパたちがわかって、信じてくれるように……」

「コスチャ、私たちはいつもコスチャを信じているじゃないか、それにおまえがやってみせたらよかったんだよ……。いや、ダーシャに、私たちの前で何か危険がないことをやってみせるように言えばよかったんだ」

「僕ねパパ、そのことが怖かったんじゃない……ダーシャはやってみせたはずだよ……」

コスチャはしばらく黙った。そして再び話しはじめたときは感情がたかぶった様子だった。

「パパ、僕はパパとママが大好きだよ。僕はダーシェンカにときどき厳しくするけど、彼女のこともとっても大好きなんだ。優しい子なんだ。ダーシャは周りのものすべてに優しいんだ。小さな虫でもいじめたりしない。それに虫たちもダーシャに悪いことをしない。ダーシャは蜜蜂《みつばち》の巣箱へ行って、巣箱の出口の前に座ってみてる、蜜蜂たちが飛んでるのを。蜜蜂たちは……たくさんの蜜蜂たちがダーシャの手や脚やほっぺに止まって這い回ったけど、刺さなかった。ダーシェンカが手のひらを、飛んでくる蜂たちに向けて差し出したら、蜂たちがそこに止まって、何か置いた。ダーシャは後で手のひらをなめて笑ってた。ダーシャは優しい子なんだよ、パパ……」

「落ち付くんだコスチャ、心配するな。さあ落ち着いて、状況を見極めよう。そうだ、落ち着いてすべてをよく考えなければ……。ダーシャはまだほんの幼子《おさなご》だ。この子がいくつかの最新のミサイルシステムを破壊した。世界大戦が始まってもおかしくない、恐ろしい戦争が。しかし戦争が勃発《ぼっぱつ》しなくとも……もしこの子が敵のミサイルだけでなく、我われのミサイルの画像までめくってみていたら。もし、世界のすべての国に存在するミサイルがすべて爆発しだしたら、全世界が壊滅《かいめつ》的な大惨事の瀬戸際《せとぎわ》に立たされることになっていた。何億人もの人々の命が失われたかもしれないんだ。私だって小さなダーシャを愛している。しかし何億人だ……話し合わなければ。策をみつけなければ。でも今のところは、わからない……。ダーシェンカをなんらかの方法で隔離しなければならない。なんらかの……。そうだ、しばらくのあいだ眠らせるということも可能だ。可能だ……だが、解決策は？　他にどんな解決策がある？」

「パパ、パパ……待ってよ。ねぇ、もしかしたら、あの子の嫌いな殺人ミサイルを地球上から全部なくすことはできる？」

「なくす？　しかし……そのためにはすべての国が合意しなければならない。すべての軍事ブロックと。そうだな……でもそれはすぐに到達できることじゃないんだよ、たとえ可能だとしてもね。でも今のところは……」

イワン・ニキフォロヴィチは素早くコンピュータへ歩み寄った。モニターには、ダーシャが邪魔されたことで破壊しきれなかったミサイルの画像がまだ光っていた。彼はミサイルが映っているモニターを消し、連絡用のコンピュータのキーボードに向かって座りなおすと、テキストメッセージを送信しはじめた。〈本部へ。この連絡文を緊急に全軍事ブロックおよび国際マスメディアに拡散すること。一連のミサイルシステムの爆発の原因は、接触装置を繋げることのできるバクテリアである。このバクテリアは制御《せいぎょ》可能だ。爆発能力のある弾薬兵器のすべての画像を抹消《まっしょう》する必要がある。すべて‼ 最小の銃弾から最新のミサイルシステムまですべての画像を。バクテリアを操っている者には、爆発物の所在地を知る必要はない。画像でその形状をみるだけで十分である！〉

イワン・ニキフォロヴィチは、すでにニコニコと笑いながら騒々《そうぞう》しく母親とおしゃべりをしているダーシャをみた。そして連絡文に次の文章を加えた、〈一連の爆発を起こした者の所在地は不明である〉。その後、イワン・ニキフォロヴィチは本部に暗号化されたメッセージを送信した。

翌朝、緊急のロシア軍事会議が開かれた。イワン・ニキフォロヴィチの土地がある地区の周りには、警備が敷かれていた。警備隊員たちは気づかれないように、軍服から道路工事作業員の制服に着替えていた。

その地区から五キロの郊外に環状道路が建設されはじめたということで、昼夜問わず同時に一メートルおきに道路が〝建設〟されていった。イワン・ニキフォロヴィチの土地には、幼いダーシャの生活行動を逐一《ちくいち》監視するためのカメラが設置された。映像は宇宙飛行の管制センターに似た、軍のセンターへ送信されていた。何十人もの心理学や軍事の専門員が、緊急事態が発生した際に必要な指揮がとれるよう、交代でモニターを監視しながら待機していた。心理学専門員は特別な連絡手段を使って、幼いダーシャの両親に対し、彼女を何かに夢中にさせておけるよう、常に助言を送っていた。それはひとえに、彼女に再び考え事をさせないようにするためだった。

ロシア政府は、国際的に多くの国々にとって奇妙に映る宣言をした。ロシアにはいかなる種類の爆弾や弾丸も、それがいかなる場所に保管されていようとも、爆発を起こさせる力が存在する。それらの力はロシア政府によって完全に制御できるものではないが、ロシア政府はその力と交渉中である、と。この信じがたい宣言について、各国はもちろん確認する必要があった。国際会議において、通常とは異なる形状の爆弾を数種類製造することが議決された。それらは四角い弾薬筒《だんやくとう》でできたものだった。その実験に参加した各国がその爆弾を二十個ずつ持ち、自国内のさまざまな場所に隠した。

「その一連の爆弾は、なんのために四角い弾薬筒で造られたんだ？　なぜ普通のものではだめだったんだ？」私はアナスタシアに訊ねた。

「みんなが恐れたの、ウラジーミル。世界中に存在する兵器に、警官や軍人といった、手元に武器を所有している人たちのピストルに入った薬莢《やっきょう》も、爆発するかもしれないと」

「そうか、もちろんだな……。それで、その四角い弾薬筒を使った実験はどうなったんだ？」

イワン・ニキフォロヴィチは自分の仕事部屋に幼い娘のダーシャを呼び、四角い弾薬筒の写真をみせ、その爆弾を爆発させてほしいと頼んだ。

ダーシャはその写真をみて言った。

「パパチカ、大好きよ。でもこのお願いをきいてあげることは、どうしてもできないの」

「どうしてだい？」イワン・ニキフォロヴィチは驚いた。

「私、爆発させることができないから」

「いったいどうしたんだいダーシェンカ、前はできたじゃないか。おまえは一連の最新ミサイルを全部爆発させたんだよ。なのにできないなんて」

「あのときはね、私とってもどきどきしてたのパパチカ。パパに遠くへ行ってほしくなかった、何時間もコンピュータの前に座ってほしくなかったの。パパはコンピュータの前に座ってるとき、誰ともお話しないし、なんにも面白いことをしてくれないんだもの。でも今はパパはいつもそばにいる。とっても優しくなったわ、パパチカ。だから私、もう何も爆発させないの」

ダーシャには爆発の目的、その意味がはっきり理解できていないために、四角い爆弾を爆発させることができないとイワン・ニキフォロヴィチは理解した。イワン・ニキフォロヴィチは解決策を見出そうと熱に浮かされたかのように考えながら、そわそわと部屋を歩き周りはじめた。そして、興奮した様子でダーシャを説得しようとした。彼女に話すつもりだったが、まるで自分自身に論じているようだった。

「できないのか……そうか……悲しいことだ。何千年も世界で戦争が行われてきた。ある国々の間で戦争が終わったかと思えば、他の国々が戦いはじめる。何百万人もの人たちが死に、そして今も死んでいる。軍備に莫大な資金が費やされているんだ……。そして、この終わりのない破滅へのプロセスに終止符を打てる可能性があった。なのに、ああ……」

イワン・ニキフォロヴィチは肘掛椅子に座っているダーシャをみた。

娘の顔は落ち着いていた。彼女は、彼が部屋の中を歩き回ったり話したりする様子を興味深くみていた。しかし発せられた言葉の意味は彼女を動揺させるものではなかった。彼女は、戦争とは何か、いったいどんな資金が、そして誰がそれを費やしているか、完全に認識できていなかったのだ。

彼女は思いをめぐらせていた。

〝どうしてパパはそわそわとお部屋を、冷たくてなんのエネルギーも与えないコンピュータの間を歩き回っているのかな？　どうしてパパはお庭に出たくないのかな、木にお花が咲いていて、鳥たちが歌っていて、草の一本一本や木の枝が目にみえないもので身体を優しくなでてくれるのに。ママもコスチャ兄ちゃんもあっちにいる。パパが早く面白くないお話をやめて、みんなで一緒にお庭に出ればいいのに。ママもコスチャも、私たちをみたらとっても喜ぶわ。ママはにっこりするだろうな。コスチャは昨日、どうやったら地球の石っころやお花をさわって遠くのお星様にさわれるか、教えるって約束してくれた。コスチャはいつも約束を守ってくれるもん……〃

「ダーシェンカ、私の話が面白くないかい？　話していることが解らないのかい？」娘に向かってイワン・ニキフォロヴィチが問いかけた。「何か考えているのかい？」

「私はね、パパチカ、どうして私とパパは、すべてが待ってるお庭じゃなくて、ここにいるのかなって考えているの」

イワン・ニキフォロヴィチは、娘には正直に、そして具体的に話さなければならないことを理解した。そして話しはじめた。

「ダーシェンカ、おまえがミサイルの画像をみて爆発させたとき、もう一度おまえの能力を確かめたいというアイディアが浮かんだんだ。というよりも、世界中の爆弾を壊滅《かいめつ》させることができるロシアの力を全世界に示したい。そうすれば、爆弾なんかを造ることがなくなる、無意味で危険なことだと。すでに製造されたものは、人々が自分たちで破壊するだろう。全世界で武装解除《ぶそうかいじょ》が始まる。四角い弾薬は、おまえが自分の能力を示し、そのときに誰も死んだりしないように、特別に造られたものなんだよ。だからダーシェンカ、爆発させておくれ」

「私、今はもうできないの、パパチカ」

「どうしてだい？　前はできたのに、できないなんて」

「私はもう絶対に何も爆発させないって自分に約束したの。その約束をしたから、その力はもう私にはなくなっちゃったの」

「ない？　しかしなんでそんな約束をしたんだ？」

「コスチャ兄ちゃんが、兄ちゃんの本の中の絵をみせてくれたの。人の体が爆発でどんなふうにバラバラになっちゃうか、人がどれだけ爆発をこわがっているか、爆発のときに木はどうなって、それでどんなふうに死んでしまうか。だから約束したの……」

「ダーシェンカ、それじゃおまえはもう二度とできないと言うのか？　せめてもう一回……たったの一度でいいんだ。ほら、この四角い爆弾を」

イワン・ニキフォロヴィチは娘に四角い爆弾の写真をみせた。

「この爆弾は実験のために特別に造られて、いろんな国の人目に付かない場所に隠されている。そばには、その付近に人はいないんだ。みんながその爆弾が爆発するかどうかを待っている。爆発させてくれ、可愛い娘よ。それはおまえの約束を破ることにはならないよ。誰も死んだりしない。その逆だ……」

ダーシャはもう一度、無関心な様子で四角い爆弾の写真をみて、平然と答えた。

「私が自分の約束を破っても、この爆弾はやっぱり爆発しないわ、パパチカ」

「なに、どうしてだい？」

「パパがあんまり長いことお話していたから。私、この写真をみたときにね、すぐにこの四角い変な形をしたものを嫌いになったの。可愛くないもの、それで……」

「それでなんだ？　……ダーシェンカ……どうした？」

「ごめんなさい、許して、パパチカ。パパチカが写真をみせてからあんまり長いことお話をしてたから、あの子たちがほとんど食べちゃったの」

「食べた？　何を食べた？」

「この四角い爆弾を、ほとんど食べちゃったの。私が爆弾を嫌いになったらすぐにね、感じたの。あの子たちが動き出して、急いで急いで食べ出したの」

「あの子たちって誰だ？」

「こんなに小っちゃな子たちよ。私たちの周りや私たちの中に、どこにでもいるの。いい子たちよ。コスチャはね、バクテリアとか微生物だって言うの。私だったらもっといい名前をつける、『私の小っちゃないい子たち』って。あの子たちもこっちの方が好きよ。私ね、ときどきあの子たちと遊んでるの。みんなはあの子たちのこと、ほとんど何も気づいたりしないけど、あの子たちはいつも、人間一人ひとりのために良いことをしようとしているの。人がよろこんでいると、嬉しいエネルギーであの子たちも嬉しいの。人間が怒ったり生きているものを壊したりすると、あの子たちはたくさん死んじゃう。死んじゃうと、代わりに他の子たちが駆けつけるの。でもときどき死んじゃった子たちに代わるのが間に合わないこともあって……そうしたら人の体は病気になっちゃうの」

「でも、おまえはここにいるじゃないか、ダーシェンカ。爆弾は遠くのいろんな国で、地下に隠されている。他の国にいる彼ら、つまりその『小っちゃな子』たちは、どうやってそんなに速くおまえの願いを知ることができるんだ？」

「あの子たちはね、お互いに順ぐりに、全部とっても速く教え合うの。パパのコンピュータの電子が走るのよりもずっと速いんだから……」

「コンピュータ……連絡……今……今、全部確認してみよう、ロシア国内にある爆弾の一つひとつの周りにはビデオカメラが設置されている。今すぐに」

イワン・ニキフォロヴィチは連絡用コンピュータの方を向いた。モニター画面には四角い爆弾の画像が光っていた。いや正確には、爆弾の残骸だ。薬莢《やっきょう》の本体は錆《さ》びて穴だらけになり、弾頭《だんとう》はそばに転がり、大きさがはるかに小さくなっていた。イワン・ニキフォロヴィチはモニターを切り替えたが、他の場所にある爆弾にも同じことが起こっていた。画面に軍服をまとった男性が現れた。

「こんにちは、イワン・ニキフォロヴィチ、あなたもすでにご自分の目でみましたね」

「議員たちはどのような結論を出したのですか？」イワン・ニキフォロヴィチは問うた。

「議員はグループに分かれて話し合いをしています。警備隊は標的《ひょうてき》の安全のための追加措置を取ろうとしています」

「私の娘を標的と呼ぶのはやめていただきたい」

「神経質になっていらっしゃいますな、イワン・ニキフォロヴィチ。この状況ではそのようになってはなりません。十分後にはお宅に優秀な心理学者、生物学者、無線電子工学者の専門グループが到着します。彼らはすでに向かっています。彼らに、娘さんと話しができるようにしてください。彼女にその準備をさせてください」

「会議では、大多数の意見はどういう傾向にあるのですか？」

「今のところは、あなた方一家を、あなた方の区画の中で完全に隔離《かくり》するという方向です。あなたは今すぐに、すべての技術装置の画像を削除する必要があります。娘さんの隣にいて、常に彼女を監視するようにしてください」

イワン・ニキフォロヴィチの土地に到着した軍事会議の専門員グループは、一時間半にわたって幼いダーシャと面談を行った。幼子は我慢強く大人たちの質問に答えていたが、一時間半後にその区画にいたすべての専門員と彼らの様子を大画面で監視していた危機管理会議センターの人々を、完全に困惑させる出来事が起こったのだ。幼いダーシャとの面談が始まってから一時間半が経過したとき、広々としたイワン・ニキフォロヴィチの仕事部屋のドアが突然開け放たれた。部屋に入ってきたのはダーシャの兄のコスチャだった。その手にひっきりなしに鳴き声を発している鳩時計を持っている。コスチャは机の上に時計を置いた。時計の針は十一時を指していて、機械仕掛けの鳩がその回数だけ鳴くと、時計の長針は素早く文字盤を一周し、また最初から鳴きはじめるのだ。その場に居合わせた人々は、当惑しながらその時計の奇妙な動きやダーシャをみつめ、そして黙り込んだ。

「あら」ダーシャが突然声を上げた。「私、すっかり忘れちゃってた。大事な用事をしに行かなきゃ。お友達のヴェルニカが時計の針を回しているのよ。そうやって約束してたの、私が忘れてしまったときのために。私、行かなきゃいけない」

二人の警備員が部屋の出口を塞ぐように立った。

「何を忘れてしまったときに、ダーシェンカ?」イワン・ニキフォロヴィチが娘に訊ねた。

「お友達のヴェルニカが住んでいるお庭でね、ヴェルニカの小さなお花をなでてあげてね、お水をあげるの。じゃないとお花が寂しがっちゃう。そのお花はね、優しくみててもらうのが大好きなの」

「でも、お花はダーシャのじゃないだろう」イワン・ニキフォロヴィチは娘に指摘した。

「どうしてダーシャのお友達が自分で撫でてあげないんだ? 自分の花だろう?」

「パパチカ、ヴェルニカはね、家族と一緒にお呼ばれに行っちゃったの」

「お呼ばれってどこに?」

「シベリアのどこかだって」

その場にいた人たちの間のあらゆる方角から、ほとんどささやくような声で驚きの声が上がった。

「一人じゃない!」

「この子の友達にはどんな能力が?」

「一人じゃない！」

「いったい何人いる？」

「どうやって見分けたらいい？」

「早急に、このような子どもたち一人ひとりに対策を取らなければ！」

しかし、部屋の隅に座っていた白髪になりつつある年輩の男性がその場から立ち上がると、すべての喧騒《けんそう》が静まり返った。その男性の肩書および職務は、単にイワン・ニキフォロヴィチの仕事部屋にいた人達の間での上官というものではなかった。彼は、ロシア安全保障会議の議長だった。全員が彼の方を向き、黙った。白髪の男性は小さな木の肘掛椅子に腰かけているダーシャをみつめていて、彼の頬には涙が流れていた。それから白髪の男性は、ゆっくりとダーシャの方へ歩み寄り、彼女の前で片膝をつくと、片手を彼女へと伸ばした。ダーシャは立ち上がり一歩進み出ると、自分のワンピースの裾《すそ》をつまみ、右ひざをかがめて婦人のようなお辞儀をして、小さな手を彼の手のひらへ置いた。白髪の男性はしばらく彼女をみつめていたが、それから頭を下げ、うやうやしくダーシャの手にキスをして言った。

「私たちをどうか許しておくれ、小さな女神よ」

「私はダーシャよ」少女は答えた。

「ああ、そうだったね、君の名前はダーシャだ。教えておくれ、私たちの地球はどのようになるのか？」

少女は驚いたように年輩の男性の顔をみて、彼に近寄り、そして小さな手のひらで彼の頬を流れる涙を慎重《しんちょう》に拭い、小さな指で口ひげに触れた。それから彼女は兄の方へ振り返り、言った。

「ねえ、コスチェンカ、ヴェルニカのお家のお池で、百合《ゆり》たちとお話をするのも手伝ってくれるって約束したよね。約束したの覚えてる？」

「覚えてるよ」コスチャが答えた。

「じゃあ、行こうよ」

「行こう」

戸口では、警備員たちがすでに彼女の前に道を開けていた。ダーシャは立ち止ると、依然として片膝をついている男性の方へ振り向き、彼に微笑んだ。そして自信満々に言い放った。

「地球に……善あれ！　よ」

六時間後、ロシア安全保障会議の拡大会議において、白髪の議長が発言した。

「世界のすべては相対的である。我われの世代にくらべて、新しい世代はもっと神に似たものなのだ。新しい世代が我われを基準とするのではなく、我われが彼らの基準に合わせなければならない。全世界の、各国独自の技術を駆使《くし》したすべての武力は、たった一人の新しい世代の幼い少女の前では無力である。そして新しい世代に対する我われの課題、我われの責務、義務は、〝ごみ〟を一掃することである。地球からあらゆる種類の武器をなくすことに、我われは全力を傾けなければならない。我われの最先端技術の中で生まれた成果と発見、他に類をみないものと思っていた軍事システムは、新しい世代の前では必要のないガラクタである。しかるに、我われはそれを排除しなければならないのである」

武装解除の競走

諸国および諸大陸の軍事ブロックの安全保障会議委員が集まる国際会議が開かれた。その会議では、兵器および爆弾の緊急廃棄《はいき》計画、ならびにその資源のリサイクルについて話し合いが行われた。各国の科学者たちが廃棄やリサイクル技術の分野の経験を交換し合った。心理学者が絶えずマスメディアに出て、あらゆる種類の銃を所有している人々がパニックに陥るのを防ぐべく語りかけた。パニックが起こったのは、ロシアでの奇妙な現象について、マスメディアに情報が漏れてしまった後だった。事実はいくぶん歪曲《わいきょく》されて伝えられていた。

一連の西側諸国の情報では、ロシアが緊急手段で自国内にある爆弾を廃棄し、〝Xデー〟に他国が保有している兵器を爆破し、その国の人々の大半を殺戮《さつりく》する準備をしていると語られた。人々は手元の銃や弾薬を川に捨てたり、空き地に埋めたりしはじめた。それは、公的な回収所では廃棄希望者の受付が間に合わなかったからだった。

不法投棄《とうき》に対しては罰金が科せられた。仲介業者は薬莢《やっきょう》一個あたりに多額の料金を取っていたが、それでも家族全員の命への脅威《きょうい》から逃れたい希望者を、思いとどまらせることはなかった。軍事基地の付近に住む都市の人々は、政府に一刻も早く軍事施設を取り壊すように要求した。一方自社で以前製造した武器を廃棄する方向へ転換を余儀なくされた軍事産業は、実のところ処理能力の限界を超えて稼働《かどう》していた。多くの西欧諸国のメディアでは、ロシアによって世界を震撼《しんかん》させる大惨事が起こる、という噂《うわさ》がしきりに広められた。世界はこれまでに蓄積《ちくせき》された兵器から素早く逃れられるような状態にはなく、武力装置や弾薬の廃棄を行っていた大多数の企業は処理能力の限界まで稼働していたが、何十年もの間製造され続けた兵器を数カ月で撲滅《ぼくめつ》させることはできなかった。

異常な能力を持った子どもたちが現れたことをロシア政府は以前から知っており、ロシアがすでに殺人兵器の廃棄の用意を済ませているかのように非難を浴びた。その噂の裏付けとして、ロシア政府が自国内だけでなくロシア国境近くの国々において、自然環境的に好ましくない企業の買収や解体を行っていたことをあげた。そしてロシアが一番に自国の爆発兵器を撲滅し得たとすれば、ロシアにはこの武装解除競走で遅れを取った国々を壊滅《かいめつ》することができると。

世界的大惨事によるありとあらゆる崩壊や惨劇《さんげき》が、意図的に誇張《こちょう》された。爆弾の解体を請け負う企業にとっては、彼らのサービスの料金が吊り上がることとなり、とても好都合だった。例えば、武器を廃棄に出す人々は、ピストルの薬莢一個当たり二十ドルを支払う必要があった。自分で土に埋めてしまったり投棄したりすることは破壊工作とみなされた。ロシアの子どもたちに現れた能力に対して有効な防衛手段が何ひとつ提示できなかったことで、パニックはさらに拡大した。そのときロシア大統領は、誰もが無鉄砲《むてっぽう》かつ軽率だと思うような行動をとった。全世界のテレビチャンネルの生中継で、その異常な能力を持つ子どもたちに囲まれて出演することにしたのだ。そしてロシア大統領が出演する生放送の日時が発表されたとき、世界のほとんどの住民がテレビ画面の前に集まった。発表された時刻の直前には、大部分の企業は操業《そうぎょう》を中断し、店も閉まり、屋外の人通りもなくなり、人々はロシアからの情報を待った。ロシアの大統領は、自分のテレビ出演によって人々を安心させたいと思っていた。全世界に、ロシアの人の中に生まれた世代が決して血に飢えたモンスターなどではなく、善良な普通の子どもたちであること、そして彼らを怖《おそ》れる必要などないことをみせようとした。より説得力を持たせるために、ロシア大統領は側近たちに、特殊な能力を持つ三十人くらいの子どもたちを執務室に集めるように依頼し、彼一人だけでその子どもたちと執務室に残ることを決断したのだった。

「そして、ロシア大統領は世界の人々に何を言ったんだ？」

「もしあなたが望むのなら、自分の目でそのシーンをみて。そこで話されたことを聞くこともできるわ、ウラジーミル」

「ああ、聞いてみたいね」

「みて」

ロシア大統領は、仕事机のかたわらにある小さい演壇に立っていた。演壇の左右に、三歳から十歳くらいの、バラバラな年齢の子どもたちが小さな椅子《いす》に腰かけていた。部屋の反対側の壁際には、テレビカメラを構えた記者の一団が陣取っていた。大統領が話をはじめた。

「尊敬する紳士淑女、我が国のみなさん！　私はこのたび、みなさんに子どもたちを紹介したく、特別にここに招待しています。そしてみなさんご自身が確認していただけるものと思いますが、私はこの部屋で、子どもたちと一人で対峙《たいじ》しています。護衛《ごえい》や心理学者、親たちもいません。この子どもたちは、西側諸国の一連のマスコミが作り上げようとしているようなモンスターではありません。みなさんご自身もご覧いただける通り、普通の子どもたちです。彼らの顔にも行動にも、暴力的な兆候《ちょうこう》は何もありません。彼らの能力のうちの一部を、私たちは異常だと考えているわけですが、本当にそうなのでしょうか？　この若き世代に発見されはじめた能力は、本来一人ひとりの人間にとって、普通の能力なのかもしれません。むしろ、私たちの世代が作り上げてしまったものこそ、人間の存在にとって異常で、許容しがたいものであります。人間社会は、通信システムや、この星を大惨事へと導く力のある軍事力を作り上げたのですから。

何世紀にもわたり、軍事強国の間で平和交渉が行われてきましたが、軍拡《ぐんかく》競争が停まることはありませんでした。今日には終わりなき破滅のプロセスに終止符を打つ、現実的な可能性があります。今は、殺人兵器が集中していない国々こそが、有利な状態にあるのです。私たちにとって、このような状況は不自然にみえます。しかしよく考えようではありませんか。人間に死をもたらし、多くの民族を脅《おびや》かす大量殺人兵器の製造は、人間社会にとって自然なものであるという信念が、いったいなぜ私たちの意識に根付いてしまったのか？

新しい世代はこの優先順位を変え、私たちを逆の方向に行動すること、武装解除することを強いたのです。恐怖やパニック、熱に浮かされたような行動は、往々《おうおう》にして歪曲された情報によるものです。ロシア政府は、ずっと以前から得体のしれない能力を持つ子どもたちが国内に現れたことを知っていたのだと非難されています。これらの非難は事実無根です。ロシア領土内には未だ大きな軍事装備があり、我われも多くの国々と同じように、それらを廃棄すべく全力をつくしています。

武装解除が完了するまでの間、ロシア政府が得体のしれない能力を持つ子どもたちを割り出し、彼らを強制的に眠らせることも含め、隔離《かくり》する措置を取っていないことを非難されています。ロシア政府はそのような方向へは向かいません。ロシアの子どもたち、それは平等な我が国の国民なのです。それによく考えてみましょう、いったいなぜ、殺人兵器を受け入れない人たちを隔離するのです？　それを造る人たちではなく？　ロシア政府は、爆発させる能力のある子どもたちが、偶発的に感情を抑えきれないで、嫌いだと感じる種《しゅ》の武器に衝動を送り、爆発させるのを防ぐ措置を取っています。

ロシアのテレビ番組からは、殺人に使用されている道具の映像は完全に排除されました。武器を模倣《もほう》したおもちゃも撲滅されました。親たちがいつも自分の子どもたちのそばにおり、ネガティブな反応を起こすのを事前に察知しようとしています。ロシアは……」

大統領は演説をやめた。明るい金髪の五歳くらいの男の子が椅子から立ち上がり、カメラが設置された三脚に近づいた。男の子ははじめ、三脚のネジをただぼうっとみていたが、ネジを触ろうとしたとき、カメラマンは怖がってテレビカメラを置いて記者たちのうしろへ隠れてしまった。大統領はカメラマンを怖がらせた男の子へ素早く歩み寄り、彼の手を取り、さっきまで大人しく座っていた椅子まで連れて行った。彼に言い聞かせながら。

「大人しく座っていておくれ、私のお話が終わるまで」

しかし、演説を続けることはできなかった。通信機器が置いてある机の前で、およそ三歳から四歳の二人の子どもが機器をいじりはじめたのだ。演説のはじめには静かに座っていた子どもたちは、執務室の方々へと散り、思い思いのことをしていた。少数ではあるが、年長の子どもたちだけが自分の席に座り、テレビカメラを持った記者たちを眺めていた。その中に三つ編みにリボンを結んだ女の子がおり、私はその子が誰だかわかった。ダーシャ、最新のミサイルシステムを爆発させた彼女は、子どもらしくない様子で意識的に注意深く起こっていることを見極め、記者たちの反応を観察していた。

テレビ画面に張りついていた全世界の人々は、ロシア大統領が少し途方に暮れた顔をしているのを目にした。彼は部屋中に散らばった子どもたちを見回した。政府用の連絡機器の前で騒いでいる二人の子どもを目にし、うしろに彼の側近や子どもたちの親が控えている扉をみた。しかし誰の助けも呼ばなかった。大統領は演説が中断したことを詫び、素早く二人の子どもの方へ寄り、すでに机の上からひとつの機器を手に取っている彼らを両脇で捕まえた。

「これは君たちのおもちゃじゃないんだよ」と言いながら。

大統領の脇に抱えられた子の一人は、もう一方の脇にぶら下がった友をみて高らかに笑った。もう一方の子は、小さな手でうまいこと大統領のネクタイを引っ張り、言った。

「おもちゃだよう！」

「君がそう思っても、おもちゃじゃないんだ」

「おもちゃだよ」笑っていた男の子は楽しそうに繰り返した。

大統領は、点滅する色の付いたランプや音に興味をひかれ、数人の子どもたちが寄って来て、受話器を触りはじめたのも目にした。二人の落ち着きのない坊やたちを床に座らせると、素早く仕事机に向かい、ボタンを押して言った。

「今すぐに執務室のすべての通信網を切ってくれ」

それから素早く仕事机の上に白い紙を何枚も広げた。それぞれの紙の上に鉛筆やらボールペンを並べ、彼の周りに集まった子どもたちに向けて言った。

「ほら、絵を描いてもいいぞ、好きなようにしなさい。絵を描いたら、後で誰が上手に描けたかみんなでみようじゃないか」

子どもたちは机を囲み、それぞれが紙と鉛筆やペンを手に取りはじめた。机に手が届かない少し背の低い子には、大統領が椅子を持ってきてそこに座らせたり、もっと小さな子には椅子の上に立たせてやったりした。子どもたちをお絵かきに集中させることができたと確信した大統領は、再び演壇に近づき、テレビの聴衆に向かって微笑み、演説を続けようと肺に息を吸い込んだ。しかし続けられなかった。小さな男の子が彼に近づき、ズボンを引っ張りはじめたのだ。

「なんだ？　どうしたんだい？」

「しい……」男の子は言った。

「なんだって？」

「しい……」

「しい、しいって、つまりトイレに行きたいってことか？」

そして大統領は再び部屋の外へ向かう扉をみつめた。

扉が開けられ、すぐに二人の側近もしくは護衛が大統領目指して走り込んだ。一人の男は厳格なそして幾分緊張した面持《おもも》ちでかがみこみ、子どもの小さな手を取った。しかし坊やは依然として大統領のズボンの片脚を放さず、部屋から連れ出そうとしている厳格な顔の男の手から、隙《すき》をみて自分の手を引き抜いた。そして入ってきた他の数人の男たちに抗議の身振りをしてみせた。入ってきた男たちは途方に暮れた。坊やは再び小さな顔を上げ、そして大統領を見上げて、再び彼のズボンの片脚を引っ張り言った。

「しぃしぃ」

そして若干しゃがみ腰になった。

「君の『しぃしぃ』はなんだってこんなときに。おまけにワガママを言って」

大統領はそう言うと、素早く子どもを抱き上げて出口に向かった。

「すぐに戻ります」と言いながら出て行った。

何億台ものテレビに向け、カメラは遊んだり絵を描いたり、互いに話をしたりする子どもたちの様子を切り替えながら映した。最も頻繁に映されたのは、誰も立っていない大統領の演壇だった。そしてそのとき、幼いダーシャが自分の椅子から立ち上がった。彼女は椅子を持って大統領の演壇のところまで引っ張り、その上によじ登ると記者たちをみつめた。彼女に向けられたカメラのレンズに向かって三つ編みのリボンを直すと、話しはじめた。

「私はダーシャっていうの。私たちの大統領おじさんはいい人よ。もうすぐ来るわ。もうすぐ戻ってきて、みんなに全部お話してくれるから。おじさんはね、少し緊張してるの。でもおじさんは、どれだけ地球上のどこもかしこもが良くなるか、全部話すことができるの。それに誰も私たちのことを怖がらなくてもいいって。コスチャ兄ちゃんが私にお話してくれたの、今はみんなが子どもたちを怖がっているって。私が大きな新しいミサイルを爆発させちゃったから。私は、ただミサイルを爆発させたかったんじゃないの。私はパパが長いこと遠くに行っちゃうのが嫌で、パパがあのミサイルのことをいっぱい考えているのが嫌だったの。パパがミサイルをみているのが嫌だったの。パパにはママをみていてほしいの。ママはどんなミサイルよりもすてきなんだもの。それにママは嬉しいの、パパがママをみてママとお話しするのが。でもパパが長いこと遠くへ行っちゃうとき、それからミサイルをみているとき、ママは寂しいの。私はママを寂しがらせたくない。コスチャ兄ちゃんは、とっても頭が良くて、いろんなことを良くわかっているの。コスチャ兄ちゃんは、私がたくさんの人たちを怖がらせたって言ったの。私はもう爆発させない。全然面白くないもの。他にもっと大切で面白いことがあるもの。それはみんなによろこびをもたらすの。ミサイルはみんなが自分で壊してね。もう絶対、誰にも爆発させないように壊してね。私たちのことは、どうか怖がらないでね。

みんな、私たちのところに遊びにきて。みんなが来てね。みんなに生きたお水をたくさん飲ませてあげる。ママがお話してくれたの、私たちの国の人が昔どうやって暮らしていたか。お仕事をいっぱいして、いろんな工場を造って、そうして夢中になっていたら、生きたお水がなくなっちゃった。お水が汚くなっちゃったの。それで、瓶に入ったお水だけがお店で売られるようになったんだって。でも瓶に入ったお水は死んだお水、息ができないお水だから、人々は病気になりだしたの。昔はそうだったんだって。でも私はどうしても想像できなかったの、どうして人が、自分が飲むお水を汚くしちゃうなんてことが起きるのか。でもパパがお話してくれた、今もまだ地球には生きたきれいなお水がない国がたくさんあるって。それでその国の人たちは、苦しい病気で死んでいるって。それにその国にはおいしいリンゴもベリーもないの、生き物がみんな病気になってしまったから。病気のものを食べた人も苦しんでいるの。

みんなが私たちのところに来てね。みんなが来て。そしたら私たちが病気じゃないリンゴも、トマトも、梨も、ベリーもごちそうするね。みんなが味見して、お家に帰ったときに自分に言うの。汚くすることをしちゃダメ、きれいなところに住んだ方がいいって。それからみんなの国が全部きれいになったら、私たちがお土産を持って遊びに行くの」

小さな男の子を抱いて部屋に戻った大統領は、扉の前に立ち、ダーシャが話すのを聞いていた。彼女が黙ったとき、彼は演壇に歩み寄り、居心地よさそうに彼の腕に収まった坊やを抱いたまま付け加えた。

「ええ、もちろん……みなさん、本当に遊びにきてください。私たちの国では肉体を癒すことができます。しかしそれが重要なことではありません。もっと重要なのは、私たちが自分自身と、そして自分の使命を理解することです。地球からゴミのように捨てられてしまわないように、私たちみんなが一緒になって、自分たちが生んだ汚れを掃除しなければならないのです。みなさん、ご清聴《せいちょう》ありがとうございました」

大統領執務室の場面が消えた。そしてアナスタシアの声が続いた。

「ロシアからの生放送を聞いていた人々に影響を与えたのは、大統領の演説なのか幼いダーシャの話なのかは判断が難しい。でも人々は、ロシアの攻撃的な姿勢について広がる噂話《うわさばなし》を信じようとは思わなくなった。人々は生きたかった。幸せに生きたくて、その可能性を信じた。ロシアを訪れたい、滞在したいという希望者は、クレムリンからの生中継の後に何倍にも増えた。ロシアから帰った人々は、もう今までの生き方を続けることはできなかった。一人ひとりの内で自覚の光が、まるで日の出の太陽の最初の光のように燃え上がっていた」

科学と似非《えせ》科学

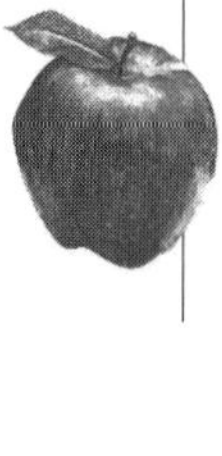

「アナスタシア、でもロシア人はいったいどうやってそれだけの数の客人を受け入れることができたんだ？　きっと大変だっただろう。自分の入植地で家族と暮らしている様子をひっきりなしに塀の外から野次馬が覗《のぞ》いているなんて、どんなものだろう？」

「治療のためにロシアを訪れる旅行客や外国人たちは、都市部の空きマンションに滞在した。食べ物は入植地から調達して運び、観光客をそこへ連れて行くわけではなかった。少数の人たちだけが、新しいロシア人たちが暮らす定住地に滞在することができた。心理学者は、一族の土地の所有者たちに対し、彼らのもてなしによってやって来た人々、特に以前は高度に進んだ国とみなされていた人々に、精神的ショックによる衰弱《すいじゃく》が起こる可能性を常に警告していた。心理学者が言ったことは事実に合致《がっち》していた。入植地に滞在した外国人のうち、約四十パーセントが帰国後に自殺をしうるほどの抑《よく》うつ状態に陥ったの」

「どうしてそんなことに？　なぜだ？　アナスタシア、君は言ったじゃないか、入植地ではすべてが美しいって。周囲の景色、食べ物、そして家族の中での互いへの理解のすべてが」

「その通り。でも訪れた多くの外国人にとっては、みたものがあまりにも美しすぎたの。想像してみて、ウラジーミル、人生の大部分を大都市で暮らしていた年輩の男性を。いかなる努力をも惜しまず多くのお金を稼ぐことを目指し、自分の人生は他の人とくらべて悪くないと自負していた人。お金と引き換えに、住居、衣服、車、食べ物を得ていた。家具付きのマンションに住み、ガレージに自分の車を持ち、冷蔵庫には食べ物が入っている」

「想像できたよ、まったくもって普通じゃないか。それでどうなるんだ？」

「それなら、ウラジーミル、自分で自分の疑問に答えてみて。『それでどうなる？』」

「それで……その人はどこへでも行くことができる、新しい家具とか車を買うことができる」

「その後は？」

「その後？　わからない、その後何があるんだ？」

「その後、その人は死ぬ。永遠に、または地球時間にして何百年もの間、死んでしまう。その人のもう一人の自分、その人の魂は、再び地上の次元空間を得ることができない。なぜなら、その人は生涯、地上で地球のために善《よ》いものを何ひとつ創造しなかったから。一人ひとりが直観的にそれを理解している、だから人々は死を恐れるの。多くの人々が目指すものが共通で、生き方が似ているとき、人々はみんなと同じその生き方が唯一可能なものであり、かつ人間に必要な生き方だと思い込む。しかしそこで、その人は地上のまったく異なった人生を目にする。地上の楽園を目にする。人間の手で、神のイメージで創造された愛の空間を。それに対して自分の人生をもはや終わったもの、そして地獄で生きてきたのだと思う。そういった人は苦しみの中で死に、そしてその人の苦しみは何百年も続く」

「じゃあどうしてロシアの新しい生き方をみた人の中に、そんな抑《よく》うつにならない人もいるんだ？」

「他の人々は直感的に理解しているの。年老いてもその弱くなった手で、愛の空間を地上に創造しはじめれば、創造主は彼らの人生を延ばしてくれると。お年寄りはしわを伸ばし顔を微笑みで輝かせ、そして若者たちの手助けに行った」

「それでもやはり、アナスタシア、なんだか良くないんじゃないか。遠路はるばるロシアにやってくる旅行者たちが、新しいロシアの人々の入植地を歩いたり、そのきれいな空気を吸ったりできないなんて」

「都市に滞在している旅行者たちも、大地の新鮮な息づかいを感じ、生命を与える水を飲むことができた。市街には、緑あふれる入植地の清浄《せいじょう》さに浸ったエーテルや花粉をたっぷり含んだ風が吹き抜けた。旅行者たちは、その楽園のようなオアシスを、郊外への観光の際には節度ある距離を保って眺めていて、そこで暮らす家族たちの邪魔をしないように心掛けていた。ほら、どんなふうに行われていたかみてみて」

そして、再び新しい未来の光景が現れた。ウラジーミル市とそこから三十キロメートル離れたスズダリ市を結ぶ自動車道がみえた。以前、何度も通る機会があった道だ。以前は、スズダリの聖堂や修道院をみようという旅行客を乗せた観光バスを、この道で目にすることは稀《まれ》だった。基本的にこの道の車線を埋めていたのは、地元のナンバーが付いた乗用車だった。しかし、今みているこの道はまったく違っていた。二倍くらいに広げられた車線を多くの美しいバスが動き回っている。おそらく電気自動車だろう、排気ガスもみえず、エンジンの音も聞こえず、タイヤの擦れる音しかしていない。電気自動車にはあらゆる国からの旅行客が乗っていた。多くの旅行客が、付近を双眼鏡で観察していた。

道路から一キロメートルほど離れて、さまざまな木々の梢《こずえ》の向こうに何棟もの邸宅の屋根がみえていた。平坦な生垣《いけがき》の向こうには、ロシアの人々の一族の土地があった。道路の両側には、およそ二メートルおきに美しい二階建ての店や食堂が並んでいる。各店舗の前にはアスファルト舗《ほ》装《そう》の小さなエリアがあり、空いている場合は次に来る電気自動車がそこに駐車していた。次の観光客たちのグループが電気自動車から降りてきて、みんながそこで売られているものを買い込んだり味見したりしていた。

すべての店やカフェは、入植地で採れた食料品を取りそろえていた。店には特に腕が立つ人たちの作品、刺繍が施されたロシアのルバシカ（＊ロシアの伝統的な立ち襟《えり》のシャツ）やタオル、木細工やその他のものが置かれていた。アナスタシアの解説によると、幸せな女性たちの善なる手によって縫われたルバシカには、機械のコンベアで製造されたものにくらべ、計り知れないほどの価値があるということをみんなが知っているからこそ、こぞって買い求めるのだという。

植林帯のある道路の向こうにあるものを上からみると、木陰になった並木道と各区画の緑の垣《かき》根《ね》がみえた。ひとつの集落全体を植林帯が取り囲み、その中におよそ九十の区画があった。その向こうに野原があり、一キロメートル先に再び植林帯に囲まれた集落がある。そのような様子の地帯が三十キロメートルにわたっていた。各区画の大きさは同一だったが、それぞれはまったく異なっていた。果樹園のようになっている土地もあれば、すらりと伸びた松や広く枝を張った杉、樫、白樺などの野生の木々を生やしている土地もあった。

各区画には、必ず池またはプールがあった。花壇に囲まれた住居もさまざまだった。大きな二階建ての邸宅もあれば、小さな平屋もある。平屋根の家もあれば三角屋根もあり、スタイルもさまざまだ。ウクライナの田舎にある農家のような白い家もいくつかあった。通りや並木道、各戸の区画内に自動車の姿はまったくみえなかった。それに、それぞれの区画では、特に活気のある様子や仕事らしいものもみえない。すべての類稀《たぐいまれ》な美しさが天の誰かによって創造され、人々はただその創造を楽しんでいるだけであるかのような印象を持った。各集落の中心には大きな見事な二階建ての建物があり、そのそばでは子どもたちがせわしなく動きまわっていた。つまり、学校かレクリエーションホールが集落の中心に建てられているのだ。私はアナスタシアに言った。

「ほら、集落の中心にある学校かレクリエーションホールらしい場所には何か生活らしいものがみえるが、各区画の生活はきっと退屈なものだろうな。もし各区画で、土に肥料をやったり害虫や雑草たちと闘ったりしなくて済むようにすべての植え込みができているのなら、所有者たちは何もすることがないだろう？　やっぱり人間ってのは、集約的な労働や創造、発明をしている方がより喜びが大きいはずだ。なのにここではそれがない」

「ウラジーミル、ここでは、この美しい土地では、人々はまさにあなたが今あげたことをしている。そして彼らの行為はとても有意義なもの。それはあなたの世界で知られている芸術家や発明家よりも格段に高い知性と自覚、そしてインスピレーションを要するもの」

「しかし、もし彼らみんなが芸術家や発明家だとしたら、いったいどこに彼らの労働の結晶があるんだ？」

「ウラジーミル、あなたが芸術家だと考えるのは、筆を手にしてキャンバスに美しい風景を描く人のこと？」

「もちろん、そう考えるよ。人々はその人の絵をみて、気に入れば買ったり画廊に飾ったりするんだ」

「でも、じゃあどうしてあなたは、キャンバスの代わりに一ヘクタールの土地を手にして、そこに同じように美しい景色、もしくはもっと美しい景色を創り上げる人たちを芸術家だと考えないの？　生きた材料で美しいものを創造するためには、芸術的な想像力やセンスだけでなく、たくさんの生きた材料の特性についての知識も必要よ。そしてどちらの場合も、創造されたものはみる人にポジティブな感情を呼び起こし、目を愉しませる使命を帯びている。でもキャンバスに描かれた絵画と違って、生きた絵画はもっと多機能なもの。それは空気を浄化し、人間に有益なエーテルを発生させ、人間の肉体に栄養を与える。生きた絵画は自身の色調を変えるし、人はそれを永遠によりよいものへと磨《みが》き続けることができる。そしてその絵画は、目にはみえない糸で大宇宙とつながっている。キャンバスに描かれた絵画とはくらべられないほどに有意義。だから、それを創造する芸術家の方が偉大だということになる」

「ああ、もちろんだ、それには同意しないわけにいかないね。でもどうして君は土地の所有者たちを、発明家や学者であるとも考えるんだい？　彼らは本当に、科学になんらかの関係を持っているのか？」

「科学にも関係を持っている」

「例えばいったいどんな？」

「ウラジーミル、例えばあなたは、植物の品種改良、遺伝子工学を学ぶ人たちのことを学者だと考えるのかしら？」

「もちろんさ。誰もがそういう人たちを学者だと考えるさ、彼らは研究所で働いている。野菜や果物や、その他の植物の新しい品種を生み出している」

「ええ、もちろん生み出している。でも、それよりも彼らの行為の結果とその意義の方が重要よ」

「結果だってあるじゃないか。寒さに強く長期保存のできる野菜の品種や、ジャガイモハムシに食われないジャガイモが生み出された。高度先進国では細胞から生き物を作り、今や病気の人に移植するためのいろんな臓器を培養しようとしているんだ。例えば腎臓とかね」

「ええ、そうね。でもあなたは、そういった高度先進国で、なぜ日に日に新しい病気が生まれているのかを考えたことはない？　なぜそういった国では、癌《がん》の発生が最も多いのか？　なぜ、彼らに必要な治療薬の数は増すばかりなのか？　なぜ、不妊症《ふにんしょう》に苦しむ人の数が増すばかりなのか？」

「なぜだい？」

「それは、あなたが学者と呼ぶ人たちの多くは、まったくもって知性と聡明《そうめい》さを持ち合わせた生き物ではないから。彼らの人間の本質は麻痺《まひ》していて、外見だけ人間を装った彼らを通して、破壊の勢力が作用している。自分で考えてみて、ウラジーミル。その一見学者にみえる人たちが、自然に存在する植物たちを変形させはじめ、それに従って植物たちがもたらす果実を変形させた。その果実の使命を考えることもしないまま、変えるようになった。一方で自然と大宇宙にあるすべては、緊密に関連し相互作用している。例えば、もしあなたの車で修理工が何かの部品を、そうね、フィルターでもいい、取り除いたり変形させたりしてしまったら、車はまだしばらくは走るでしょうけど、じきにどうなる？」

「燃料供給システムが全部故障して、エンジンが止まっちまうな」

「つまり、車の一つひとつの部品が独自の機能を持っている。それを触る前にはその使命を特定しなければならない、ということね」

「もちろんさ！　整備士でなくともわかることだ」

「でも、自然も同じように完全な装置であって、今のところ誰一人としてすべてを知りつくしているわけではない。この偉大な装置の一つひとつの部品はそれぞれの使命を持っていて、森羅《しんら》万象《ばんしょう》のすべてと緊密《きんみつ》な相互関係を持っている。そしてその特質を変えたり、ひとつの部品を取り除いたりすることは、必ず自然界の装置全体の働きに影響を及ぼす。自然には多くの防衛機能がある。許しがたい行為に対して、自然ははじめに警告を発する。もしそれでもやめなければ、自然は無能な整備士を一掃せざるを得なくなる。植物の実を人間は食べ物として取り込む。そして、もしその人が変種、ミュータントとなった果実を食糧とするならば、その人自身が少しずつミュータントへと変わっていく。変異させられた果実を食べると、そのような変異を避けることができない。そして、それはすでに起こっている。人間の免疫《めんえき》システム、知性と聡明さ、そして感じる力がどんどん弱くなっている。人間にだけ備わっている多くの能力を失いはじめ、そして容易にコントロールできるバイオロボットに変わりはじめ、自身の自主独立性を失っている。その証拠に、新しい病気が生まれている。それが人間の許しがたい行為に対する警告」

「仮に君が正しいとしよう。俺自身もそういった交配種の植物は気に食わない。はじめの頃はメディアで褒《ほ》めそやされていたが、今となっては多くの国の政府が法律を定めはじめたんだよ。遺伝子操作で生まれた材料で作られた食品には、特別なラベルを貼るようにってね。ロシアでもそういう法律ができたんだ。そして多くの人々が、ミュータントの食品を買わないようにしている。しかし今のところ言われているのは、そういった食品から完全に免れることができないってことだ。あまりにも多く出回りすぎていて、また一方で本物の食材は少なくて、高くつく」

「ほらそうでしょう、破壊の勢力が人間社会を経済に依存させることに成功したの。破壊の勢力は、人間に吹き込むことに成功した、『この食品を食べなければ飢え死にしてしまう』と。でもウラジーミル、そんなことはない。それどころか反対に、それを食べると人間は死んでしまう」

「そうかもしれない、アナスタシア。でもみんなが死ぬわけではない。多くの人がもうそのことを知っていて、ミュータントは食べない」

「あなたは、例えばどうやって見分けているの、ウラジーミル？」

「輸入された野菜は買わない……市場で地元の人たちが副業で作って売っている野菜の方がずっとおいしい」

「じゃあ彼らはどこで種を手に入れるの？」

「どこで手に入れるって？　買うんだよ。今は種を売っている会社がたくさんあるんだ。色とりどりのきれいな袋に入って売られているのさ」

「それはつまり、人々は袋に書いてある情報をみて買っているのね？　袋に入っているものが、書いてある情報とはたしてどれだけ一致しているか、完全に正確には知らないままで」

「君は、種もミュータントだって言いたいのか？」

「そう。今日地球上に原初の実のなるリンゴの木は、たった九本しかない。リンゴ、それは人間にとって最も有益で美味しい、神の創造物のひとつ。でもそれが最初にミュータントに侵されたもののひとつだった。旧約聖書にも警告が出ている、『接ぎ木《つき》をしてはならない……』と。* でも彼らは執拗《しつよう》に接ぎ木をし続け、そして結果としてリンゴではなくなってしまった。あなたが今、果樹園や店でみることができるものは、神の果実に一致しない物。神の創造による原初の物を壊し、壊滅させる人々のことを、あなたは学者と名づけている。でも、自然のメカニズムのすべての部品の機能を復活させる人たちのことは、なんと名づけられるかしら?」

「同じく学者、たぶんそうじゃないかな。だが、おそらくもっと教養のある聡明な人たちだ」

「入植地に住むロシアの家族、あなたが今みている人たちが、悪くなったものをまさに回復させている」

「その人たちが、品種改良や遺伝子工学の学者よりも多くの知識をどこで得ているって言うんだ?」

「こういった知識は、一人ひとりの内にはじめから存在している。目的、意図、自分の使命の意識がその知識を発揮させる」

「なんてこった、入植地に住む人々は芸術家でもあり、学者でもあるってことになる。じゃあ俺たちはいったい何者なんだ、今日この惑星に暮らす俺たちは?」

「一人ひとりが自分で、自身で判断できる。たった九日間、自分の意識を自由にするだけで」

＊「接ぎ木」のエピソードは、現在流通している聖書とは、掲載位置、内容、解釈が異なっていますが、著者の意図を尊重し原文の通りに翻訳いたしました。

我われの意識は自由か？

「『自由にする』というのは、何を意味するんだい？　誰の意識も自由だと思うが」
「ウラジーミル、科学技術社会の生活の中では、人間の意識はこの世界の枠組みと社会通念にとらわれて奴隷《どれい》と化してしまっている。科学技術の世界が存在できるのは、人間の意識の自由が完全になくなり、人間の意識が征服され、意識のエネルギーが吸収されている条件においてだけ」
「なんだか俺にはよくわからないな。一人ひとりが生涯にわたって、いろいろたくさんのことを思い巡らせることができる。ただ、例えばすべてを口に出せるわけじゃない。言論の自由が大きい国もあれば、少ない国もある。でも考えることはどんなことであっても、誰だって自由にできるだろう」
「それは錯覚《さっかく》なの、ウラジーミル。大部分の人々は、ひとつのことを一生涯考え続けることを強《し》いられる。これをみるのは簡単。あなたの時代に生きる典型的な一人の人のあらゆる思考時間を、時間で区分し、それを同じ思考内容ごとにまとめる。そうすると難しくない方法で、あなたの時代の人間社会の主要な意識を見極めることができる」

「面白いな。一緒にその意識を見極めてみようじゃないか」

「いいわ。じゃあ教えて、あなたは人間の平均的寿命にどんな数字をあげる？」

「それが重要なことなのか？」

「思考が同一であれば、それほど重要ではない。けれど、この後に続く計算のためにその数値が必要なの」

「わかったよ、俺たちの時代の人間の寿命を八十年としよう」

「では、人間が生まれた。より正確に言うと、自身の物質の次元空間を得た……」

「簡単に〝生まれた〟の方がいいよ。わかりやすい」

「いいわ。まだ小さな赤ん坊は、これから学ぶべき世界をみている。衣服、住居、食べ物を親たちが彼に確保する。でも親たちは、自身の振る舞いや接し方によって、そのつもりがあるか否かにかかわらず、子どもに自分の意識と取り巻く世界への接し方を伝える。目にみえる学習のプロセスはおよそ十八年続き、そしてそのすべての年月を通して、科学技術の世界は若者に、その重要性を吹き込み続ける。もうその後は、その人が残りの六十二年間を、自分の意識がどの方向に働いているのか、自分自身で決定できると私たちは想定することができる」

「ああ、そうかもしれない。だが君は、誰かが意識を拘束《こうそく》しているって言ったね」

「言ったわ。じゃあ、数えてみましょ。どのくらいの時間、自由に考えることができたか」

「よし数えようじゃないか」

「毎日一定の時間人は眠り、休息する。人は毎日何時間を眠りに費やすかしら？」

「普通は八時間だ」

「もとになる人生の年数を六十二年としたから、それに毎日の八時間の眠りを掛け算すると、うるう年を計算に入れて、一生に十八万一千百六十時間眠っている。毎日の八時間の眠りは二十一年の連続した眠りの時間となる。六十二年の人生から二十一年を差し引くと、四十一年間目が覚めていることになる。目が覚めているとき、大部分の人々は食事の用意をしている。あなたの考えでは、食事の用意と食事にどれくらいの時間を費やしていると思う？」

「基本的に女性たちが料理をしている。事実、男たちは食料品を買えるようにするために、より多くの時間を費やしているけどな」

「それで、あなたの意見では、どのくらいの時間が食事の用意と食事に消えているの？」

「まぁ、平日なら、食料品の買い出しと朝食、昼食、夕食を作る時間を合わせると、三時間くらいかな。ただ家族の全員が料理をするわけじゃない、他のやつらは食べるだけだ。まぁ、食料品を買ったり皿を洗ったりするのは手伝うかもしれないが。だから一人あたり二時間半ぐらいになるかもしれないな」

「実際はもっと長いけれど、あなたの意見に合わせましょう。一日あたり計二時間半、それを一生の日数に掛け算すると五万六千六百十二・五時間、または二千三百五十九日、または六年となる。四十一年からそれを差し引くと三十五年。食糧、衣服、そして住居を得るために、科学技術の世界に生きる人は、この世界にとって必要不可欠な機能のひとつを果たさなくてはならない。それは労働という機能。あなたに注目してほしいのは、ウラジーミル、人が働かなければならないのは、そして何かの仕事をしなければならないのは、それが大好きだからではなく、科学技術の世界の都合のためだということ。そうしなければ、人は死活にかかわる重要なものが奪われた状態になるから。

大部分の人は、毎日いったいどれだけの時間、働くことに費やさなければならないの？」

「我われの国では八時間だ、それに往復の通勤におよそ二時間かかる。でも大体は週に二日の休日がある」

「ほら、自分で計算してみて。自分の人生で相対的に何年間を、人は必ずしも好きとは言えないような仕事に費やしているのか」

「計算機がないと時間がかかるよ、君が教えてくれ」

「全部で三十年間、人がいわゆる労働行為をすれば、連続時間にして十年間を誰かのために、より正確に言うと、科学技術の世界のために働いていることになる。三十五年の人生からこの十年を差し引くと、残りは二十五年」

「他に、人は人生で何をして毎日を過ごすかしら？」

「テレビをみる」

「毎日何時間？」

「三時間くらい、それ以下はないね」

「この三時間が、連続で八年間テレビ画面の前に座ることになる。それを残った二十五年から差し引くと、十七年になる。でもこの時間も、人間にのみできることをするための自由な時間ではない。人間の意識は不活発、意識はひとつのことから他のことへと急激に切り替えることができないの。意識はしばらくの間、受け取った情報を分析する。平均的な人が人生のうち森羅万象について考えるのは、合計でたったの十五分から二十分くらい。まったく一度も考えたことがない人もいれば、何年か考えを巡らす人もいる。一人ひとりが自分で、生きてきた年月を分析して算定することができる。一人ひとりが個性的な存在であり、銀河全体を合わせたものよりも、重要な存在。なぜなら、一人ひとりが銀河を創造することができるのだから。でも、人間社会は全体としてひとつの生命体、ひとつの本質としてみることもできて、一人ひとりの人間がその一部。科学技術依存の罠にかかってしまうと、大宇宙の偉大なる本質は自身を自らに封じ込め、真の自由を失い、依存する者となり、自己破壊のメカニズムのスイッチを入れてしまう。


それとは違う、普通の人とは異なる生き方を、未来の入植地で暮らす人々は送っている。彼らの意識は自由で人間らしく、同一の意図のもとにひとつに合わさっている。人々の共同体を、袋小路から抜け出させる。ひとつに合わさった人々の夢の前に、銀河たちは歓びの予感に震えている。新しい誕生と創造を、宇宙はもうすぐ目にする。新しく美しい惑星を、人間の意識が物質化する」

「なんとも君は、入植者たちのことを大仰《おおぎょう》に語るね。外見はただの人だろう」

「彼らの容姿にも違いがある。偉大なエネルギーの輝きがあるの。もっとよくみて、ほら、おばあさんと孫が馬車に乗っている……」

馬に乗った未来の女性

私は、集落から赤毛の小さい馬に引かれた馬車が、いや、正しくは折りたたみの幌《ほろ》が付いた馬車が出てくるのをみた。柔らかい座席には年輩の女性が座り、彼女の前にはリンゴや野菜が入ったかごが置いてあった。前方には七歳くらいの男の子が上半身裸で手綱《たづな》を握っていたが、馬を操っているわけではなかった。おそらく、彼らはその目的地へ行くのははじめてではないのだろう。馬もゆっくりとしただく足（＊前脚を高く上げて早足で駆ける）で、慣れた道順通りに走っていた。

男の子は年輩の女性の方を向き、何か言った。おばあさんは微笑んで、歌いだした。少年は彼女にあわせて歌っていた。電気自動車のバスで通り過ぎる旅行客たちには、彼らの歌が聞こえていないようだ。馬は、自動車道から一キロメートルほど離れた道を走っていた。

旅行客のほとんど全員が、まるで奇跡か宇宙人でもみるかのように、息をひそめながら双眼鏡で馬車に乗っている二人をみていた。そして私は再び思った。遠い国から来る人々は車に乗っ

ていて、目的地にいる人たちと普通に話をすることができず、こうしてただ遠くから観察しているだけなのは、あまり良くないのではないかと。一方で馬車の二人は彼らの方をみることもない。複数のうち一台のバスがスピードを落とし、だく足で走る馬車の速さに合わせて動きはじめた。そのバスには外国の子どもたちが乗っていて、遠くのきれいな幌馬車に乗ったおばあさんと孫に、おそらくは男の子の方に向かって手を振った。しかし、彼は一度も子どもたちの方へ目もくれなかった。美しい生きた植物が巻き付いた集落の門から、突然、馬に乗った若い女性が現れた。彼女の栗毛の競走馬は、全速力で幌馬車を追いかけはじめた。馬車に並ぶと、興奮した馬はその横で速度を落として美しい足取りで走りはじめた。年輩の女性は微笑んで、若い女性の騎手が話すのを聞いていた。

　男の子は、おそらく歌を中断させられたことが不満だったようだが、それでも嬉しさを隠しながら、諭《さと》すように言った。

「なんとまあ、落ち着きのない人だ、ママチカ。一分も一人で留守番していられないんだから」

　若い女性は笑い出し、鞍《くら》に結び付けられた麻布の鞄《かばん》からピロシキをひとつ取り出すと、少年へその手を伸ばした。彼はそれを受け取り、一口かじった。

「食べてみなよ、ばあちゃん。まだあったかいよ」と言いながら、ピロシキを年輩の女性へと伸ばし、手綱を引き馬車を止めた。少年はかがみこむと、見事なリンゴでいっぱいのかごを両手で持ち上げ、かごを馬に乗った女性の方へ伸ばして言った。

「ママ、お願い、あの人たちに持って行って」

そして停まっている、外国の子どもたちが乗っているバスを視線で示して言った。片手で軽々と重いリンゴのかごをつかむと、美しい足取りの得意気な駿馬《しゅんめ》の首をもう一方の手で軽く一打ちし、若い女性騎手は全速力で子どもたちのバスの方へと駆け出した。その間に、子どもたちのバスのそばにはさらに数台のバスが停まり、その乗客たちは、リンゴのかごを持って野原を駆ける女性騎手の姿を恍惚《こうこつ》として見入っていた。彼女はバスからわらわらと出てきた子どもたちの方へ飛んで行き、馬を急停止させると巧みに地面へ身をかがめ、鞍《くら》から降りることなく喜びはしゃぐ子どもたちの前にリンゴのかごを置いた。

彼女はさらに、その合間に一人の浅黒い男の子の頭を撫《な》でると、全員へ向けて挨拶《あいさつ》の手を振り、駿馬を駆り立て全速力で広い道路の真ん中を駆けて行った。子どもたちが乗っていたバスの運転手は無線で報じた。

「彼女は分離帯を駆けています。麗《うるわ》しい！」

多くの観光バスが自動車道路の路肩へ降り、停車した。人々は急いで車から出てきて道に沿って並び、息を潜めて、全速力で駆けていく若い女性騎手をみつめていた。感嘆《かんたん》の叫びではなく、ささやきが多くの人々の口からもれ出ていた。そして確かにほれぼれとみとれてしまう情景だった。全速力で駆ける、血気盛んな駿馬は、蹄《ひづめ》で火花を上げていた。誰もその牡馬《おすうま》を追い立ててはいなかった。彼の背に乗った女性は、鞭《むち》も小枝さえも持っていなかった。それでも馬は自分の走る速度を上げ、蹄がかろうじて道に触れているほどの速さだった。たてがみは向かい風にはためき、なびいていた。きっと馬は、自分にまたがった騎手を自慢したくてたまらないのだろう。そして自分に乗った美女にふさわしいものになりたかったのかもしれない。

彼女の外見の美しさは尋常ではなかった。もちろん、端整《たんせい》な顔立ちや亜麻色《あまいろ》のおさげ、そして豊かなまつ毛は感嘆するほどだ。もちろん、刺繡が施された白いブラウスや白いカモミール模様のスカートの下に、弾力ある均整《きんせい》のとれた華麗《かれい》な身体の姿形が想像できる。身体全体を包む女性らしい流線は、何か抑えきれないエネルギーを縁どっているかのようだった。健康的に赤く染まった頬が、そのエネルギーの偉大さと無限の可能性を示していた。どこか特別で健全な風貌《ふうぼう》の若い女性は、道路脇に立っている人々から際立っていた。彼女はまったく張りつめた様子もなく、燃える駿馬の背に堂々と乗っていた。鞍や手綱につかまることもなく。そして馬の背の一方へ投げだした両脚を、鐙《あぶみ》にかけてもいなかった。まつ毛を伏せて、彼女は流れるような手の動きで、少しもつれた髪をきつく編み直していた。ときどき美女はまつ毛を上げた。すると彼女の眼差しは、道路に立っている群衆の誰かしらを、目にみえない心地よい炎で焦がすかのようだった。この眼差しに出会った人は、姿勢を正すかのように、すっと背を伸ばした。

人々は感覚でその女性騎手から発せられている光とエネルギーを捉え、少しでもそのエネルギーで自身を満たしたかったように思えた。彼女は彼らの欲求を理解し、惜しげもなく分け与え、そして前へと駆けていた。そして美しかった。突然、駆け抜ける馬を横切って、道路に情熱的なイタリア人が飛び出し、両手を広げ熱狂的に叫んだ。

「ロシア！　アイ・ラブ・ユー、ロシア！」

自分の馬がうしろ脚で立ちあがって飛び跳ねても、女性は震えも怯《おび》えもしなかった。彼女はただ片手で鞍の縁をつかんだだけで、もう一方の手で頭に飾り付けられていた花輪から一輪の花を引き抜くと、それをイタリア人に投げた。贈物を受け取った男は、まるで豪華な宝石であるかのように、大事そうに胸に押し付けた。「マンマ・ミーア、マンマ・ミーア」と繰り返しながら。

しかし美女は燃えるイタリア男をみることなく、馬の手綱に触れた。すると馬は少し踊るように足を動かしながら、路肩の人々の方へ歩いた。群衆は道を開け、若い女性騎手は軽々と馬から降り、小さな女の子を抱いた、みたところヨーロッパ人の女性の前に立った。女の子は眠っていた。

少し猫背気味の母親は、顔色が悪く疲れた目をしており、女の子を抱いているのもやっとのようで、赤ん坊の眠りを妨げないようにと頑張っていた。女性騎手は彼女の前で立ち止まり、微笑みかけた。そして二人の女性、二人の母親の眼差しが出会った。女性騎手は二人の女性の内面の状態がどれだけ異なるものかを見て取ることができた。すると二人の女性の内面の状態がどれだけ異なるものかを見て取ることができた。赤ん坊を抱いた母親の沈鬱《ちんうつ》は、彼女に近づいてきた若い女性のかたわらでは、しおれた花のような感じを抱かせ、若い女性は、園に何千もの花が、あらん限り咲き乱れる姿を連想させた。

二人の女性は黙って互いにみつめ合っていた。すると不意に、眠った女の子を抱いた母親は、まるで何か新しい気づきに呼び覚まされたかのように、背筋をまっすぐに伸ばし、顔には笑顔が表われた。ゆるやかな、言葉にはならないしとやかな女性らしい手の動きで、ロシアの女性は自分の頭から美しい花輪を外すと、赤ん坊を抱いた母親の頭に乗せた。二人は互いに一言も発しないままだった。そばに大人しく立っている駿馬の鞍に軽く目をやり、美しい女性騎手は再び馬にまたがった。思わず人々は彼女に拍手を送り、すっと背を伸ばし微笑んだ女性は、目を覚まし笑っている小さな娘を抱いて、そのうしろ姿をみつめていた。情熱的なイタリア男は、自分の手から高価な腕時計を引きちぎると、走って行き、叫んだ。

「お土産だ、マンマ・ミーア」

しかし美女はすでに遠くにいた。

駿馬は道路からそれ、旅行者たちが長いテーブルについてクワス（＊黒パンを発酵させて作る清涼飲料）やモルス（＊ロシアの炭酸フルーツ飲料）を飲んだり、なにやら多くの食べ物をつまんだりしている広場へ出た。食べ物は、美しく彫刻の施された建物から従業員が運んできたものだった。そばにはもうじき完成するもうひとつの建物があった。おそらく店か食堂なのだろう。二人の男性が、その新しい建物の窓に見事な彫刻の枠を取り付けていた。馬の蹄の音を聞いた二人のうちの一人が、女性騎手が駆けてくる方へ振り向き、もう一人の男に何か言うと材木の上から飛び降りた。燃えるような美女は馬を急停止させて地面へ飛び降りると、素早く鞍から麻布の鞄《かばん》をほどき、男性のもとへと走り寄った。そして恥ずかしそうに彼に鞄を差し出した。

「ピロシキよ……リンゴが入ってるの、あなたの好きな。まだ温かいわ」

「なんとまあ、落ち着きのないことか、エカテリンカ（＊エカテリーナの愛称）」

男は優しく言い、鞄からピロシキをひとつ取り出して食べると、満足そうに眼を細めた。

テーブルについていた観光客たちは、食べるのも飲むのもやめ、恋に落ちている二人にみとれていた。その男性と血気盛んな駿馬から飛び降りた若い美女は、互いの前に立ち、なんというか、まったくもって子どものいる夫婦などではなく、情熱的な恋人同士のようだった。観光客たちが感嘆の眼差しでみていた、十五キロメートルの道のりを駆け抜けてきたばかりの、全能で風のように自由奔放《ほんぽう》にみえた美女は、愛する男の前におとなしく立ち、彼を見上げたり恥ずかしそうにまつ毛を下げたりしているのだ。

男性が急に食べるのをやめ、言った。

「エカテリヌシカ（＊エカテリーナの愛称）、みてごらん、ブラウスに濡れた染みが出ているよ。てことは、もうすぐワーネチカのおっぱいの時間だ」

彼女は手のひらで母乳で満たされた胸にできた小さな染みを隠し、恥ずかしそうに答えた。

「間に合うわ、まだ眠っているもの。大丈夫、間に合うわ」

「じゃあ急ぐんだよ。僕ももうすぐ帰るから。もうすぐ仕事が終わるんだ。みてごらん、気に入るかな?」

彼女は、彫刻の枠が取り付けられた窓へ視線を向けた。

「ええ、とっても気に入ったわ。ねえ、私、あなたに伝えたいことがあったの」

「言ってごらん」

彼女はぴったりと彼に近づき、耳元へ向かって背伸びした。彼は身体を傾け、耳を澄ませた。彼女は素早く彼の頬にキスをすると、一目散《いちもくさん》にそばに立っていた馬の鞍に飛び乗った。幸せな、高らかな美女の笑い声が、馬の蹄の音と溶け合っていた。アスファルトの道路ではなく野原の草の上を、彼女は家へと駆けた。観光客たちはみんな、依然《いぜん》として彼女のうしろ姿をみていた。しかし、この野原を駿馬にまたがり駆ける若い女性、二人の子どもの母親のいったい何がそんなに特別だというのか？　確かに美しい。確かに彼女のエネルギーはほとばしっている。確かに優しい。しかしなぜ全員が、彼女のうしろ姿から目をそらすことができないのか？　それは、もしかしたら、単に女性が馬に乗って野原を駆けているだけではないのかもしれない。赤ん坊に乳を与えるために、そして愛する夫を迎えるために家に急いでいるのは、具現化した幸せそのものなのかもしれない。だから、人々は家路へ急ぐその幸せの姿にみとれているのだ。

ネヴァの町

「ペテルブルグ（*ロシア第二の都市、サンクト‐ペテルブルグ市のこと）でも、モスクワと同じような変化があったのか？」私はアナスタシアに訊ねた。

「ネヴァ川沿いに築かれた都市では、起こった変化が若干異なっていたの。ペテルブルグでは、大人よりも先に子どもたちが、自分たちで異なる未来を創り上げる必要性を感じた。そして政府の命令も待たずに、子どもたちが自分で都市を変えはじめた」

「こともあろうにまた子どもたちか。それで、何からはじまったんだい？」

「フォンタンカ川の河岸通りとネフスキー大通りの角で建設作業員たちが溝を掘っていて、そこに十一歳の男の子が落ち、脚を怪我してしまった。まだ歩けない状態のとき、彼はフォンタンカ川の河岸通りに建っているマンションの二十五棟目で、窓辺に長いこと座っていた。マンションの窓は川に面してなく、中庭の方を向いていた。窓の前には色あせた煉瓦《れんが》の壁と、その壁の方へ建て増しされた屋根に錆《さ》びのシミがある建物があった。

あるとき、少年は父親に訊ねた。

『パパ、僕たちの町は、この国で一番いい町だって言われているの？』

『もちろんさ』父親が息子に答えた。『世界の中でも屈指だ』

『じゃあ、どうして一番いい町なの？』

『どうしてって？　この町の中心街には、いろんな記念碑や博物館、建築物がたくさんあって、みんなを魅了しているじゃないか』

『でも、僕たちも中心地に住んでいるけど、窓からみえるのは色の剥《は》げた壁か錆びた屋根ばかりだよ』

『壁……そうかもな、うちの窓からの景色はあまり運が良くなかったな』

『僕たちだけなの？』

『もしかしたら他にも誰かいるかもしれないが、基本的には……』

少年はマンションの窓からの景色を写真に撮り、再び学校へ通いはじめたときにその写真を友達にみせた。

自分のマンションの窓からの景色をクラスの子どもたち全員が撮り、くらべ合った。全体的に、景色は目を愉しませるものではなかった。少年は友達と一緒に新聞社へ、はじめに父に投げかけた質問をしに行った。

『なぜ僕たちの町は、他の町よりも美しいと言われるのですか?』

男の子に対し、大人たちはアレクサンドルの円柱のこと、エルミタージュのこと、カザン大聖堂について、伝説のネフスキー大通りについて語り、なぜかを説明しようと試みた……。

『ネフスキー大通りは何が美しいんですか?』少年は加えて言った。『僕には、角がぼろぼろの石でできた溝にみえる』

男の子に対し、大人たちはその建築物はなぜ優れているのかを説明しようとし、各建物の前面に塑像《そぞう》(*粘土などで原型を形造った彫像などの立体造形のこと)が施されたことについて話した。また、現在のところ市に十分な資金がなく、すべての建物を同時に修復することはできないが、そのうち資金ができれば、ネフスキーがどれほど美しいかをその目でみることができるだろうと。

『でも、塑像を付けて石の溝を新しくしたとしても、本当に美しくなるのかな? それに、そのうちまた剥げたりして、誰かがまた穴をふさいだり、外れたところをくっつけたりしなきゃならないんだ』

少年は友達と一緒にすべての新聞社を訪ね歩き、すでに大コレクションとなっているあらゆる風景の写真をみせながら、同じ質問をしてまわった。彼のしつこさは、当初ジャーナリストたちを苛立たせた。そしてあるとき、新聞社の廊下で若者向け新聞の記者が言った。

『君、また来たのか? 戦友たちも引き連れて。数もだんだん増えてるじゃないか。町が、窓の景色が、君たちの気に入らないと言うが、君たちは何かこの町の助けになることができるって言うのか？　批判するやつらなら、君たちじゃなくてもたくさんいる。さあ、帰れ、仕事の邪魔をするんじゃない！』

年配のジャーナリストが、若い記者と子どもたちの厳しい会話を聞いていた。彼は出口へ向かう子どもたちの一団のうしろ姿をみて、思索を巡らせながら若い記者に言った。

『なあ、あの子たちの執拗《しつよう》さは、なぜだかある童話を思い起こさせるんだ』

『童話？　どんな童話ですか？』記者は問うた。

『その話の中で、「王さまは裸だよ！」っていうくだりがあるんだ（＊ハンス・クリスチャン・アンデルセンの童話『裸の王さま』）』

少年は、もう編集局を質問で騒がせることも、ランドセルから大量の写真を引っ張り出してみせることもしなくなった。学年が終わり、次の学年がはじまった。すべての新聞社でニュースが広がった。友を引き連れた少年が再び現れたと。年配の編集者が、すでに何回も記者会館で同業仲間たちに興奮して語っていた。

『彼が現れたんですよ……いやはや……想像できますかね、それでも受付を突破したんですよ。しかも一人ではなかった。彼らは受付の前で、みんなで三時間近くも静かに座っていたんですよ。私が受け入れたんです。彼らには、要件を素早く話し、二分で終わらせるようにと前置きしてね。彼らは入って来て、私の机にワットマン紙（＊水彩画用の紙）を広げたんです。その傑作《けっさく》をみて絶句しましたよ。目が釘づけになり、言葉を失ってしまいました。おそらくそのまま二分が過ぎてしまったのでしょう、少年が仲間に言ったのです。

「僕たちもう帰らなきゃ。ここでの時間はもう僕たちのものじゃない」

「これはなんだ?」彼らがドアから出て行こうとしているとき、私は叫びました。

彼が振り返ると、私は次の時代をその眼差しの中に感じたのです。いやはや……我われには、まだたくさん学ばねばならんことがありますな……いやはや……』

『それで、彼は何か言ったのですか?』

『そうだ、引き延ばさないでくれ、少年はまた来るつもりなのか?』集まった人たちは口々に質問を投げ、年配の編集者は答えた。

『少年は振り返り、私の質問に答えました。「あなたの前にあるのは僕たちのネフスキー大通りです、今はまだ絵の中だけだけど。そのうち町中がこんな風になります」そしてドアは閉まりました』

ジャーナリストたちはその設計図を何度も覗き込み、その驚くべき美しさに魅了された。

ネフスキー大通りの建物は、もう互いに隣接しておらず、一面石の壁になってはいなかった。古い建物が一部、一軒おきに残されていた。建物と建物の間に生まれた空間には、見事な緑のオアシスがあった。白樺や松、そして杉の木には鳥たちが巣を作り、その絵をみている人には鳥の歌声が聞こえてくるように思われた。梢《こずえ》の下のベンチに座る人たちを、美しい花壇や、ラズベリーやスグリの木が囲んでいた。緑のオアシスは少しだけ大通りにせり出していて、ネフスキー大通りはもはや石の溝ではなく、絶妙な生気あふれる緑の並木道にみえた。

建物の前面には多数の鏡がはめ込まれていた。何千もの陽の光の斑点《はんてん》がそこに映り、通行人たちとたわむれ、花びらを撫《な》で、それぞれの緑のオアシスに造られた小さな噴水の水がきらきらと輝いていた。人々は、きらめく陽光を浴びた水を飲み、微笑んでいた……」

「アナスタシア、少年はそれっきりもう現れなかったのか？」

「少年って？」

「ほら、その新聞社に通い詰めて質問を繰り返した子だよ」

「少年はもう戻ってこなかった。彼は偉大な建築家になったの。戦友である友達と一緒に、美しい町と幸せな人々が暮らす未来の入植地を創造した。彼らがネヴァ川のほとりに創造した町が、彼のはじめての地上での美しい創造物となった」

＊＊＊

「アナスタシア、教えてくれ。いつロシアに美しい未来が訪れるんだい？」

「あなたが、ウラジーミル、その年を自分で決めることができる」

「自分でってどうやって？　人間が時間を選べるって言うのか？」

「一人ひとりが行動のときを選ぶことができる。夢で創造されたものは、すでに空間に存在する。

大勢の人の魂――あなたの読者の魂――が夢みたものは、神の夢を物質の世界に具現化する。あなたがみたものが現実となるのは、三百年先かもしれないし、今すぐこの瞬間かもしれない」

「この瞬間？　……でも一瞬で建物は建たないし、園だって一年じゃ植物は育たない」

「でも、もしあなたがあそこで、今住んでいる自分の小さなマンションで、土の入った鉢に、一族の木、未来の一族の土地でそびえ立つ木の芽を出す種を蒔いたら……」

「自分で言っているじゃないか、未来のって、今じゃない。つまり、一瞬で夢を具現化することはできないんだ」

「どうしてできないってことになるの、だって種は現実にあなたによって蒔かれた。それは今ある、具現化のはじまり。木の芽は空間のすべてと互いに関係し合って、あなたの夢を実現する。美しく明るいエネルギーがあなたを包む。あなた自身が、具現化した父の夢として、父の前に立つ」

「ああ、興味深いね。つまり、すぐに行動しなければならないと？」

「もちろん」

「それならほら、人々にわかりやすく説明する言葉をどこでみつけられる？」

「言葉はみつかる。あなたが人々に対し誠実で、正直であることができれば」

「うまくいくかわからないが、この際行動してみようじゃないか。俺の魂に君の夢が深く入り込んだんだ、アナスタシア。そして、みたものが早く現実になってほしくて堪《たま》らないんだ」

現実にするために

なによりもまずは、エコビレッジの建設を行う希望者がみつかるかどうか、そしてそこで暮らし働きたいという希望者がいるかを見定めなければならない。私はウラジーミル市にあるアナスタシア財団に、アナスタシアの構想によるエコビレッジの建設への意向について情報を広めるよう依頼した。二カ月後には、すでに百三十九人が支持と未来の入植地の建設を行う希望を表明した。その中には、国外へ移住したロシア人もいた。未来のロシアについて、そしてロシア国民の新しい生き方について語る本が広まれば、希望者は何百倍、何千倍にも膨《ふく》れ上がるかもしれない。あらゆる地域から集まるだろう。従って、入植地建設の計画はさまざまな地域で同時にはじまらなければならない。それに関係し、情報の収集および総括をするアナスタシア財団は、この課題に関し存在する法的基盤を勘案《かんあん》し、アナスタシアのアイディアを分かち合う読者らに提案した。まずは以下のことからはじめる。

第一　自分の地域で、発起人会を組織することからはじめる。それにより、現在の法律に適合する法人格が付与される。

地域によっては、すでにアナスタシアの読者が結集している読者クラブまたは協会のようなものがある。彼らが最初の段階を組織する役割を担うということも可能だ。しかし、もしもあなたが、ご自身の地域のそのような団体を知らないのであれば、アナスタシア財団に問い合わせてほしい。協会は多くの通信文を受信し情報を持っているので、あなたに必要な連絡先を教えてくれるだろう。概して、私は実業家たちに多くの期待をしている。彼らには組織化に関する困難に多くの経験があるからだ。そして、もしもどこかで協会組織がすでにあるとしても、いずれにせよ、実業家たちとコンタクトを取ってみてもらいたい。

一時的または試験期間を設けた形だとしても、組織の代表執行者、行政組織に対して（土地の付与申請や、必要に応じた会合の招集等のために）あなた方の代表者を選任することが不可欠だ。代表者に対し、少額の報酬《ほうしゅう》を定める必要もあるだろう。代表者の役割を担うのは、個人でも法人でもよい。

法人としては、例えば有名な建設会社を参加させてもよい。そうして彼らが個人の住居やインフラ関連建造物などの一連の建設業務を、優先的に請け負う権利を持つことができるようにするのだ。建設会社にとって、このように大規模な請負契約ははなはだ好都合なので、土地の割当のための手続きや設計および予算の書類作成等の面倒な仕事を引き受けることにも同意するはずだ。

第二　地元の行政機関と地域の首長に対し、直接的に、少なくとも百五十ヘクタールの土地を一括で分与するよう、公式要請をしてほしい。土地の広さは、土地を受けたいという希望者の数とあなた方の地域での可能な広さにより決めればよい。

未来の入植地では多くの家族が定住するので、小学校や診療所、レクリエーションホールがなければならず、入植者の数が多いほどそれらの建設は容易になる。入植の規模が小さければ、必要なインフラ設備を整えられない。

第三　土地が分配されたら、入植地の設計のために土地開発専門業者、建築家、建設業者に相談する必要がある。それは、各家で水を得るための掘削孔《くっさくこう》を掘る位置を判断するため、分配された土地のどの深さに水があるかという情報や、家の基礎の深さをどのくらいに設定するかという情報、また小さな池を各区画に設けることができるか否かを知るために重要である。全体設計は、将来の学校や共同のレクリエーションの場所、乗り入れ道路を建設するためにも重要である。

財団の依頼により、権威ある専門家たちがすでにモデルとなる設計をはじめている。もしもあなた方の発起人会の設立までにそれが準備できていたら、あなた方は財団にそれを提供するよう求めたらよい。そうすれば安くつくだろう。その後、そのモデル設計をそれぞれの地勢や気候風土に合わせて修正し、他の発起人会と共有する。優秀な、他の発起人会にも気に入られた提案は、採用され、我われは最終的に共通の設計を創造するのだ。

第四 入植地の設計作業には、専門家たちだけでなく、将来の住民も参加することができるものとし、それが完成したら一ヘクタール以上となる各区画の配置が表記された詳細な図案、全体の図面ができ上がる。例えばくじ引きなどの方法で、各自に一区画の敷地が正式に配分されなければならない。区画の使用については、必ず法的書面によって認められなければならず、インドのオーロヴィルのように組織の名前ではなく、必ずその土地を所有する人の名前で書類が作成されなければならない。

こうして、あなたは自分の土地の区画、自分の一ヘクタールの土地に立った。これはあなたの一族の土地、あなたの子孫たちが生まれ暮らす場所だ。子孫たちが優しい言葉で創始者を、一族の祖先を思い出し、またもしかすると、土地の整備においてのいくつかの失敗に対して小言を言うかもしれない場所だ。その区画の中に何をどう配置するかの設計は、もはやあなただけにかかっている。どこに一族の木——例えば、五百五十年も生きる杉か樫《かし》の木を植えるだろうか。ともすれば九世代にわたり、あなたの子孫たちがその木をみてあなたを思い出すだろう。

どこに池を掘り、森の木々で小さな林を造り、家を建て、園を、花壇を設けるか？　どのような生きた塀を、一族の土地の周りに創造するのか？　アナスタシアが描いたのと同じものかもしれないし、私が本に書いたものよりも驚くほどすばらしく、より機能的に有益なものかもしれない。それを創るのは、もう今でもいいのだ。まだ土地の書類を受け取る前であっても、同志たちによる発起人会が組織される前であっても。自分の意識の中で、将来の一族の土地の一画一画を綿密に考え、建設をはじめるのだ。

あなたによって建てられた家は、かなり頑丈な家であっても百年経ったら朽ちるということを覚えておかなければならない。しかし、あなたによって敷かれた生きた設備は、何百年にわたって磨きをかけられ、強固になり、成長し続ける。何百年、いや何千年も、あなたの生きた意識を子孫たちに伝えながら。

今すぐにでも建設することができる、意識の中でだけではない。今にでも、窓辺の鉢に、あなたの土地で未来の壮大な一族の木となる種を蒔くことができるのだ。もちろん、専門の苗木店で苗を買ってきたり、森に危害がないように密生を和らげる必要のある森の片隅で、若い新芽を掘ってきてもよい。もちろんそれでもいいのだ。しかし、苗木も自分で育てた方がよいと言っているアナスタシアの方が正しいと思う。特にそれが一族の木の苗であるならば。苗木店の苗は、孤児院から来た子どものようだからである。そして苗木はひとつだけではなく、いくつかの種類を育てなければならない。鉢に種を蒔く前には、小さな種に自分の情報をたっぷり含ませなければならない。

いくつかの地域で発生するであろう公的な事務手続きの難事《なんじ》を克服《こくふく》するために、国家レベルでの支持が必要であるということは理解している。もしも支持が得られなかったとしても、せめて抵抗がないようにしたい。この計画に合致する立法組織の政策も不可欠だ。事態がいつか動くのを、または現在の政治構造がこの計画を支持するに至るほど成熟するのを、手をこまねいて待っているのではなく、私はアナスタシア財団に新政党の届出の草案づくりを依頼した。土地の利用者たちの政党だ。生まれつつあるこの新しい公的グループを「共同の創造」と名づけた。まだ検討と仕上げの途中ではあるが、その定款《ていかん》に、私の視点では重要と考えるポイントがひとつある。

「国家は、希望する各世帯に対し、彼らの一族の土地の創設のために、終身的利用として一ヘクタールの土地を分与する」

このムーブメントはまだ若く、それを指導する者もいない。しかし私は思うのだ。時が経てば、この新しいムーブメントに優秀な政治家も現れ、彼らがこのムーブメントを国政レベルで承認させると。今のところ「共同の創造」の機能は、情報センターを組織することである。財政的に可能性が出てくれれば、法務部門も機能しはじめる。現在の「共同の創造」に関する業務は、アナスタシア財団の事務局が行っている。

新しい入植地を建設するための各地域の発起人会は、地元行政の支援を受けることで大きな成果を得ることができる。行政が、地域にとって著しいプラスであるとみれば、それは可能なのだ。そして、今、もう彼らに入植地建設のプラス面を示さなければならない。なぜならば、重要なプラスがあるからだ。みなさんのそれぞれの地域で、この計画についての討論の場を地元の報道機関と立ち上げてみてほしい。そして生態学や経済学、社会学の専門家たちに、この計画がその地域にもたらす影響について意見を述べさせよう。

私の側からも、一族の土地の整備に必要となる土地の分配を実現させるために、何かの助力になればと、この本の中でロシア大統領宛の公開書簡を書き、公表する。

公開書簡

ロシア連邦大統領
ウラジーミル・ウラジーミロヴィチ・プーチン殿

ロシア連邦国民
ウラジーミル・ニコラエヴィチ・メグレより

拝啓

私たちの世代こそ、とても幸運な世代であるに違いありません。私たちには、外部からの侵略や内部での衝突、そして犯罪から強固に守られた、繁栄する恵まれた国家の建設をはじめる現実的な可能性がみえています。裕福で幸せな家族たちが暮らす国家です。政府の善意によって、希望する家庭に、彼ら一族が整備するための一ヘクタールの土地を、法的に分与するようになれば、私たちの世代は、すばらしい国の建国をはじめることができるだけでなく、そこに暮らすことも叶うのです。至極《しごく》簡単なこの行為が、社会のさまざまな層の大多数の人々に、創始、創造への魂の高ぶりを呼び起すのです。

土地は無償で分与され、終身利用されるものであり、子孫へ相続する権利もあるものでなければなりません。一族の地で生産された物には、いかなる税金も課してはなりません。

ウラジーミル・ウラジーミロヴィチ、現在は異常で非論理的な状況となっていることに、あなたは同意なさるはずです。ロシア国民には祖国があるようにみえて、果たして自分の祖国の一画がどこにあるのかというと、誰もそれをみせることができないのです。もしも各家族がそれを手にしたなら、花咲く楽園の一画に変えることでしょう。そしてそれによって、大きな祖国が美しいものになるのです。

今日の国の発展計画は、国民に創造のインスピレーションを与えません。なぜならば、どこへ、どんな未来へと導かれているのかがわからないからです。西欧様式の経済的に発展した民主国家の建設は、国民の大部分が、もしかすると直感的レベルかもしれませんが、受け入れていないのです。そして私は、受け入れないことは無理もないことだと思っています。分別をもって考えるのなら、なんのために私たち一人ひとり、そして私たち全員が、最終的に麻薬中毒や売春、暴力行為が繁栄するような国家を作るために努力を捧げなければならないのでしょう？　こういったものは、すべて西側に存在するのですから。

以前私たちは、高度先進国と呼ばれる国には有り余るほど豊富な食糧があると考えていました。しかし今では、その豊富さとは土壌への化学肥料や農薬、さらには遺伝子操作の限りをつくした成果だということが明らかになりました。私たちは輸入された食品が、その味において私たちの食品に劣ることも目にしました。例えば、ドイツではロシアから運ばれたジャガイモが喜んで食べられているのです。

食品について上記のような状況に置かれている国々の政府は、すでにそういった食品に特別なマークを表示する決議を出しています。遺伝子操作により作られた食品を食べることに対しては、科学者たちの警戒も一層大きくなっています。アメリカとドイツは、そのツケで癌《がん》患者の数が一番多い国となっています。私たちが彼らと同じ道を行く必要があるのでしょうか？　そのような道が、人にインスピレーションを与えることはほとんどないと思います。しかし、私たちは輸入商品と西欧のライフスタイルの戦略的宣伝に妥協してしまいました。新しい病気が次々と現れることに、店で買ったボトルの水しか飲むことができないことに、そしてロシアの人口が毎年七十五万人減っていくことにも、妥協してしまいました。すべてが西欧諸国と同じです。先進国では出生率が落ちているのですから。私たちは多くのことにおいて、彼らと似たものになるよう突き進んでいるのです。しかしながら、それでも私はこれまでに、それらの先進国に住んでいる人々の希望を一度ならず聞いたことがありました。その希望というのは、ロシアは今、自身の発展の道を探求する途にあり、そして必ずやそれをみつけ出し、より幸せな生き方を全世界に示すことです。

大統領殿、国のあらゆる発展計画があなたの検討を仰ぐべく提案されていることは、疑いのないことです。その中のひとつであるこの提案が、もしあなたに疑念を抱かせるのであれば、この提案に合理性をみることができる知事たちがいる地域で、試験的に承認してほしいのです。

この提案についての詳細は、「アナスタシア ロシアの響きわたる杉」シリーズの本の中で書かれており、その著者が私です。私には、国家の業務の激流の中で、大統領ご自身でこの本を読むことができるとは思っていません。しかし、ある行政機関にはこの本は知られており、彼らは見解を表明しています。彼らはこれら一連の本が、ロシアで「山火事の速さで広がる」新しい宗教を生み出したと定義しました。このような意見は、一連の新聞や雑誌でも書かれたことです。私にとっては、この結論は完全に思いがけないものでした。私は本の中で神に対する自分の考え方を書きましたが、それは何かの宗教を作ろうと考えたわけではありません。ただ単に、シベリアのタイガの人並外れた美しい女世捨て人について、そして彼女の燃える美しい夢について書いたのです。あらゆる社会的地位の人々の荒れ狂う反応や、ロシアや諸外国における本の人気は、ともすると、宗教にも似たものかもしれません。しかし実際は、私はまったくそうではないと思っています。シベリアの女世捨て人のアイディア、哲学、そして彼女が提供する情報、話す言葉は、人々の魂を掻《か》き立てるのです。

おそらく、アナスタシアが誰なのかということについて、そして彼女の発言を記した本が何を意味するか、それに対する反応をどう捉えるかについて、分析家たちが意見を一致させるには時間がかかるでしょう。彼らには分析させておけばよいのです。アナスタシアの具体的な提案が、これらの調査に飲み込まれてしまわないのであれば、それはそれで構わないのです。

ウラジーミル・ウラジーミロヴィチ、アナスタシアの土地に関する提案の効果を確認したいのであれば、アナスタシアやV・メグレが何者かということは無視し、実験をなさればよいのです。より重要度の低いアナスタシアの主張を、検証してみればよいのです。

第一　私の一冊目の本に要点が書かれていますが、大都市で有害な塵《ちり》を除去し、空気を清浄するというアナスタシアの提案の効果について、適切な研究機関にさほど難しくない分析を依頼することは、政府にそれほど大きな労力を要しないはずです。

第二　シベリア杉の種油が持つ健康増進の薬効分析を委託することです。古代の文献からの情報、そしてトムスク大学の研究者らの現代の調査は、特定の手法を守って採取されたこの天然食品が、非常に幅広い病気の治療において世界で最も効果的な薬のひとつである、というアナスタシアの主張を証明しています。実をつける杉が生育している場所で、シベリアよりも広大なところは存在しないのです。

この食品を国際市場に出すことおよび国内でも利用することで、ロシアの予算は著しい歳入を得ることができるでしょう。シベリアの天然植物に関する国家計画を作ることが不可欠です。そしてその計画は大規模な製造企業の創設を想定したものではなく、シベリアの遠隔《えんかく》地域に住む人々を採用する零細《れいさい》企業が想定されるべきです。このプログラムの実現には大きな資本投下の必要もなく、現地の住民に対するタイガの山林の長期間の賃貸を、立法で決定することだけでよいのです。

ウラジーミル・ウラジーミロヴィチ、概して、一見したところ信じがたいと思われる話であっても、人生は必ずそれを確信させてくれるものです。私個人は、私たちの国の美しい未来を絶対的に確信しています。問題は、今日生きる人々がそれを速めるか、ブレーキをかけるかだけにあるのです。ウラジーミル・ウラジーミロヴィチ、あなたが、そして今日生きている私たちみんなが、美しい未来の創造者となることを、私は心から願っています！

敬具

ウラジーミル・メグレ

質疑応答

アナスタシアの構想は私を夢中にさせた。私はこの構想について日々考えたり話したりしたくなった。なんと言われようと、この構想を擁護《ようご》し、嘲笑《ちょうしょう》からも守り、懐疑《かいぎ》的な人々の疑念を吹き飛ばしたかった。私は彼女の構想について、ゲレンジーク市とモスクワの文学者センターで行われた読者集会で話をした。来場者は合計二千人以上で、CIS諸国（*ソ連崩壊時に、ソビエト社会主義共和国連邦を構成していた十五カ国のうちバルト三国を除く十二カ国によって結成された独立国家連合体）および遠方の国からも訪れる人がいたのだが、彼らの大部分がこの構想を支持し、興味を抱いていた。そこでの主要な質問、疑問を抱いた人たちの意見、そしてそれらに対するアナスタシアの主張や私個人の信念、そして集めることのできた情報に基づいた私の答えを、ここに列記する。

質問　現代の経済の世界では、いかなる国家も世界の経済システムから外れて生きることはできない。現代の経済的プロセスは、大規模な産業構造を作る必要性、市場の法則とその構造、優位となる金融の流れの方向についての専門知識の必要性を証明している。あなたは経済学の教育を受けていないように見受ける。あなたの提案では、小商品の生産に重きを置いていて、主要な流れから外れ、国家の経済を傾かせることになりかねない。

回答　事実私は経済学の教育を受けていない。しかし巨大なコンツェルン（＊財閥《ざいばつ》）や工場が国家の経済に大きな意義を担っていることについては、完全にあなたに賛成だ。そしてあなたも、大規模工場が国家にとって経済的に有益なのは、操業しているとき、需要のある製品を生産しているときだけであることには賛成のはずだ。大企業が操業を停止するとき、そしてそのようなことは我われの国家ではめずらしいことではなく、他の国でも起こることであるが、大企業は国家に大きな損失をもたらすものだ。

国家は、その従業員に失業手当を払わなければならなくなる。何万人もの人々が、わずかばかりの手当てを受け取りながら、貧しい生活を送ることになる。彼らはどうしたらいいのかわからないのだ、会社で働いて食べていくことしか知らないのだから。まさにこのような場合に、自由になった時間を自分自身の生活を営む場所で、より集中的な労働のために使うことができる。

一族の土地は生活や楽しい暇つぶしをするだけの場所ではなく、収入を得る仕事場でもある。

そして多くの場合、大企業で働くよりももっと多くの収入を得ることさえできる。国家全体に関しては、本当のところ、その主要な構成員は大小さまざまなコンツェルンだけでなく、一つひとつの家庭でもある。

各家庭のために土地があることは、あらゆる国家の経済的大変動が起こった際の後方支援、保険証券になり得る。各家庭に、自立した不自由のない暮らしを自分自身で確保する可能性を提供することに、何ひとつ悪いことはないと思う。同様に、個人の自由は経済的自由なしには不可能だと考える。都市の現代的なマンションに暮らす労働者の家庭は、自由になることができない。家庭は給料を決める雇用者や、暖房や水や電気を与える公共サービス、食料品の供給、サービスや食料品の価格に依存している。家庭はそういったすべてのものの奴隷《どれい》であり、そしてこのような家庭では、奴隷的心理を持った子どもが生まれることになる。

質問　ロシアは産業発展国であり、強力な核兵器保有国である。そしてロシアはこの方法でしか国民の安全を確保することはできない。もしもすべての国民が農作業ばかりするようになれば、国は農業国家に変わり、侵略者に対し無防備な国家となってしまう。

回答　必ず全員が、直ちに自分の土地だけで働くことに賛成するとは思わない。プロセスはゆっくりと進み、当然のことながら状況は調整されながら変わっていく。国家の強さは保有する核弾頭の数だけで決まるのではなく、食糧の豊富さとその質を含む全体の経済状況によっても決まる。そして人間に必要な食糧が不足している場合、国家は天然資源や武器を売らざるを得ず、まさにそれにより敵を強くしてしまうのだ。

私が提案しているのは、国家の経済を強固にし、それにより科学や産業がより良く働く可能性を与え、戦闘能力の高い軍隊を持たせる力のある構想である。しかし近い未来には、大規模にこの生活様式が導入され、現在友好的でない国々を含め、必ずたくさんの国の国民の関心を集めると私は思い、確信している。そしてそういった国々でも、人々はロシアの多くの国民のように、自分の生活を整えたいと欲《ほっ》するようになる。あらゆる国でのこの構想の実現のはじまりは、人民の平和共存のはじまりなのだ。

質問　ロシアの豊かな地域では、この構想の実現はもちろん可能だ。しかしそれがチェチェンのように、昔ながらに匪賊《ひぞく》的な共和国でも実現可能だと想定するのは、子どもじみているとは思わないか?

回答　この構想によって、特に紛争地域と呼ばれる場所で社会的緊張を低下させること、そして紛争を完全に解消させることは、私には子どもじみた考えだとは思えない。まったく現実的なものにみえる。もし北コーカサスとその最たる痛点であるチェチェンを例にとるのであれば、新聞等でも書かれていることでもあるが、今現在明らかになったのは、紛争の根幹をなすものが、小規模な集団による共和国内の埋蔵《まいぞう》原油の所有権、政権、金をめぐる争いだということだ。そういった状況は、大部分の紛争地域において、そしていつの時代の紛争にもいえる特徴である。だとすれば、いったいなぜチェチェンの戦闘行為に、多数の国民、特に多数の男たちが引きずり込まれているのだろうか？

チェチェンでは、小規模な集団に属する何百もの違法な石油精製業社がある。そういった企業では何万人もの地元住民が働いている。国家がそれを統制しようとするとき、働いている人々は失業することとなり、すなわち彼らの家族が貧しい生活を送ることになる。この種の住民たちが戦闘員となって、最低限であっても、実質的に自分たちの働く場所と家族の豊かな暮らしを守っているのだ。しかも、よく知られているように、戦闘行為への参加は無償ではなく、失業手当とくらべるとかなり大きい額を報酬として受け取る。従って、一連の戦闘員の大部分にとって戦闘行為を行うことは、警察官やロシア軍の将校たちと同じような仕事なのである。そして、それらよりも高額が支給される仕事なのだ。だから多くの戦闘員が、戦闘行為をやめることは、自分たちの家族の豊かな未来を否定することだと考える。

我われが、豊かな地域であっても失業者を完全になくすことができないのであれば、いったいどうやってチェチェンの失業者をなくすことができるだろう？　政府がチェチェンに巨額の資金を割り当て、現地で希望者全員に仕事を確保するためのあらゆる企業の設立をはじめたとする。

しかしこの場合はもうひとつの問題が生じる。給与の額だ。もしもチェチェンの住民のために特別に給与の額を高くすれば、ロシア全土がチェチェンのために働くことになる。この場合、そのお金は納税者による税金からしか得ることができないからだ。しかし、割当てられた資金を本当に必要な人々の元へ届けるという問題が、今までも解決されていないように、この場合にも大半の金が流用されてしまうだろう。結果、我われにとっては、支出の大幅な増大を抱えるのと同じことになるのだ。

チェチェン共和国は、農業にとって恵まれた地域である。我われの国で、一族の土地のための法律がすでにあると想像してみてほしい。そして国家が一族の土地をあらゆる侵害《しんがい》からも守ってくれる。チェチェン人の家族は一族の土地を受け取り、そこで生産されたものが独占的に一家の所有物、将来の子孫たちの所有物となり、彼らに不自由のない生活を約束する。爆弾に怯《おび》えたり、社会から排除されることを怖《おそ》れる暮らしではなく、美しい、彼ら自身により整備される祖国の一画での暮らしを約束するのだ。このような可能性を確保する国家に、家庭が対立することはないと私は確信する。現在対立しているその熱意よりも大きな熱意をもって、家庭はそのような国家を守るだろう。自分の家族の住処《すみか》を守るのと同じように、夢中でその国家を守るだろう。チェチェンをそのような国家から引き離そうとするいかなる煽動《せんどう》や、いかなる民族差別化の試みをも阻止するだろう。

たとえそれが試験的なものであっても、チェチェン共和国領土内でこのような入植地を組織する行動が大規模になれば、チェチェンと呼ばれる紛争地域が、ロシアの中で最も安泰《あんたい》な地域のひとつとなり、地球上で重要な意味を持つスピリチュアルセンターのひとつになると私は確信している。すべてが百八十度ひっくり返るのだ。アナスタシアが、犯罪のなくなる要因について話をしたとき、彼女の話は私にもにわかには信じがたいものだった。しかしその後、彼女の言葉の正しさは、時間が経過する中で絶えず証明され続けていった。そしてチェチェンに関することは……。

ゲレンジークでの読者集会へは、ロシアとCISのあらゆる地域から千人以上が訪れた。私がなによりも驚いたのは、そこにチェチェンからの訪問団がいたことだ。読者集会には、特別に誰も招待してはいなかった。チェチェンの人々が自らやって来たのだ。彼らのうちの何人かと私は後で個別に話をした。

今、我われはチェチェンについて話をしているが、我われの国の他の場所に犯罪がないなどと、果たして言えるだろうか？　あるのだ。犯罪はあり、あらゆる形で現れている。犯罪が生まれる原因のひとつが失業だ。刑務所から出た人々は、社会に復帰できないという状況なのだ。アナスタシアの構想は、この問題も解決することができる。

質問　もしもロシアで希望する家族に一ヘクタールずつ与えるとすれば、全員分の土地が足りない。そして、新しく生まれ来る世代には確実に不足するだろう。

回答　現在、農業をする人がいないという問題の方が切迫《せっぱく》している。私は荒れ地や農耕に適さない土地のことだけではなく、農用地も含めて話している。新しい世代については、残念ながら、現在のロシアでは毎年、出生数よりも多くの人々が亡くなっている。連邦統計局のデータによると、ロシアの人口は毎年七十五万人ずつ減少しているそうだ。現在の問題は、新しい世代そのものが生まれるか否かである。

私もはじめは、例えば五階建てのマンションに住む家族または個人は、付随《ふずい》する農地付の持家のある家族や個人よりも占有する土地が少ない、という錯覚《さっかく》的な理解をしていた。しかしまったくそんなことはなかった。何階に住んでいようと、誰もが毎日土で育ったものを食べている。育てられたものを人に届けるために、道路、自動車、倉庫、そして店が利用されており、それらも同様に地面に建っている。従って、一人ひとりのためにその人の土地の一画は絶えず奉仕している。人がその土地を放棄しようが、その土地のことを考えていなかろうが、奉仕しているのだ。

もちろん、私もすぐにこの質問に具体的な数字に基づいて答えを出すことはできなかったが、後になってその数字をみつけ、今この本の中で紹介することができる。

ロシアの国土　ロシア連邦の全国土面積は十七億九百八十万ヘクタール、農業利用が可能な国土は六億六千七百七十万ヘクタールのみである。一九九六年初頭の状況では、農業用地となっている国土の総面積は二億二千二百万ヘクタール、国土資源のうち十三パーセントであり、耕作地となっているのは一億三千二十万ヘクタール（七・六パーセント）である。

現在のロシア連邦の人口は一億四千七百万人だ。一ヘクタールの土地を希望する家族に割り当てることについて、数字の上では問題は存在しない。問題はまったく別のところにある。それは、我われの国の人口が破滅的に減少していることだ。そして将来についてこのような予測がなされている。二〇〇〇年から二〇四五年にかけてのロシアの人口の総括的特性は、十五歳以下の子どもの数が二分の一になり、老人の数が一・五倍に増える。国民の生殖能力は、実質的につきてしまう。

そしてもうひとつの問題がある。我われの国の耕地の広さである。

広い範囲において、土壌《どじょう》層の破壊が起きている。専門家は、このプロセスがすでに地域的または地域を超えた規模で起こっているとみている。ロシアの農業用地の中には、侵食《しんしょく》にさらされている土地、または侵食の恐れがある土地が一億一千七百万ヘクタール（または六十三パーセント）に上る。この五十年間で侵食が進行する速さは三十倍になり、特に九十年代初頭から進行が速まっている。国連食糧農業機関の専門員による評価では、我われの国は侵食拡大のスピードにおいて、世界で上位十カ国に入るのだという。そして二〇〇二年までには、農用地が七十五パーセントにまで侵食される可能性がある。我われの国の土壌についてのより詳しい統計データをあげることはできる。そのデータはとても悲しいものだ。この本の末尾に記載することにする。

さて、これらの数字をみて、私は確信を持って言うことができる。アナスタシアの構想が、この国の土地資源の途方もない乱れを止めることができるのだ。その構想が今日、唯一効果的で現実的に遂行できるものだ。この構想は、自然に備わるプロセスで土壌の肥沃度を回復させることも見越している。国による増補的な資本投下も必要とせず、同時に環境問題や難民、失業者問題を解決し、我われ自身が現在の大地へのかかわり方によって、自分の子どもたちに残そうとしている問題を取り払う。

もしかすると、そもそも自然界にはもっと効果的で現実的に遂行可能な方法があるのかもしれない。ならば誰かそれを世に知らせる人がいればいいのだ。今のところ一連の機構が提唱する古い方法による農業生産力の回復は、大金を要するものばかりだ。一方で、国にはそれだけの大金がない。しかしもっとも悲しいのは、例えば外国の融資で資金ができたとしても、我われの国には十分な量の畜糞堆肥《ちくふんたいひ》がないために、土に化学肥料を押し込みはじめ、いっそう土壌を悪化させることになるのだ。

融資を受けた金はあとで利息と合わせて返さなければならず、大地はさらに劣化し、問題は育ちゆく子どもたちの両肩にのしかかる。私はアナスタシアの構想を擁護《ようご》するために、全力をつくす。もちろんタイガの女世捨て人は、多くの役人にとってはなんの権威もない者だろう。そして私は農業問題の専門家ではないので、私には知識豊かな政治家たちにその効果を証明することは難しい。しかし、どうあれ、私は私にできるすべての方法で行動するつもりだ。

巧妙《こうみょう》に絡まり合う国家の仕組みを理解する読者のみなさんが、国の役人たちに対し、より専門的な言葉でアナスタシアの構想の効果を説明してくれるのであれば、私は心から感謝したい。もしかするとこの本が、こういった課題を解決する能力のある政権の担当部署に行き当たるかもしれない。だから私はもう一度、一族の土地の建設を希望するすべての人々の名のもとに、請願書として呼びかけたい。どれだけの数の希望者がいるかはわからないが、何百万人もいることを確信している。これは彼らからの請願である。

法律レベルにおける土地の課題を解決し、希望する我が国の各家庭に、一ヘクタールずつの土地を割り当てること。希望する家族には、自身の一族の土地を整備し、土地を改良し、愛を持って自分の祖国の一画を手入れする可能性を与えること。それにより、大きな祖国が美しく幸せなものになるだろう。広大な祖国も、小さな一画により成り立っているからである。

質問　我われの国の多くの地域で、生態環境《せいたいかんきょう》は深刻な状態にある。壊滅《かいめつ》的と言ってもいい。現在多数の環境保護団体が取り組んでいるが、まずは生態環境を全体的に改善することに尽力し、その後で個人の土地のことに取り組んだ方が良いのではないか？

回答　あなたが話しているように、生態環境については多くの団体が取り組んでいる。しかし依然として悪化している。状況が悪化し続け、壊滅的なままであるということは、ただ危惧《きぐ》しているだけでは十分ではないということを意味するのではないか？　美しい園、さまざまな木々が、美しく整備されたたったひとつの領地に茂っている様子を想像してほしい。たったひとつの楽園の区画を。一ヘクタールの大きさだ。国や世界といった地球規模の生態環境を変えるには、もちろん十分ではない。しかし、そういった区画が何百万もある様子を想像してほしい。そして地球全体で花咲く楽園を想像してほしい。いずれにせよ、一人ひとりが自分の一画を整えることからはじめなければならないのだ。そうすることによって、我われは、みんなで一緒に危惧している状態から、みんなで一緒に具体的な行動へと移ることができるのかもしれない。

質問　仕事を持たない家族が、自分で所有する一ヘクタールの土地によってお金持ちになれると考えるのか？　もしそうであるなら、なぜ現在の農村地域では何も発展していないのか？　農村の人々は土地を持っているが、食うに困っている。

回答　この現象について一緒に考えたい。しかしその前に、この質問にさらにいくつかの質問を加えてみる。

なぜ、何百万もの人々にとって、四から五アール（＊一アール＝百平方メートル）のダーチャの土地が物質的に大きな助けとなり、彼らの食糧事情を大きく改善させる一方で、十五から二十五アールの土地を持つ農村の人々は、「私たちは飢え、貧しい生活をしている」と言っているのか？なぜか？　豊かさというものは、意識のレベルにもよるのではないか？　多くの村落の住民は、良い生活ができるのは都市部だけだと考えている。だから若者が村から出ていく。こういう現象において、近年の我われのプロパガンダに罪があると思う。五十年代、六十年代の新聞や雑誌で、熱狂的に書かれていた記事を思い出してみよう。英雄は誰だったか？　鉱夫、伐採夫、駅長、パイロット、船乗り……。

芸術家たちが描いた都市風景の絵には、煙を吐く何本もの巨大工場の煙突すらあった。ときにはへりくだったようにコルホーズ（＊ソ連時代の集団農場）の労働者に言及することはあったが、自分の土地に対し関心を持ち勤《いそ》しむ人々のことは、否定的に表現されていた。農村地域に都市部の様式でマンションを建設する試みがなされたことすらあり、それにより人々は個人的な家屋敷を奪われ、いわゆる公共の土地で働くことを強《し》いられさえしたのだ。すべてがインドのオーロヴィルのようだ。土地に暮らし働くのは良いことだが、いずれにせよ、自分の土地はない。こういう方法はすべて、惨《みじ》めな結果をもたらす。

現代の農村に共通な貧しさについては、大部分の国民の貧しさと同じように、政治家やマスコミによって絶えず語られているものだ。あまりに頻繁に語られ、まるで農村の住民は貧しくなくてはならない、とでもいうような大規模な暗示のようだ。豊かさの大部分が自分次第であるということは、ほとんど語られることがない。「自分に期待するな、私がお前を幸せにしてやる」という状況を教え込むことが、誰かにとって都合がいいのだろう。宗教団体の多くの指導者たち、多くの政治家たちが、自分のために有権者を集めてそんなふうに話をしている。貧しく、みすぼらしく生きたい人は、彼らを信じていたらよい。私が話したいのは、貧しくなる方法ではなく、豊かになる方法なのだ。わずかな土地しか持っていなくても不自由なく暮らすことができるのか、という質問に私は答える。「できる!」と。そしてここに具体的な例をあげる。

一九九九年に、私の知り合いのモスクワの実業家が『アナスタシア』を読み、私を家に招待してくれた。アナスタシアがタイガで用意したご馳走《ちそう》とほぼ同じものを用意できると言って、私に関心を持たせたのだ。私が彼の家へ到着すると、テーブルにはまだ何も載《の》っていない。私たちが座って話をしていると、彼、アンドレイはちらりと時計をみて、ある人が到着するのが遅れているのだと謝った。

それから間もなくして、彼の運転手が大きなかごを二つ抱えて入ってきた。テーブルの上にはトマト、キュウリ、パンそして他にも多くのものが並んだ。部屋の中は、魅惑的な良い匂いで満ちた。女性たちが、ほんの数分の間にすばらしい食卓を整えた。私たちはペプシコーラではなく、すばらしい、ロシアの芳《かぐわ》しいクワスを飲んだ。フランスのコニャックではなく自家製果実酒、それもハーブを漬け込んだ果実酒を飲んだ。トマトやキュウリはタイガで食べたアナスタシアのものほどすばらしくはなかったが、スーパーマーケットや農家の市場で売られているものよりも格段に美味しかった。

「いったいどこで全部調達したんだい?」面食らってそう訊ねると、彼からは次のような答えが返って来た。

以前リャザンからモスクワに帰ってくるとき、アンドレイの運転手が道路脇の小さな市場でSUV(＊Sport Utility Vehicle＝スポーツ多目的車)を停めた。キュウリのピクルスの一リットル瓶と、トマトの瓶を買った。その後小さなカフェの前で車を停め、昼食を食べることにした。買った瓶を開けて食べてみた。昼食後、アンドレイは運転手に言って道路脇の市場へと引き返させた。市場の年輩の女性から、彼女の売り物すべてを買い上げると、SUVで彼女を家まで送ると提案した。女性は、小さな畑のあるとても古い家に一人で暮らしていた。彼女の敷地は、幹線道路から十五キロほど離れた小さな農村にあった。アンドレイの実業家的頭脳が素早く働き、その後はこうなった……。

アンドレイはモスクワから百二十キロメートル離れた自然環境のよい地域の農村で、森との境界に二十アールの家を買った。家はその女性の名義で登記し、彼女の前に契約書だの書類だのを広げた。その書類では、アンドレイが彼女に毎月三百米ドル支払うとし、彼女の方は、庭の菜園で育てた野菜を、自分で食べるものを除いてアンドレイの家族に与えるというものだった。女性の名前はナデジダ・イワノヴナと言い、六十二歳だった。彼女はそういった書類をよく理解できない、または信用できないといった様子だった。するとアンドレイは彼女を村の協議会に連れて行き、会長に、その書面を読んで彼女にその合法性を説明するよう頼んだ。村の協議会長は書類を読み、女性に言った。

「君が失うものなんてないよ、イワノヴナ。代わりにあのぼろ家をよこせなんて誰も書いていない。気に入らなかったらいつでも帰ってくることはできるさ」

最終的に、ナデジダ・イワノヴナは同意した。

それからすでに三年、彼女は上等な家で暮らしている。アンドレイは人を雇って井戸を掘り、暖房設備と独立したボイラー室を整え、室《むろ》を掘らせた。区画を塀で囲み、必要な器具を配置し、ヤギと鶏と配合飼料を、他にも農作業に必要なたくさんの物を買った。

ナデジダ・イワノヴナのもとには、娘と幼い孫娘が暮らすようになった。アナスタシアが話していた野菜の育て方を読んでいたアンドレイは、苗は自分で育てているが、種はナデジダ・イワノヴナのところでだけ調達している。アンドレイの父親は、昔はレストランの支配人として働き、現在は年金生活者だが、夏には種まきしたポットを運んできて、喜んで彼女たちの農作業を手伝っている。ナデジダ・イワノヴナと彼女の娘は、住居と仕事を手に入れた。アンドレイの一家は、彼、妻、父親と二人の子どもたちが、夏の間中新鮮な野菜、実際に安全な野菜と果物を確保でき、冬にはすばらしいピクルスがあり、さらに年中必要に応じ薬草を確保できるのだ。

私があげたたとえは例外だと言う人もいるだろう。しかしそんなことはない！　十年前に、私がシベリア実業家組合の会長をしていた頃、組合員である多くの実業家がこのような方法で副業的な農業を営もうとしていた。自分の会社のためにする人もいれば、自分の家族のためにだけ営む人もいた。今は新聞などで、同じようなサービスを提供する広告も読むことができる。しかし、ひとつ〝しかし〟がある。その仕事ができる人、より正確にはナデジダ・イワノヴナがやっているることができる人を探すのが、とても難しいのだ。人をみつけることが難しいのであれば、どのように大地とかかわるべきか、自分たちで思い出してみようではないか。経験を共有しようではないか、貧しくなるのではなく、自分の土地でどのように豊かで幸せになるかを。

質問　私は実業家であり、多くの裕福な人々が、農産物を正しく栽培し貯蔵することのできる農村の人々によるサービスを利用していることを知っている。事実、彼らの農作物は味の質において、大型農場で生産された作物よりも秀《ひい》でている。自分の一ヘクタールの土地の収入だけで暮らそうとする家族が増えると、トマトやキュウリは大量に生産されることとなり、需要は低くなる。そうすれば彼らは何で収入を得ればよいのか？

回答　大地に育つのはトマトやキュウリだけではなく、たくさんの作物が育つ。一方で、ロシアの半分の家庭が自分の土地を持ったとしても、二十年から三十年は自身の農作物への需要に十分応えることはできないだろう。なぜなら、農作物はロシア国民にとってだけでなく、多くの人々、特に外国の富裕層にとっても、必要だからだ。大部分の国の農業生産者たちは品種改良や化学処理に夢中になり過ぎたせいで、簡単に言うと農作物の原初の状態を破壊してしまった。みた目の状態のことではなく、含まれているものの豊かさについて言っている。そしてキュウリやトマトをとりあげるなら、誰もが自然に次のことを確信することができる。

中流、または高級なスーパーマーケットに入ってみてほしい。大都市では、もうそのようなスーパーマーケットはめずらしいものではないだろう。棚にはとてもきれいな輸入品のトマトやキュウリが並んでいる。値段は一キログラムあたり三十ルーブルからだ。その野菜たちは大きさが同じで、きれいで、ときには茎《くき》と葉が付いたままで売られている。しかし匂いも味もしない。これが変種、ミュータントなのだ！　これは錯覚《さっかく》、模型《もけい》、本来あるべき姿を外見で思わせるだけのものなのだ。世界の大部分が、このようなミュータントを食べて生きている。これは私が発見したことではない。我われが高度先進国だとみなしている西欧諸国の多くの国々で、人々が心配していることなのだ。

例えばドイツでは、特定の添加物を使って生産された野菜は、店頭の札で表示しなければならないことが決定された。そして裕福な人々はそれらを買うのを避けている。生態環境の良い地域で、化学肥料を一定量に制限して栽培された作物は、西欧諸国ではかなり高価である。ただ、西欧諸国における農業生産確保のための農場システムが、周囲の生態系が完全に純粋で自然な場所で栽培された農産物を作ることを許さないのだ。西欧の農場主は雇用した労働力も、あらゆる農業機械も、化学肥料も、雑草を駆除する農薬も、すべてを使用せざるを得ないのだ。

農場主は大きな利益を出すことを目指す。例えば、西欧の農場主の誰かが、実はすでにそういう人もいるのだが、生態系にとって自然で純粋な作物を、さらにアナスタシアが話した方法で栽培しようとしたとする。覚えていらっしゃるだろうか、彼女はすべての雑草を除去してはいけないと言っていた。雑草も実りのために一定の機能を持っていて、それを果たしているからだ。しかし、例えば農場主がせめて自分の家族や知り合いのためだけにでも、そのようにして作物を栽培したいと思っても、彼の前には解決しがたい問題が立ちはだかる。それは種《たね》である。すでに品種改良が行われていて、西欧には原初《げんしょ》の種が残っていないのだ。ロシアでも、特に輸入種子ファンドの販売が許可された後、原初の種はとても少なくなった。もし、自分の土地で採れた種を利用するのなら、野菜は少しずつ、自分の原初の性質を取り戻そうとし、土から人間に必要なものをすべて摂取《せっしゅ》する。しかし、完全に回復するには何十年もかかってしまう。ロシアでは、おそらくその貧しさと多くの小規模な副業的農業のおかげで、多くの人々が自分の種を使用しており、まさにそこに優位性がある。じきにこれが金銭的に何倍ものを言うことになるだろう。

さて、我われは種の話をしている。生態環境の良い地域で農作物を栽培する必要性について、化学肥料を使用しないことについて。こういったことはすべて正しいことで、世界のさまざまな国で語られている。しかし語られているだけだ。美味しくて身体に良い農作物は不足している。そして、なによりも先進国で不足しているのだ。しかしこれだけではない。加工！　瓶《びん》詰め保存である！

我われの科学技術の世界がいかに努力しても、技術的に重装備された工場では、ロシアの多くのお婆さんたちが作るのと同じ味と質を持ったトマトやキュウリ、キャベツのピクルスは作れないのだ。その秘訣は何か？　トマトやキュウリを、生育している枝から採集してから十五分以内に瓶詰め保存を終えなければならないことを知っている人は、博識な人たちを除いて少ないだろう。その時間が短ければ短いほど良いのだ。そうすればすばらしい香りやエーテル、オーラが保存される。同じことが香味《こうみ》野菜、例えばディルなどのハーブにも言える。

水は絶大な意味を持つ。塩素消毒された死んだ水から、良いものが得られるわけはないだろう。我われはその水を沸《わ》かし、瓶を蒸気で消毒する。一方で泉の水を汲《く》む人もいる。その水にコケモモを加える。すると……飲んでみたくはないだろうか？　泉の水を汲んできて、そこに三分の一ほどのコケモモを投げ込む。すると、あなたはその水を半年後であっても喜んで飲むだろう。

ロシアの達人たちが持つ冬用の野菜や果物の保存食の製法は、非常に優れたものとして際立《きわだ》っている。世界で最も有名なメーカーの製品よりも、味の質において秀でているのだ。両方を食べくらべてみれば、誰でもこのことを確信するだろう。ここで想像してみよう。自分の区画に暮らす家族が、トマトとキュウリの一リットルの瓶詰を千本作ったとする。とびきりの、あらゆる面で優れた製品ができた。味の質も生態学的な安全性も、世界に類をみないほどだ。世界のたくさんの人々が、自分の食卓にほしいと思う製品であり、アメリカの億万長者やキプロスでバカンスを過ごしている観光客たちもほしがるものだ。そして瓶のラベルにはこう書いてある、「イワノフ家の土地産」、「ペトロフ家の土地産」、「シドロフ家の土地産」。

もちろん瓶を千本売るだけでは、実業家たちにとっては面白くない。しかし、例えば入植地で、三百の農家があるとして、彼らが三十万本の瓶詰を作るとしたら、するともう、大きな会社にとっても面白いビジネスになる。瓶一本の最初の価格が、現在のスーパーマーケットでの価格と同じ一ドル以下であると仮定する。しかしそれが飛ぶように売れれば価格は上がる。何十倍になることもある。

キュウリやトマトは、単に例としてあげたまでだ。入植地で生産できる食品はもっとたくさんあるだろう。例えばワイン、果実酒、スグリやラズベリー、ブラックベリー、ナナカマド、その他たくさんのベリー酒。より完璧な食品を目指して、一人ひとりが自分で〝花束〟のように組み合わせを工夫していく。そしてどんな超高級ワインも、彼らの果実酒とはくらべ物にはならないだろう。世界のどこにも、ロシアで得られるような果実酒の原料がないのだから。しかも、昔ながらのレシピで、薬草を使った薬効果実酒やビタミンが豊富な果実酒を作ることもできる。

アナスタシアは、もうすぐ手縫《てぬ》い刺繍《ししゅう》の入ったロシアのコソヴォロトカ（＊胸のひらきが斜めになっている縦襟《たてえり》のブラウス）が世界で大流行すると話している。この分野でも考えておくことができる。それに手仕事の彫刻の入った木製品を、農家で冬の間に作ることもできる。みんなが知っている国民的英知があるではないか、「幸せになりたければ、幸せであれ」。同じことが言える、「豊かになりたければ、豊かであれ」。

重要なのは、自分を貧しさへとプログラミングしないことだ。そうではなく豊かさに向けて気持ちをチューニングしていくことだ。どうやって豊かになるかを考えることの方がよほど合理的だ、そうなることが不可能だと自分で自分に暗示をかけることよりも……。

質問　アナスタシアは、結婚した男女がずっと愛を保つには、普通のアパートよりもあなたが詳しく書いたような土地での方がずっと簡単だと主張している。教えてほしいのだが、あなたはこのことについて心理学者や家族問題の専門家たちと話をしたか？　もしそうであれば、専門家たちは何によってこういうことが起きると考えるのか？

回答　学者たちとはこのことについて話をしていない。何によって愛が保たれるかということについて、私はあまり関心がない。重要なのは、愛が保たれることそのものだ。あなたが自分で自分に問いかけることで、それが起きることを確認することができるだろう。考えてみてほしい、あなたの息子や娘がどんな場所に住んでいるのをみたいか。コンクリートの牢獄《ろうごく》のようなアパートなのか、美しい園に囲まれた家なのか？

考えてみてほしい、娘や息子、または孫たちに何を食べさせたいか。保存加工された食品なのか、それとも新鮮な、生態系にとって自然で純粋な食べ物か？　そして最終的には、子どもたちの健康が自然なものであってほしいのか、それとも薬によって得られるものであってほしいのか？　若い女性に質問をしてみてほしい。二人の男性に同一の想いを抱いていた場合、どちらと結婚したいか。自分の生活、将来の一族の住処を、パネルで仕切られた集合住宅の一室に創り上げた男性か、美しい園のある家に創り上げた男性か？　きっと、大部分が後者を選ぶだろう。

批評　いかなる国の復興も、国の精神の形成なしにははじまらない。この理解により、精神性について我が国の政府の要人たち、大統領も語るようになった。読者の大部分が、アナスタシアを創造主である神の法に従って生きる、精神性の非常に高い人格であると評価している。彼女は精神の価値を説いているが、一方であなたは人々をそこから引き離している。特に、自分の区画でビジネスを行う方向へと誘導していることだ。それはまさに、人々を精神性から引き離すことだ。

回答　究極的《きゅうきょくてき》には、誰も人間を真の価値から引き離すことは絶対にできないと私は信じている。現代の統治者《とうちしゃ》たちが精神性について語ることは良いことだ。アナスタシアの発言ははじめ、必ずしも私にとって理解できるものではなかったが、後になってから具体的になってきた。私には具体的なものの方が、哲学的な虚構《きょこう》よりも理解しやすい。だからこそ、私は具体的なものについて語っている。それが精神的な次元においても重要なことであると考えているからだ。世界中には、精神性や神についての相当数の概念《がいねん》が存在すると思われる。

アナスタシアとさまざまな話をし、その後に起こったことを理解していく中で、私にも精神性や神についての理解が形成された。私にとって、神には人格がある。優しくて賢い、そして生きることに前向きな人格だ。人々、自分の子どもたち一人ずつに、幸せな在《あ》りかたを希求《ききゅう》してやまない人格である。神は一人ひとりを愛し、そして一人ひとりのために苦しむ父である。一人ひとりに対し、完全なる選択の自由を提示した父である。神はこの上なく賢明《けんめい》な人格であり、すべての瞬間において、子どもたちのために善《よ》いことをしようと希求し続けている人格である。そして毎日神の太陽が昇り、草や花が育つ。木々が育ち、雲が泳ぎ、そしていつの瞬間にもどんな人間の渇きも癒すことができるように、水が音を立てて流れている。

そして私は信じない。我われの賢明な父が、精神性について具体的な行為なしに話し続けることだけが、精神性を高めることであると考えるとは、どうしても信じられないのだ。

いわゆる鉄のカーテン（＊東西冷戦の緊張状態をあらわした表現。チャーチルがイギリスの首相時代に言った言葉）が消えてからというもの、我われの国にはありとあらゆる宗教的伝道者《でんどうしゃ》のようなものが、大挙して押し寄せた。それに国産のものもいくつも現れた。

そしてそういった人々はみんな、神である父が、我われに何を望んでいるかを語った。何か特別な方法で食べなければならないと言う人もいれば、どのような言葉で神に話しかけるべきかを教える人もいた。また、例えばクリシュナ崇拝者たちは、朝から晩まで飛び跳ね、大声でマントラを唱えなければならないと主張する。しかし私に言わせれば、こういったことはただのたわごとだ。このような格式ばった身振りや、飛び跳ねたり、気高いふりをしてみたり、何かを唱えたりすることほど、神に大きな痛みをもたらすものはないと確信している。子を愛する親は誰でも、息子または娘が父の生業《なりわい》を引き継ぎ、父との共同の創造に参加することを希求する。神の直接の創造物は、我われを取り巻いている。そして神に対する愛の最高の現れとなり得るのは、それら神聖な創造物を思いやること、そしてそれらを使って我が子と自分の人生を整えること以上に何があるだろうか？

国全体であろうと、我われ個人であろうと、あらゆる格式ばった身振りや瞑想《めいそう》によって幸せになった者はいないのである。幸せになれないのは、まさにそういったものが我われを真実から、神から遠ざけてしまうからである。懸命《けんめい》に、しつこく、新しい型の身振りを真理だと言って送り込み続け、遠ざけているのだ。教えも次々と生まれては、消えていく。何百年続いたものも後に嘲笑《ちょうしょう》を浴び、他のものが現れては、何年かで閃光《せんこう》のように跡形もなく消え去る。その後は、ゴミや汚れ、そして人々の砕け散った運命ばかりをみることになるのだ。

なぜ我われはいつも、あらゆる伝道者たちの口からさまざまな言葉で神について語られるのを聞かされているのか、なぜ神は自身の言葉で我われに話をしないのか、という質問にアナスタシアはこう答えている。

「言葉？　いろんな意味のたくさんの言葉が地上の民族にはある。まったく異なる言語も、方言も。そしてみんなのためのひとつの言語がある。神の呼びかけであるひとつの言語。その言語は、木の葉がサラサラと立てる音、鳥たちの歌声や、波の音で織りあがっている。神のことばは香りと色彩を持ち合わせている。神はこのことばを用いて、一人ひとりの祈りに、祈りの答えを返している」

　神は、我われとすべての瞬間に話をしているが、我われが神のことばを聞きたくないのは、我われの精神的怠慢《たいまん》によるものだというのだろうか？　さあ、私もマントラを唱えよう、飛び跳ねようではないか。すると天からマナ（＊エジプト脱出後に、荒れ野に住むイスラエルの民に神が与えたとされる食べ物。「天からのパン」とも呼ばれる）が降ってきて、神が私を幸福にし、みんなの上に選ばれた者にするという。あっと言う間にでき上がりだ！　一方こちらでは、何年もかけて自分の楽園を整え、果実をもたらす木々が育つのを、花が咲くのを待たなければならない……しかし、それをしない我われはただ神を否定するだけでなく、侮辱《ぶじょく》していることになる。自分たちの饒舌《じょうぜつ》な論述や格式ばった身振りで、神を貶《おとし》めているのだ。

　アナスタシアの話を聞かなくともよい、それに私の話などはもっと聞かなくともよい。しかしいつかは、春の森や園に出てほしい。そして静かに、自分の魂に耳を傾けてほしい。魂は絶えず神の声を聴いている。アナスタシアの話の中の「神に、彼に何ができようか？　地上で破壊のエネルギーがすべてを支配してしまうとき、神の名を自分の都合で論じながら、一部の人間が他の人間を従属させようとするとき」という質問に神は答えた。「新しい一日とともに、私は太陽として昇り出る。地上のすべての創造物たちを、一人残らず太陽の光が抱擁《ほうよう》し、私の娘や息子たちが理解する助けとなるだろう。一人ひとりが自分の魂で私の魂と語らうことができるのだ」と。

神は我われを信じ、ひたすらに信じている。

「窮地《きゅうち》や何もない虚空《こくう》に追い込むさまざまな原因となるものには、重大な障害があるだろう。偽《いつわ》りがもたらすことにはすべて、壁が立ちはだかる。私の娘や息子たちには、真理を理解する意志がある。嘘には常に限界がある。しかし真理は無限。真理はひとつであり、常に私の娘や息子たちの魂の自覚の内にある！」と話しながら。

さあ、一人ひとりが怠慢《たいまん》になることなく、自分の魂から神の息子としての自覚を取り出せばよいのだ。奴隷や、錯乱《さくらん》して鈴の音に合わせて飛び跳ねるバイオロボットの息子としてではなく。

しかし、我われは父にどれだけのことをせがむのだ、与えろ、捧げろ、自由にしろと？　そろそろ我われが、父のために何か快《こころよ》いことをする番ではないのか？　それでは何が父にとって心地よく、歓びをもたらすものとなり得るだろう？　アナスタシアはこれに似た質問に答えて、大部分の宗教のコンセプトや方向性を検証することができる簡単なテストについて話した。

「あなたの心が、誰かの口から出る神の名によるという主張に動揺したときは、その伝道師がどういう暮らしをしているかに注目してみて。そして、もしすべての人が彼のように生活したとしたら、世界はどうなるかを想像してみて」

この簡単なテストによって、たくさんのことを確かめることができる。私は、地球のすべての人が、一人残らずクリシュナ崇拝者たちのように朝から晩までマントラを唱えたら、人類はどうなるかを想像してみた。するとすぐに世界の終わりが思い浮かんだ。次は、一人ひとりが地球の上で自分の園を育てる様子を想像してみよう。言うまでもなく、全地球が、花咲く楽園の園へと変わる。

私は実業家だ。昔のことかもしれないが、やはり実業家なのだ。私はもちろん、物事を具体的に考える方を好む。そしてもしかすると、だからこそ思うのだ。精神性のある人とは、地球にとって、自分の家族、自分の親たちにとって有益な行動をとることができる人、すなわち神にとって有益な行動をとることができる人であると。もし自分を精神性があると名乗る人が、自分を、自分の愛する女性を、家族を、子どもを幸せにできないのであれば、それは偽りの精神性なのだと。

質問 アナスタシアは新しい子どもの教育について、新しい学校について語っていた。新しい学校は、彼女が描いた入植地でのみ実現可能なのか、それとも現代的な大都市においても可能なのか？ このことについて、シチェチニン先生はなんと言っているのか？ 第一巻で、アナスタシアは子どもの教育を重要なことだと考えていること、そしていつも教育について話をしたいと強く願っていると話している。しかし、あなたはいつもこのトピックを脇に置き、本の中でほとんど焦点をあてていない。なぜか？

回答 ミハイル・ペトロヴィチ・シチェチニン先生は、森の中に寄宿学校を創設した。一族の土地で構成される最初の入植地の起工がはじまったら、ミハイル・ペトロヴィチに、これからの学校のための特別なプログラムを組んでもらうよう依頼をしなければならない。そして、新しい学校で彼が自分で教鞭《きょうべん》をとらないのであれば、現在働いている教師の中からふさわしい人を選び、彼の優秀な教え子として送ってもらうことも依頼するつもりだ。

同じような学校を今日の都市に創設することは、不可能だと思う。アナスタシアの手助けなしで、自分たちで学生時代を思い出してみよう。学校ではひとつのことを教えられる。外に出れば違う答え、そして家に帰ればまた違った答えを教えられる。どこに真理があるのかを思索しているうちに、世界を全体として捉えようとしているうちに、どうだろう、人生の半分が過ぎ去ってしまった。自分たちの子どもたちを教育する前に、まずは自分たちできちんと生きることを勉強しなければならないと私は思うのだ。十分に人間的な暮らしを確立させてから、学校と共同歩調をとり、互いに補い合いながら、子どもたちのことに精を出すべきではないか。

アナスタシアは、実際に子どもたちの教育について頻繁《ひんぱん》に話をしている。しかし彼女が話していることは、一日ごと、時間ごと、分ごとの時間割のシステムとはまったく異なったものだ。一部の彼女の発言は、まったくと言っていいほど理解しがたいものだ。例えば、親たちによる子どもの教育は、親たち自身の教育からはじめなければならない、と彼女は言っている。親たち自身が幸せに暮らすこと、親たち自身が神の意識に触れる試みをしていくことからはじめなければならないと。教育の重要な要素のひとつが、まさにそれが、美しい一族の土地であるのだ。

生の哲学

　その人物の家へは、三回ほど遊びに行ったことがある。彼はモスクワ郊外の高級なダーチャ地区に住んでいる。彼の二人の息子はどこかの官庁のかなり高い役職に就《つ》いており、高齢の父親のために大きな二階建てコテージを建て、家と父親の世話をする家政婦を雇《やと》った。息子たちはせいぜい父親の誕生日に訪れるくらいだった。

　彼の名はニコライ・フョードロヴィッチといい、八十歳を超えていた。脚が悪く、そのためほとんどいつも外国製の車椅子に座っていた。格調高い欧風スタイルに飾られた巨大なコテージの一階の半分は、あらゆる言語で書かれた膨大な数の本を収める書庫になっていた。蔵書は主に哲学をテーマにしたもので、高価な本ばかりだった。ニコライ・フョードロヴィッチは、定年退職するまでモスクワの権威ある大学で哲学を教えており、高い学位を持っている。年老いてコテージに住みはじめてからは、ほとんどいつも自分の書庫で時間を過ごし、本を読んだり思索にふけったりしている。

私は、一度私の読者集会に来ていた彼の家政婦ガリーナの粘り強さのおかげで、彼と知り合うことになったのだ。今や私は、彼女がこの出会いをもたらしてくれたことに感謝している。

ニコライ・フョードロヴィッチはアナスタシアについての本を一通り読んでおり、彼と話すのはとても興味深かった。学位の高さにもかかわらず、この老人はアナスタシアの発言の中で解りにくいことを、シンプルで解りやすい言葉で説明することも、その中に新しい一面を拓《ひら》くこともできる人だった。

三冊目の本『愛の空間』が出版されたあと、アナスタシア文化財団の事務局から何通かの手紙が渡されたのだが、そこではさまざまな宗教的な団体のリーダーたちが、とても攻撃的な書き方でアナスタシアについて批判していた。彼らは彼女のことを馬鹿で悪党だともこき下ろし、一人は卑猥《ひわい》な言葉さえも使って長い手紙を書きつくしていた。

私にはわからなかった。なぜ突然にアナスタシアは、一部の宗教的団体のリーダーたちにこんな攻撃を呼び起こさせたのだろうか。私はいくつかのこうした手紙をニコライ・フョードロヴィッチに転送し、彼の意見を聞こうと思った。二カ月後、彼の家政婦のガリーナが、ホテルに滞在する私を探し出して現れた。彼女は不安げに興奮した様子で、強く求めるかのように私にすぐにニコライ・フョードロヴィッチのところへ行き、彼と話をするよう頼んできた。彼女は彼の健康を心配していたのだ。ガリーナの猛攻《もうこう》に抗《あらが》うことは難しかった。

ニコライ・フョードロヴィッチの家政婦は、大柄でふくよかな体つきをしていた。太っているのではなく、ただ大きくて体力のある、年のころは四十から四十五歳くらいのロシア人女性である。これまでずっとウクライナのどこかの村で暮らし、トラクターの操縦、運転手、家畜飼育などをしていたそうだ。料理は上手で、薬草の知識もあり、とてもきちんとした女性だ。興奮すると、はっきりとわかるウクライナ訛《なま》りで話すのだった。

ニコライ・フョードロヴィッチの息子たちがどうやって彼女をみつけて、父親のお守《も》りの仕事に就けたのかはよくわからないが、知識人の老いた教授が、あまり教養のない田舎《いなか》女性と話しをしている様子をみていると、おかしな感じだった。ガリーナは彼のコテージの一室に住んでいた。彼女がただ家事をこなしているだけならまあ良かった、上手くこなしていたのだから。しかし彼女は私とニコライ・フョードロヴィッチが話していることを、いつも聞いていなければ気が済まなかった。彼女は必ず何かの仕事を我われのそばで思いつき、一カ所にずっと留まってほこりを拭きはじめ、さらに聞こえてくる話にひとり言のようにコメントしていたのだった。

今回、ガリーナは私を追ってニーヴァ（＊ロシア国産のＳＵＶ車）で駆けつけていた。ニコライ・フョードロヴィッチの息子たちが、ガリーナが必要なときに街へ食料品の買い物に出たり、薬草を採りに森に行ったり、父親の薬を買いに行ったりできるようにと買ったものだった。私は自分の仕事を脇に置き、彼女と一緒に出発した。モスクワ市内を走っているとき、彼女は黙っていた。街の中で運転するのは緊張するためらしく、迂回道路に出るまでに汗が額ににじんでさえいた。自分の知った道へ出るとガリーナは言った、「ああ、やっと抜けだした」。それからはのびのびと運転し、早口でウクライナ語とロシア語を混ぜながら、自分の心配事を話しはじめた。

「あれほど落ち着いた方だったのに。車椅子に座って一日中ゆったり過ごし、本を読んだり考え事をしたりしてたの。私は毎朝そば粥《がゆ》かオートミールを作って彼に食べさせてから市場に行ったりすることもできた、それに身体に良い薬草を摘《つ》みに森にだって。彼が車椅子で物思いしていたり、本を読んだりしているってわかっていた頃は、安心して行けましたよ。でも今はまったく違うんです。あなたが送ってきた手紙を渡しました、そして彼はそれを読みました。彼はその手紙を読んだ。読んでから二日経ったとき、私に言いました。『このお金を持って行ってください、ガリーナ・ニキフォロヴナ。アナスタシアの本を買ってきてください。それから、今度市場に行くときは、急いで帰ろうとしないでください。市場にいて、人々を観察してください。悲しそうな人、病弱な人がいたら、その本をあげてください』。私は一回、二回とその通りにしてきました。でも彼は一向に落ち着くことができないでいるんです。『昼食を急がなくてもいいのですよ、ガリーナ・ニキフォロヴナ。食べたくなったら私は自分でなんとかできますから』って。でも私はいつも昼食の時間には間に合うように帰っていました。

それから数日後、昼に市場から帰ってきて、煎《せん》じ薬をあげようと本の部屋に入ったら……みえたのは空っぽの車椅子、そして彼は絨毯《じゅうたん》の上でうつぶせに倒れている。私は電話に駆け寄って受話器をつかんだわ。息子さんたちから言いつかっているように、お医者を呼ぼうとしたの。息子さんたちは私に、お医者の特別な番号を渡してくれていましたから。普通の人たちが知らない番号を。その番号を押して『助けて、助けてください』って受話器に向かって叫びました。すると彼は絨毯から頭を持ち上げて私に言うんです。『要請《ようせい》を取り消してください、ガリーナ・ニキフォロヴナ、私は具合が悪いのではありませんよ。運動をしているのです。床で腕立て伏せをね』。私は駆け寄ってすぐに彼を床から持ち上げて、車椅子に乗せました。脚が悪いのに、自分で床から起き上がれるわけがないでしょう？　私は言いました、『床に倒れて動かないでいるのに、運動なわけがないじゃないですか』って。そしたら彼は答えました、『いえ、運動はもうやってしまって、ただ休憩していただけですよ。あなたの取り越し苦労ですよ』。

別の日、彼はまた運動のために車椅子から床に這《は》い出ていました。だから私は彼にダンベルを買ったんです。ダンベルじゃないわね、エキスパンダーとかいう名前だわ。持ち手がついていて、簡単にできるようにゴムを一本だけ付けてトレーニングしてもいいし、力が付いたら四本付けてもいい。私は彼にそのエキスパンダーを買ってあげました。でも彼はやっぱり頑固に車椅子から立ち上がろうとするんです、まるで分別のない子どもみたいに。もう心臓は若くないのに。若くないのだから、急にきついことをしてはだめ、少しずつじゃないと。でも彼はまるで分別のない子どもみたいなんですよ。彼のところで働いてもうすぐ五年になるけれど、こんなことは今までありませんでした。それに私にもわからないんです、今、私の心の中で何が起こっているのか。彼と話をしてください。そしてどうしてもトレーニングしたくなっても、少しずつ慎重にやるように言ってください。少しずつやるようにって……」

私がニコライ・フョードロヴィッチの広い書斎に入ったとき、暖炉に火がついていた。老いた哲学教授はいつもの車椅子ではなく、大きな仕事机に向かって座り、なにやら書き物か、図を描いていた。彼の外見さえも起こった変化を物語っていた。今まではガウンを着ていたが、今はシャツにネクタイを締めている。私にいつもよりも力強く挨拶をし、素早く座るように促《うなが》すと、〃いかがお過ごしか〃といった前置きもなしに、即座に本題に入った。ニコライ・フョードロヴィッチはこのとき、熱を込めて話をはじめた。

「ウラジーミル、おわかりですか、どれほど美しい時代が地球にやって来るか？　私は死なないで、そんな地球に住んでみたくなったのです。私はアナスタシアに向けて卑猥《ひわい》な言葉で罵倒《ばとう》をぶつけた郵便物を読みましたよ。あれを私に送ってくださって、ありがとうございました。私はあの手紙のおかげで多くのことを理解したのです。人々はアナスタシアのことをタイガの女世捨て人だとか、魔女だとか魔術師だと呼ぶが、彼女は……この上なく偉大な戦士だ。そうだ、そうなのです。アナスタシアは光の勢力の最も偉大な戦士なのです。彼女の重要性や偉大さを、これからの世代がさらに理解していくでしょう。今日の私たちに語り継がれている物語や英雄叙事詩《じょじし》や伝説の中では、人間の知性、そして感情は、この戦士の偉大さを想像することさえさせなかった。ただし驚かないでください、ウラジーミル。アナスタシアに関して、いつもの通り警戒しないでください。彼女も人間、そしてまったくごく普通の人間の女性なのです。女性の弱さも長所もすべて含んだ、母としての定めを持った女性。しかし彼女は同時に偉大な戦士でもある。ちょっと待ってください！　私はこんなふうに支離滅裂《しりめつれつ》に説明したいわけではないのです。すべては哲学的観念にある。みえるでしょう、ウラジーミル、私の書斎の本棚のたくさんの本が。これらはさまざまな時代の、世界のさまざまな地域の思想家たちによる、哲学の労作なのです」

ニコライ・フョードロヴィッチは手で本棚を示し、数え上げはじめた。

「これは宇宙が生きた生命体であると話された、古代ギリシャの演説です。その横はソクラテスについて書かれた本です、彼は自分では何も書き残さなかったのでね。ほら、その右はルクレティウス、プルタルコス、マルクス・アウレリウス。少し下の棚にはニザミー・ギャンジェヴィーの五つの叙事詩。それからあそこにはアラニ、デカルト、フランクリン、カント、ラプラス、ヘーゲル、スタンダール。みんなが物事の本質を知り、大宇宙の法則に触れようとした。デュラントは彼らのことをこう言ったのです。

『哲学の歴史は、実際のところは、自分たち自身が破《こうむ》ってしまった超自然的な法則の代わりに、自然な倫理的法則を設けることにより社会の崩壊を未然に防ごうとした、偉大な人々の努力の記述である』

偉大な思想家たちは、それぞれ独自の方法で絶対者の概念に近づこうとしました。彼らの哲学的観念から、宗教に似た哲学的潮流《ちょうりゅう》が生まれては消えていった。少数派による対立の試みはあったがそれを打ち負かし、最終的に私たちの生活の中に優勢な観念となった。簡単に言えば、最高の知性への跪拝《きはい》からは逃れられないのだと。最高の知性が、大宇宙の果てしない空間なのか、一人ひとりの人間の魂の本質の内に置かれているのか、どこにあるかは重要でない。重要なのは別のことです。重要なのは、すべてにおいて服従《ふくじゅう》、崇拝《すうはい》の観念が優位であることなのです。つまり教師や指導者、儀式への服従があり、その下に枝葉末節《しようまっせつ》があるのです。この棚にはノストラダムスの予言もあります。これら全部が一緒になって、人間ははかない、人間はふしだらだ、人間は取るに足らないものだ、人間は多くのことを知らなければならない、という哲学的観念を形成しているのです。この観念が、まさにこれこそが、人間の魂を捻《ね》じ曲げ、破壊しているのです。この観念の信奉者《しんぽうしゃ》は、幸せにはなれないのです。人間の意識の中でこれに似た観念が優位になっているときは、地球上の誰一人として幸せになれないのです。

この観念は、哲学者も、哲学的作品に触れたことのない普通の人も支配してしまう。生まれたばかりの赤ん坊も年寄りも支配し、母親の腹の中の胎児《たいじ》すら支配するのです。今日、この概念に追随《ついずい》している信奉者たちが大勢生きています。彼らはいつの時代にもいました。そして今日、彼らの追随者たちが人間の共同体に、人間の本質のはかなさとつまらなさを吹き込んでいる。でも終わりだ！　異なる時代が来るのです！　まばゆい光の閃きのように、私に神からの言葉があったのです、アナスタシアが伝えた言葉が。あなたがそれを書いています、ウラジーミル。覚えていますよ、アダムが神に問うたときです。

『この大宇宙の果てはどこだ？　そこにたどり着いたとき私は何をすればよいのだ、私がすべてを自らで満たし、意識したものを創造したときに?』

そして神が息子に答える、私たちみんなに答えているのです。

『息子よ、この大宇宙は意識である。意識によりこの夢が生まれ、夢は一部が物質として目にみえる。おまえがすべての果てに到達したとき、新しいはじまりと続きをおまえの意識が開くのだ。無から、新しい、美しいおまえが誕生する。おまえとおまえのほとばしる希求《ききゅう》、魂と夢を映しながら。私の息子よ、おまえは無限であり永遠、おまえの内に創造の夢がある』

この上なく偉大な、すべてを説明する、哲学的にすべてを包括《ほうかつ》する、正確で明瞭簡潔《めいりょうかんけつ》な答えです。この答えは、すべての哲学的定義をまとめたものの上に立つものです。みてください、ウラジーミル、私の書庫の棚には無数の本がある。しかしここには最も重要といえる本はない。あらゆる時代に出版された哲学のすべての労作よりも、計り知れないほど高い価値を持つ本は、アナスタシアの本より他にないのです。多くの人がこの本を目にしていますが、誰もが読めるわけではありません。この本の言語を学習することは不可能です、しかし感じることができるのです」

「その言語とはなんですか?」

「神の言語ですよ、ウラジーミル。アナスタシアがこの言語について言ったことを思い出しましょう。

『いろんな意味のたくさんの言葉が地上の民族にはある。まったく異なる言語も、方言も。そしてみんなのためのひとつの言語がある。みんなのための、神の呼びかけであるひとつの言語。その言語は、木の葉がサラサラと立てる音、鳥たちの歌声や、波の音で織りあがっている。神のことばは香りと、色彩を持ち合わせている。神はこのことばを用いて、一人ひとりの祈りに、祈りの答えを返している』

アナスタシアはこの言語を感じ、理解しています。でも私たちは……？　私たちは何世紀も、どうしてこのことに注目しないでいられたのでしょうか？　論理があります、動かしがたい論理が！　神が地球を、私たちを取り巻く生きた自然を創造したのなら、草たちや木々、雲、水や星たちは、他でもない物質化した神の夢なのです。

しかし、私たちはただそれらに注目しないだけでなく、それらを踏みつけ、壊し、捻じ曲げていながら、信仰について語っている。いったいどんな信仰でしょう？　本当のところ、いったい誰に頭を垂《こうべ》《た》れているのでしょうか？

『地上の統治者がたとえどんな神殿を建てようとも、後世の人々は、彼らが残した汚れを引き受けることになったことしか思い出さない。すべての規準となるのは、水。でも水は、日に日に一層汚れている』

アナスタシアはこう言いました。こんなことを言えるのは、最も偉大な哲学者だけです。そして私たちみんなが、このことを深く考える価値がある。考えてみてください、ウラジーミル。どのような建造物も、たとえそれが礼拝用の建物であっても、宗教それ自体と同じく、はかない物なのです。宗教は生まれては消える、聖堂や哲学と一緒に消えていくのです。水は世界の創造のときから存在しています、私たちと同じように。私たち自身も、大部分が水でできているのです」

「ニコライ・フョードロヴィッチ、あなたはなぜアナスタシアの定義が最も正しいと考えるのです?」

「それは、彼女の定義が最も重要な本から引用されたものだからです。そして論理が、ウラジーミル、哲学的論理があります。以前の本に書かれていた、神の名においての一節があります。大宇宙の本質たちからの『何をそんなに強く願う?』という質問に、神が答えた。『共に創造すること、そしてそれをみる歓《よろこ》びをみなにもたらすこと』

短いフレーズです！　たった数単語のフレーズなのです！　いくつかの単語だけで、神の希求と願いが表現されている。偉大な哲学者と呼ばれる人々のうち、誰一人として、これよりも的確で正確な定義を与えることはできませんでした。アナスタシアは言いました。

『自分自身で現実を見極めなければならない』

さあ、我が子を愛する親たち全員に、自分が夢みたのはこのことではなかったのか、見極めさせましょう。神の息子そして娘である私たちの誰が、自分の子どもたちと共に創造し、それをみる歓びを欲しないというのでしょう?

この上なく偉大な力と叡智《えいち》が、アナスタシアの哲学的定義には含まれています。その数々の定義が人類にとっての運命を握っている！　効果があるのです。闇を予言する大群が、その定義に立ち向かおうともする。その上、その大群はさらに力を振り回す。アナスタシアに向けて届く罵《ば》詈《り》雑言《ぞうごん》のような形だけでなく、色々な方法で。無数の弱々しい伝道師たちが、自分の周りに一握りの追随者《ついずいしゃ》たちを集め、自分自身で考えるのを怠ける人々に、真理とやらを伝えようとするでしょう。

　アナスタシアは彼らについてあらかじめこう言いました。

『聞けよ、自分を人々の魂の師だと名乗る人たちよ、もう熱を冷ましなさい。創造主は一人ひとりにはじめからすべてを与えていると、みなに知らせよ。真理ははじめから一人ひとりの魂にあることを。自分に都合のいいだけの教養や虚構《きょこう》の闇で、創造主の偉大な創造を隠してはならない』

　さあ、彼らはこれからアナスタシアに食ってかかるでしょう。アナスタシアが彼らの観念を焼きつくしてしまうからです。彼女の哲学的観念によって、世界の終わりは取り消されてしまうのですから。そしてこれが私たちの今の現実であり、私たちはこの上ない偉業《いぎょう》の証人であり、直接の参加者なのです……私たちは、新しい千年紀の入り口にいて、新しい現実に入ろうとしているのです。私たちは、すでにこの現実に生きているのです」

「待ってください、ニコライ・フョードロヴィッチ。現実ということについて、私にはわかりませんでした。それに行動についても。まあ、とある哲学者が何かを主張し、もう一人の哲学者も何か別のことを主張したとしましょう。アナスタシアもいろんなことを主張している。であれば、現実と行動がこれにどう関係するのですか？　ただの言葉に過ぎないのですよ。哲学者が話をしようと、人生自体はそのまま進んでいく」

「どんな人間の共同体も、いつでも哲学的観念の作用のもとで作り上げられ、今もそう作られています。ユダヤ人の哲学はひとつの生活様式であり、十字軍戦士には別の様式がある。ヒトラーには彼の哲学が、ロシアにもソビエト政権時代に独自の哲学があった。革命とは他でもない、ちょうどひとつの観念から別の観念へと転換することです。しかし、これらはすべて部分的なもので、一定地域に限定された支配です。アナスタシアがすでに創造したものは、もっと地球規模なのです。それは人間のすべての共同体に丸ごと影響を与え、一人ひとりの構成員にも個別に影響を与える。彼女は言いました。

『人類を闇の勢力の時間枠を超えて運ぶ』

彼女はこれをやったのです、ウラジーミル。彼女は一人ひとりのために、奈落《ならく》のような谷間に橋を架《か》けた。そしてそれを渡るか否かは、一人ひとりの自由なのです。

私は哲学者なのです、ウラジーミル。私には今このことがはっきりみえる、いやそれ以上に、感じるのです。新しい千年紀を目の前に、彼女の哲学的観念が明るい光で閃いたのです。誰もが、自分が哲学的に確信していることに合わせた自分の振る舞いによって、毎時間行動している。もしも哲学的な確信が変われば、行動も変わる。ほら、例えば私ですよ。自分の書斎であらゆる哲学的労作を読み返しては、逃げ場もなく死へと進む人類すべてを憐《あわ》れんでいました。自分が死んだらどこに埋葬されるのか、息子らは孫たちを連れて葬式に来るのだろうか、もしくは孫たちは爺《じい》さんのところへ行くのなんて面倒がるだろうか、と考えながら。人類すべてを憐れみ、自分の死について考えていたのです。そんなとき、まったく異なった哲学的観念を持つアナスタシアに出会い、そして私の行動も異なったものになったのです」

「例えばどのようにあなたの行動は変わったのですか？」

「ほら、こんなふうに……今……今私は立ち上がり、行動をはじめます。新しい哲学的観念のおかげですよ」

ニコライ・フョードロヴィッチは机に両手をつき、支えると、車椅子や洋服掛けにつかまりながら、やっとのことではあったが、悪くなった自分の脚で書棚のひとつへと歩き着いた。そして本の背表紙を見渡し、一冊の豪華な表紙に包まれた本を引っ張り出すと、書斎のあるあらゆる家具につかまりながら暖炉へ向かった。暖炉まで来ると、その炎の中に、書棚から取り出したその本を投げ入れ、言った。

「これはノストラダムスによる大惨事と世界の終わりについての予言書です。アナスタシアの言葉を覚えていますか、ウラジーミル？　覚えているはずです。そして私も覚えました。

『ノストラダムスよ、あなたは恐ろしい地球の大惨事の日など予言してはいない。あなたはそれを自分の意識で創りあげ、その恐怖が現実となるべく、人々の意識を誘導した。そして今、それが人々を逃げ場のない恐怖で脅《おびやか》しながら、地球の上にたれ込めている』

このようなことを言えるのは、予言というものが他でもない、型どって創られた未来であるということを理解している、この上なく偉大な哲学者、思想家だけです。世界の終わりを信じる人が増えれば増えるほど、人々の意識の数が増え、それを形創る——そしてそれが起こる。

人間の意識は物質化するものであり、物質の世界を創るゆえに、それは起こるのです。そしてセクトたちはそろって、さまざまな世界の果てで自らを焼いている。世界の終わりを信じて自らを焼き、予言を信じて生きているのです。一方、彼女は絶望に逆らい、世界の終焉《しゅうえん》の意識を滅ぼしながら宣言する。

『でも、もはやそれは実現しない。あなたの意識を私の意識と闘《たたか》わせるがいい。私は、人間。私は、アナスタシア。そして私はあなたよりも強い』。そしてさらに言う、『地球のすべての悪よ、その手を止め私に挑戦せよ、私と闘え』。またさらに、『幾世紀にもわたり続いてきた教義や社会通念の闇を、私は一瞬のうちに光で焼きつくす』。

無数の大群との闘いへ、彼女はたった一人で出て行ったのです。全人類の破滅を形創る、何百万人という人々との戦いへ。そして私たちをその闘いへ引き込みたくはないのです。ただ私たちが幸せであることだけを望んでいる。それゆえに、彼女は祈りの中で神にこう語りかけたのです。

来る時代は、みながあなたの夢の中に生きるでしょう
きっとそうなる！　私はそうしたい！　私はあなたの娘
私のお父さま、あなたは至るところに存在している

そして彼女は自分の目的を達成するでしょう。彼女の哲学は驚くべき強さを持っている。そして人々は来る時代に神の夢の中で、美しい楽園に暮らすのです。そして彼女は誰にも自分についての記憶を残そうとしない。どこに真の人間らしさがあるのかがすべての人に明らかになれば、彼女のために記念碑を建てたり、彼女のことを思い出したりはしないのです。人々は神の暮らしに浸り、彼女のことは思い出さない。しかしたくさんの花があらゆる園で咲き乱れ、その中に一輪の美しい花、『アナスタシア』という名前の花が咲くでしょう。

私は年老いた人間ですが、今日の彼女のための兵卒《へいそつ》でありたい。ウラジーミル、あなたは、哲学は言葉に過ぎないと言いました。しかし、タイガのどこか遠くで発せられたこれらの言葉を、私の魂は歓喜《かんき》して受け止めました。そしてほら、あなたの目の前で、具体的で物質的な行動をとった。火の中で燃えているのは人類ではなく、人類の死についての予言の数々なのです。そして死の信奉者《しんぽうしゃ》たちは、それゆえに激昂《げっこう》し刃向《はむか》ったのです。この上に独自の哲学を築いた人々、世界の終焉《しゅうえん》が避けられないものであるかのように人々を恐喝《きょうかつ》してきた人々が、激昂しているのです」

「しかし、アナスタシアよりも前に、世界の終わりに立ち向かった人はいなかったのですか?」

「いましたよ、遠慮がちな者たちが。しかしそれゆえに、彼らの試みは意味あるものにはならなかったのです。彼らに注目する人はいなかった。彼女のように話す人は、未《いま》だに一人もいないのです。人々の魂がこれほどの覚悟と歓びをもって受け取る言葉は、これまで誰の言葉にもなかった。そしてこれほど人々の魂を惹《ひ》きつける哲学的観念はひとつもなかったのです。彼女の言葉は惹きつけます。幾世紀にわたり続いてきた教義や社会通念の闇に、打ち勝つのです。

どうして彼女にこんなことができるのか、私たちには今のところ解明できていません。彼女の言葉には独特なリズム、そして偉大な論理がある。もしかするとまだ何かあるかもしれません。もしかすると…… そうだ！ 間違いない！ 彼女のこの一節ですよ。


『……創造主が何か新しいエネルギーを放ったのかもしれない。毎日自分の周りでみえているものについて、新しい方法で語るエネルギーを……』


間違いなく、大宇宙に新しいエネルギーが現れたのです。そしてそのエネルギーを、私たちの時代に生きる人々は次々と持つようになる。事実、ある哲学的観念が価値のあるものだとしても、人々に広まるには何十年、ときには何百年をも要するものです。一方彼女はたった数年で……衝撃的なことです！ ウラジーミル、あなたは彼女の言葉を、ただの言葉だと考えていらっしゃった。しかし、彼女の言葉は非常に力強いのです。ほら、この両手」

彼は、片手を上げそれをちょっとみつめると付け加えて言った。

「私の年老いた両手さえ、彼女の言葉を具現化する。そして世界の終わりは今や炎の中です。かたや命は続くのです。この両手には、まだ命の続きを助けることができる。アナスタシアの兵卒の両手にはできるのです」

ニコライ・フョードロヴィッチは家具につかまりながら机に歩み寄ると、水が入った水差しを手に取った。壁に片手をつきながら、窓の方へ向かった。やっとのことで、ゆっくりとではあったが、それでも彼は、きれいな飾りのついた鉢が置いてある窓辺までたどり着いた。鉢の土からは、とても小さな緑の芽が出ていた。

「ほら、やっと出てきましたよ、私の杉坊やが。今、私の手が水をやり、水をたっぷり飲ませてやるのです。私の魂の大切な言葉を実現しながら」

ニコライ・フョードロヴィッチは脇腹で出窓に寄りかかると、両手で水差しの表面に手を当てて言った。

「この水はお前には少し冷たくないかね？」

少し考えてから彼は水を口に含み、少しの間待ってから、両手で出窓につかまると、口から細い筋で水を吐きながら緑の芽の脇の土にかけた。我われが話をしている間中、ガリーナはその書斎にいた。彼女はそこにいるために、しきりになにかしらの用事を思いついていた。お茶を運んできたり、ほこりを拭きにきたり。そしてその際はいつもひとり言をつぶやくように、目に入ることや聞こえることに対し意見を述べていた。そしてニコライ・フョードロヴィッチの最後の行動に対しては、ひときわ大きな声で意見を述べたのだった。

「なんてことかしらね、こんなことを考えつくなんて？　世間が感嘆《かんたん》するってものよ。車椅子にも乗りたがらず、老いた脚をいじめている、悪い脚を無理に歩かせながら。このお方にはいったい何が足りないって言うんでしょう？　暖かくして、お腹も満たして家にいられるのに、それでも足りない、少ないって言うんだから」

私は、ガリーナが私に頼んだ様子を思い出した。彼女はニコライ・フョードロヴィッチの健康を心配し、彼に警告をするように頼んだのだった。しかし、今や私は何を警告したらいいのかわからず、私は訊ねた。

「あなたは何を思い立ったのです、ニコライ・フョードロヴィッチ？」

彼は興奮しながらも、確固たる様子で述べた。

「あなたに大切なお願いがあるのです、ウラジーミル。ただお願いです、どうか老人を敬《うやま》っていただきたい」

「話してください。私にできることなら、あなたの願いをやり遂げますよ」

「あなたがエコビレッジの創設を希望する人々を集める計画をしていると聞きました。希望者たちに一族の土地を整備するための、一ヘクタールずつの土地を獲得しようと行政に働きかけていると」

「ええ、その計画はありますよ。財団からすでに請願書《せいがんしょ》が作成され、いくつかの州政府に提出されました。しかし今のところ、まだ土地の割当《わりあて》についての問題は解決されていません。数世帯分の小さな土地は分与できるそうですが、我われには最低でも一度に百五十世帯分が必要なのです。でなければインフラ設備が整えられません」

「土地は、ウラジーミル、割り当てられるでしょう。必ず割り当てられます」

「そうであればいいですが。それで、あなたのお願いというのは？」

「一族の土地としての割り当てがはじまれば、必ずロシアの各地域で割り当てがはじまるでしょうが、お願いです。ウラジーミル、老人を却下しないでください。私も、そういった人々の共同体に受け入れてほしいのです。私も、死ぬ前に自分の祖国の一画を創りたいのです」

ニコライ・フョードロヴィッチは興奮しだし、熱烈に、そして早口で話しはじめた。

「私のために、創りたい。私の子どもや孫たちのために。杉の木も、苗木を自分の手で、自分の祖国の一画に植えるために、ほらこうして鉢に育てています。私は人様の厄介《やっかい》になるつもりはありません。すべて自分で、自分の一ヘクタールを整えます。園を敷き、生垣《いけがき》を植えるのです。近所の人たちの手伝いもしましょう。私には貯えがある、記事や論文の報酬が今でも入ってきますから。息子たちも……なんのなんの、資金的な援助は決して拒否することはありません。私はそこに自分用の小さな家を建てて、近所の建築に資金を出しましょう」

「こんなことがあるかしら」さっきよりも一層大きな声でガリーナが話し出した。「歩けないのに、どうやって植えるんでしょう、このお方はまったく考えていないんだから。それに近所を手伝おうなんて。ああ、みんなが聞いたら……人はなんと言うでしょうね？　こんな家を息子たちが建ててくれたのに、喜んでここに住んでいればいいんですよ、息子たちと神に感謝して。まったく、じっとしていられないんですから。そんなこと、こんな歳になって考えることですか。世間はこのお方のことをどう思うかしら？」

ニコライ・フョードロヴィッチはガリーナの言葉を聞いていたが、それには注意を払わなかった、または注意を払っていないふりをして、続けた。

「わかっています、ウラジーミル、過度に感情的になって決意したことだと捉えられても仕方がありません。しかしそうではないのです。私の決意は、長い間思索《しさく》した結晶なのです。私はすばらしい生活をしている、それは表面的にそうみえるだけなのです。すべてが整った、まるで宮殿のようなコテージ、家政婦、息子たちも社会で低くない地位で働いている。しかし実際は、私はアナスタシアのことを知るまでは、死んでいたのです。ええ、ウラジーミル、そうなのです。想像してみてください、私はここに住んでもう五年目です。主にこの自分の書斎で時間を過ごしている。そして私は誰にも必要とされず、まったくもって何にも影響を与えることはない。そして私の息子たちも、そして孫たちも、同じような境遇《きょうぐう》を生きているのです。生きているうちから、自分の死を感じる境遇を。

人間は、ウラジーミル、呼吸が止まったときに死んだものとみなされますが、そうではないのですよ。人間は、誰にも必要とされなくなり、もはや何にも影響を与えなくなったとき、即座に死ぬのです。

私のコテージの周りには、ここよりも少し簡素な家を持つ隣人もいますが、私にはその中に友人がいません。それに息子らは、隣人たちにさえ、私に名字《みょうじ》を名乗らないようにと頼むのです。周囲で羨《うらや》んでいる多くの人々が、まるで宮殿のようなこのコテージがいったい誰のものなのか知りたがっているからです。誰のものかを知れば、どんな資金で建てられたものかと、新聞や雑誌でくだらない議論を起こす。そして、自分自身の労働で手に入れたものだとは証明できない。ほら、だからこうして座っているのです。まるで幽閉《ゆうへい》されたように、まるで死んでいるかのように、自分の書斎で座っているのです。二階に上がることもありません、必要がないからです。哲学のテーマで、私の本が数多く出版されましたが、アナスタシアのことを知ったら……これからあなたに話します、ウラジーミル。どうか、老人の想像力の産物だと思わないでください。次のことを証明してみせます。ウラジーミル、わかりますか、今まさに、この瞬間に神の裁き（＊この世が終わるときに神はこの世を裁く、という考え）が下されているのです」

「裁きが？　しかしどこでどうやって起こっているのです？　どうして誰もこのことを知らずにいるのです？」

「いいですか、ウラジーミル。私たちは長い間ずっと、この裁きを何か天から遣《つか》わされた恐ろしい使者が現れることだと想定していました。そしてこの天の存在が、一人ひとりに対してその人が善人か悪人かを説くことだと。それから、この天の存在が処罰を決定し、地獄または天国へ送る。私たちは神の裁きをこのように幼稚な発想で想定していました。しかし神は幼稚ではありません。神がそんなふうに裁くわけがありません。神は人間に、永遠の自由を与えたのですから。いかなる裁きも、それはすなわち個人への弾圧であり、自由の剥奪《はくだつ》なのです」

「では、どうしてこの瞬間に神の裁きが下されているとおっしゃったのですか？」

「はい、そして何度でも繰り返しましょう。神の裁きは、この瞬間に下されているのです。一人ひとりへの裁きは、一人ひとりに任されているのです。私はアナスタシアが創造したものが何かわかりました。彼女の哲学、力、そして論理はそのプロセスを速めるのです。想像してみてください、ウラジーミル。多くの人々が彼女を信じ、美しい神の入植地のアイディアを実現したとしましょう。彼ら、信じた人たちは、楽園にいることになる。他の信じない人々は、今彼らがいるその場所に残る。世界のすべてが相対的なのです。

私たちの人生を他の人生とくらべることが不可能である限り、私たちは、自分の生き方をまずまずだと思っています。しかしそばに別の生き方が現れるとき、信じていない人々が理解するとき、彼らは自分が地獄にいると知るのです。自分がどれだけ不幸なのかを知らないがゆえに、自分が幸福であると考える人もいます。まさに今、私たちの認識にとって驚くべき神の裁きが下されつつあるのです。これは私の発見というだけではありません。アナスタシアの発言に対する国民のさまざまなグループの反応について研究を行ったノヴォシビルスクの心理学者も、事実上同じことを言っています。私は彼女に会ったことはありませんが、彼女が公表した論文を読むと、私自身の結論とよく似ていたのです。

あらゆる都市の人々が起こっていることの壮大さを感じ、理解しています。作品集に詩が載っていますが、エリョムキン教授も、アナスタシアの出現について見事な詩で語っています。ウラジーミル、あなたにこの詩を思い出していただきたい、アナスタシアを讃《たた》えた詩です。

きみの内に人間をみた、
ひょっとすると、次の時代のしっぽの先を、
我が孫たちが女神に囲まれ
きみを体現する時代の、しっぽの先を

私はこの美しい詩を諳《そら》んじて覚えてしまいました。私は自分の孫たちに、女神に囲まれて暮らしてほしい。だから、孫たちにその可能性を与えたい。孫たちのために美しい祖国の一画を整えることをはじめたいのです。土地を買うことは、一ヘクタール以上の土地であろうとも私には問題ではありません。その周りにどんな人が暮らすのかが、大きな意味を持つのです。だから同じ思想を持つ人々の中で土地を整備したいのです、自分の孫たちのために。孫たちの誰かがきっとそこに住みたいと思うはずです。それに息子らも日々の雑事から離れ休息するために、父親の美しい園を訪れたくなるでしょう。今、息子らはめったにここに来ません。しかし園へは、私が整えた園へは来るでしょう。私は息子らにその園へ埋葬《まいそう》するように頼むでしょう。息子らは来ますとも……。

孫や息子らのことを話していますが、なによりもまず、これは私にとっても必要なのです。人間の本質にふさわしいものを創造することが。そうでなければ……おわかりでしょう、ウラジーミル……私は急に生きたくなった、行動したくなったのです。私にはできます。私は一兵卒とし

て、アナスタシアを護衛する隊列に立ちます」

「ここでだって、そうやって生きられます。どうしてここでゆっくり暮らせないんでしょう？」

ガリーナが発した。

ニコライ・フョードロヴィッチは、今度は彼女の言葉に答えようと決めた。振り返ると、話しかけた。

「あなたの心配はわかりますよ、ガリーナ・ニキフォロヴナ。あなたは仕事と住居を失うことを怖《おそ》れている。どうぞ心配しないでください。私はあなたのための小さな家を近くに建てるつもりです。あなたにも自分の家が、自分の土地ができる。結婚もするのです、運命の相手をみつけて」

ガリーナは突然全身をすっと伸ばすと、我われの会話の間中、ほこりを拭《ふ》くふりをしていた雑誌机に白い雑巾《ぞうきん》を投げつけ、両手をそのよく張った腿《もも》へ押し当て、何か言いたそうにしていたが、何も言えずにいた。まるで憤《いきどお》りのあまり息ができないかのようだったが、しばらくして力を取り戻し、静かに言った。

「でも、私がそんなことを言う人の近所で暮らすことを希望しないかもしれません……家なら自分で建てられます、土地を受け取れば。娘時代には、父が丸太小屋を作るのを手伝っていたんですから。お金だって少しは貯えてます。ここの仕事は気に入らないのです。誰のために毎日全部の階を掃除するっていうんです？　誰も入ることもないのに、私は馬鹿みたいに掃除をしているんです。わからずやのご近所の隣になど住みたいものですか……」

ガリーナは突然くるっと向きを変え、自分の部屋へ入っていった。しかしじきに彼女の部屋のドアが開け放たれた。ガリーナは両手に二つの鉢を抱えており、そこにはニコライ・フョードロヴィッチのきれいな鉢の中のものとまったく同じ緑の芽がみえていた。彼女は窓へ近づき、自分の鉢を出窓に並べた。それから自分の部屋へ戻ると、多数の小さな布きれの包みが入った大きなかごを持って出てきた。彼女はかごをニコライ・フョードロヴィッチの足元に置き、言った。

「これは種《たね》です。本物の種です、私は夏から秋にかけてずっと森で集めていたんですから。本物の、いろんな薬草の種。薬局で売るために畑に蒔《ま》かれる種には、これほどの力はありません。ご自分の手で、ご自分の土地に蒔いてください。芽が出たときも、冬にその煎じ薬を飲むときも、薬草が健康と体力を何倍にもしてくれますから。杉の坊やはひとりじゃ寂しいでしょう、ひとりぼっちでないように、ほら、これが友達と兄弟です」

ガリーナは芽を出した三つの鉢が並ぶ窓を指すと、ゆっくり戸口へと向かって行った。こう言い放ちながら。「さようなら、哲学者さんたち。あなたたちは死の哲学をよく知っているでしょう。でも生の哲学は、まだ勉強が必要ね」

彼女の言動すべてにおいて、彼女がひどく気を悪くしたことが見て取れた。そして彼女はきっぱり出ていこうとしていた。ニコライ・フョードロヴィッチは彼女を追いかけ一歩踏み出し、よろけた。踏み出したときに何もつかまる物がなかったからだ。よろけた拍子《ひょうし》に彼は片手で椅子の背もたれにすがったが、その椅子が倒れてしまった。ニコライ・フョードロヴィッチは両手を広げて大きくよろけた。私は彼を支えようと跳び上がったが、遅れた。部屋の戸口まで来ていたガリーナは、椅子の倒れた音に素早く振り返ると、よろめいたニコライ・フョードロヴィッチをみて稲妻の速さで彼のそばに来ていた。彼女のその強い両腕は、ふらついた脚で沈んでいく老人の体をつかみ、ふくよかな胸に彼の体を受け止めるように支えたのだ。それから片手を下ろし、その手でニコライ・フョードロヴィッチの両脚をしっかり持つと、子どもを運ぶように車椅子へ運び、彼を座らせた。ブランケットを取り、彼の脚をくるみながら話した。

「まあ、アナスタシアのこの兵士はなんてひ弱なのかしら。兵士じゃなくて、徴兵《ちょうへい》前の訓練生よ」

ニコライ・フョードロヴィッチは自分の手をガリーナの手に置いて、彼の足もとでうつむいている女性を注意深くみつめながら、そして突然〝きみ〟という親しみのこもった話し方に変えて言った。

「許しておくれ、ガーリャ（＊ガリーナの愛称）。私は、きみが私の熱望を笑っているんじゃないかと思ったのですよ。でもきみは……」

「この私が笑うですって？　私がなんにもわからない女だと思ってるの？」ガリーナは早口で話し出した。「私は毎晩、枕の上で心の底から想っているのに。草の種を、本物の薬草の種を蒔いて、美貌《びぼう》の勇士に飲ませて、そしたら彼に力が戻ってくるって。本当の野菜スープを、新鮮な野菜で、なんにも化学的な匂いなんかしないスープを作る。調整されたものなんかじゃなくて、絞り立ての、本物の牛乳を飲ませるの。美貌の勇士の体がまっすぐ伸びたら、彼に赤ちゃんだって産んであげられるかもしれない。私は全然笑ってなんかいない。あんなことを言ったのは、あなたの決意がどれほど堅いか、道の途中で考えを変えたりしないかをみるためだったの」

「決意は固いよ、ガリーナ、考えが変わることはない」

「もしそうなら、そうであれば、私を隣人に追いやらないで。他の運命の相手を予言しないで」

「私はきみを追いやったりしていないよ、ガーリャ。ただきみがこの立派なコテージを離れても私のそばにいることに同意するなんて、予想もしていなかった。きみがそう願っていることが嬉しいよ、ガーリャ。心から、本当にありがとう。予想もしていなかったのだよ……」

「何を予想できないことがあるの？　いったいどんな女が、こんな敢然《かんぜん》とした兵士からよそみをすることができるというの。アナスタシアの話を全部読んだら、全部読んだら……一節一節噛《か》みしめながら読んだわ。読むのに時間はかかったけれど、でもすぐに理解した。私たち女性はみんな、アナスタシアのようにならなきゃいけないの。だから私が、少しだけだけど、あなたのためにアナスタシアになろうと決めた。私たち、女たちみんなが、少しだけでいいからアナスタシアみたいにならなきゃいけない。彼女にはまだ兵隊がいないもの、まだ弱い訓練生たちしかね。私たち女が彼らを強くする、そして世話をしてあげるのよ」

「ありがとう、ガリーナ。つまりあなたは、ガリーナ・ニキフォロヴナ、読んだのですね……そして夜ごと思索していた……」

「読みましたよ。アナスタシアについての本は全部読んで、夜ごと考えていました。ただし、もう私を他人行儀に呼ぶのをやめてくださいな。ずっと前からお願いしたかったの。私はガーリャでいたい」

「わかりました、ガーリャ。あなたは先程気を悪くしたときに、実に興味深い表現をした。ええ、本当に興味深い表現でしたよ。『あなたたちは死の哲学は知っているけれど、生の哲学はまだ勉強が必要』。二つの相対する哲学的方向性についての、なんと多くのことを含む定義であろう。とても的を射た定義です。死の哲学、生の哲学。なんと見事な！　アナスタシアは、生の哲学。そうだ！　もちろんそうだ、なんと見事な！」

ニコライ・フョードロヴィッチは興奮し、そしてガリーナの手を優しく撫でながら、感嘆《かんたん》して付け加えた。

「あなたは哲学者です、ガリーナ。私は予想もしていなかった」

それから私に向かって言った。

「疑いなく、私たちはまだ多くのことを認識しなければなりませんな。哲学的立場においても、それに非科学的な教えの定義によっても。私はアナスタシアを人間としてみなそうとしています、私たちみんながあるべき姿の人間として。しかし彼女のいくつかの説明しがたい能力が、私たちのような人間が彼女を完全に感受することを邪魔している。

ウラジーミル、拷問《ごうもん》を受けている人を彼女が遠距離で救ったエピソードをあなたは書いていましたね。彼女は彼らを助けた。しかし彼女自身が、あなたも覚えているでしょう、彼女自身が意識を失い、血の気がなくなり、周りの緑の草も白ばんだ。いったいどんな仕組みなのか、なぜ彼女まで、そして周りの草まで白くなったのか？　このようなことは、たとえエソテリック（＊秘教や超常現象、神秘学など）な人たちと話しをしてみても、これまでまったく聞いたことがないのです。哲学者たち、物理学者たち、エソテリックな人たち、誰にとってもこのような現象ははじめてのことでした」

「はじめてだなんてことがありますか」

床に座っていたガリーナが、教授の足元から割って入った。

「それに、何をそんなに頭を悩ませることがあるんです、彼らの眼を引っ掻《か》いてやらなきゃならないんですから」

「誰を引っ掻くと言うんです、ガーリャ？　あなたはこの現象の結論について、自分の見解があると？」

ニコライ・フョードロヴィッチは驚いてガリーナに向かって問うた。

一方彼女は、用意周到《よういしゅうとう》といったふうに嬉々として述べた。

「あら、火を見るよりも明らかですよ。悪霊が人につき、卑劣《ひれつ》な知らせや脅迫《きょうはく》をもって攻撃したり、悪意で罵ったりすると、人は白くなる。つまり血の気を失うんです。その憎悪を映し出さない場合に、血の気を失うんです。自身の内で燃やそうとし、心が苛《さいな》まれる。自身の内で焼いて白くなる、このような例は人生の中ではたくさんありますよ。アナスタシアも、この悪魔を自身の内で焼き切った。草たちが白くなったのは、助けようとしたからです。私に言わせれば、あらゆる悪魔の眼はこうやって引っ掻いてやらなければならないんですよ」

「なんということか、実際そうだ。多くの人が白くなる」

ニコライ・フョードロヴィッチはガリーナを注意深くみつめながら驚いて発し、付け加えた。

「まさにその通りだ、人は不快なことを外に出さないとき、顔が白くなる。自身の内でそれに耐え忍ぼうとするから。自分の内で焼く、つまりそうなる。その通りではないか！　なんと単純なことだったのだろう。アナスタシアは自分の内で、彼女に向けられた攻撃のエネルギーを焼きつくした。もしそれを外に出せば、攻撃のエネルギーは空間で減少せず、またさらに誰かに届いてしまう。アナスタシアは誰かに届いてほしくなかった。でも彼女にはたくさんのエネルギーが向けられるだろう、大昔から溜まっていたエネルギーが。それに今でも死の哲学の追随者《ついずいしゃ》たちが生み出し続けているエネルギーが。いったい誰がこのような猛攻に耐えられるだろう？　誰が？

持ち堪《こた》えてくれ、アナスタシア！　持ち堪えてくれ、偉大な戦士よ！」

「持ち堪えますよ。これから私たちが手助けしましょう。私が市場で本をあげるようになってから、それを読んだ女たちが集まって立ち話をするようになったんです。私は彼女たちに杉の種もあげた。彼女たちはそれを植えた。それに薬草についても教えた。女たちは話しているの『何かをしなくちゃ。もちろん、私たちはあっちにいた彼女が言ったみたいに、男たちをひっぱたいたりはしないけど……その代わり、誰の子を産むかってことは、考えなくちゃね』って」

「なんと、本当かね？　ガリーナ」ニコライ・フョードロヴィッチは驚いた。「あなたにはもう自分の党ができていたのですね？」

「いえいえ、党だなんて。私たちはただ隅っこにちょっと立っているだけ、人生についてああだこうだと吟味《ぎんみ》しているだけですよ」

「男性をひっぱたくだなんて、なんのためだったのですか？　どんな議論でその話に？」

「どんな議論かって？　男っていったいなんなのでしょう？　男たちが子どもを産んでほしがるから女は産むけれど、私たちの小鳥のための巣はありゃしない。巣を作ることができないのなら、なんで子どもを要求するんでしょう？　自分の子どもが身の置き所がなくて苦しんでいるのに、どうして女は男に満足できるんです？　私たちの話に、二回ほど女教師が加わりました。その先生は、なにやら心理的な要因が、男たちに自分を信じることを邪魔していると言っていましたよ。海の向こうの何かの財団から融資《ゆうし》が出るのを待っているんですって。こういうのを、〝自分を信じられない症候群《しょうこうぐん》〟って言うんですって。巣を編《あ》まなくていいように、この症候群の心理的な原因を色々思いついているんです。

先生は他にも、この融資は何年か後には返さなきゃならないって、女たちに語っていました。二十年後だったか三十年後だったか、覚えていませんが。でも、もらった額よりも少し多く返さなきゃならないってことだけは覚えています。つまりこういうことになりません？　現在の男たちが、自分の子どもたちを売るようになったと」

「どうしてそんな比喩《ひゆ》になるんです？　ガリーナ」

「あら、『どうして』だなんて。今、男たちがヘマをやらかして、お金を借りている。そのお金を返すのは誰になる？　今、ほんの幼い子どもたちですよ、子どもたちがその借金を返すんです。まだ生まれていない子どもたちも。それに、私たちの子どもは、貸してもらったのより少し多く返すことになるんです。女たちが未来のそんな図式を理解したら、子どもたちのために凶暴にもなりますよ。男たちの鼻っ面を叩《たた》きたくなりました。それで私は思いました、どこかよそからの助けを待っていてはダメだ、そろそろ自分たちで可愛そうな子どもたちを助けなきゃって。

一度外国のハムを食べたとき、心が涙でいっぱいになって、無性にウクライナのサロ（＊ウクライナの伝統食で、豚の脂を塩漬けにしたもの）を一切れ、それから自家製のハムを、そのハムを作った外国の人にも送ってやりたくなった。ああ、神様なんということかしら、その国の人たちはハムが本来どんなものか、もう知らないんだわ。そんな人たちから融資なんて受けちゃいけない。愚かなお金になる。なんの得にもならず、害悪だけだわ。ひっぱたくって言うのは、話した通り、私たちの一人が、すべての男たちを打ちのめさなきゃって提案したってだけですよ。他の女たちは賛成していません。どうして賛成できましょう？　そんなことしたら、最後の脳みそのかけらが吹っ飛んでしまう。こうやって、男たちがどれほど愚かな暮らしを築いたかって、女たちは互いに話をしているんですよ。でも私は自慢しているの、私の彼はもう心を入れ換えたって。巣作りをはじめたってね」

「きみの？　誰ですか？」

「誰ってことがありますか？　あなたのことを話して聞かせたのよ。あなたが杉を育てはじめたこと、あなたが板と大きな定規を買ってくるように私に頼んだことを。ほら、その台に乗っているじゃない」ガリーナは仕事机の横に立っている製図台を示した。「彼女たちに話して聞かせたの。あなたが私にどんな木を一ヘクタールの周囲に植えたらいいかを聞いて、机の上で紙に線を引いたこと、みんなが暮らすすてきな村の絵を描いたことを。紙に描くための場所が足りなくて、私に大きな紙と板と定規を持ってくるよう頼んだことを。

　私が彼女たちに話したら、みんなで一緒にその板を選びに行くことになったの。一番大きくて質の良い物、高い物を選んだわ。彼女たちが『ケチケチしちゃだめ、ガリーナ』って言うんだもの。彼女たちは手伝ってくれたわ。でもその目は羨《うらや》ましそうだった。女の黒い心が妬《ねた》んでいるの、私の子どもが奇跡の園で、一族の土地で、善人たちに囲まれて生まれるのを。でも私は妬みの眼差しに怒ったりしない、みんなに幸せを望むから。彼女たちみんなで私にカメラを買ってくれて、その絵を写真に撮るように頼んできたの。私はカメラを手に取った。どのボタンを押してどこをみればいいのか教えてくれた。でも私はまだあなたに許しを得るべきかどうか迷っていて、まだそのボタンを押していないの」

「許しを得ずに設計図の写真を撮らないでいてくれたことは正しいよ、ガリーナ。最後まで描けたら、もしかするとこの設計図を、未来の入植地のひとつの案として公表するかもしれない」

「でも、まだまだ描き終わらないでしょう。すてきな、美しい未来を彼女たちはもう待てないの。今すぐに、一目でいいからみたくてたまらないのよ。きれいな絵はもう大きな紙にできているじゃない」

「きみはどうして、まだ描き終わらないと思うんだい？　もうほとんど公表できるものだ、図面も、色付けした絵も」

「そう、きれいな絵は描けたと思う。でも、他の人がその通りにしないように、公表してはだめよ。でも女たちにはみせてもいいわ、私がよく会っている女たちにはね。その絵は少し間違っているって、私が説明する」

ニコライ・フョードロヴィッチは素早く製図台へ移動した、そして私も彼の方へ行った。そこには色付けしたいくつかの区画が、図式的に描かれた未来の入植地があった。そして絵の中には家もあり、園もさまざまな木々でできた生きた塀も、そして池もあった……。すべてが、なんともすばらしく美しく配置されていた。

「きみはどこに間違い、または不正確なところをみつけたんだい？」

ニコライ・フョードロヴィッチは自分の方へ歩いてくるガリーナに訊ねた。

「あなたはこの絵に太陽を描いていない。太陽が描かれていたら、影も描かなければならないでしょう。そして影を描いていれば、日の出の方向に高い木を植えてはいけないことがわかったはず。菜園が日陰になっちゃう。高い木々は、他の向きになるよう植え替えなければいけないの」

「そうかい？　そうかもしれない……早く言ってくれればよかったのに。でも私はまだ図式的に配置しただけだ……きみは、ガリーナ、つまり、子どもも産むつもりなのかい？」

「もちろんよ。あなたは今のうちにちゃんと運動をしていて。祖国の土地に立ったら、カタコンベ（＊地下墓地）から出てきて。私はあなたに大地から生まれ育ったものをお腹いっぱい食べさせて、煎《せん》じ薬をたっぷり飲ませるわ。春が来て、あなたは祖国の大地ですべてが生き生きと花が咲くのをみる。そして自分の力を感じる。そうしたら私は産むの」

ガリーナは再びニコライ・フョードロヴィッチの足元へと、絨毯にしゃがみこんだ。車椅子の肘掛けに置かれた老教授の手に両手のひらを置きながら。ガリーナだって到底《とうてい》若いとは言えないが、体力のある、ふくよかで強い女性で、柔和《にゅうわ》で美しくさえみえる。二人の会話はどんどん互いへの好意を深めていき、彼らはまるで生の哲学に浸っているようだった。私はなんだかよくわからない余計な第三者のようになっていたので、会話に割り込んで言った。

「では私はそろそろ、ニコライ・フョードロヴィッチ。もう行かなければ。飛行機に遅れてしまうので」

「じゃあすぐに手土産《てみやげ》を用意します」。ガリーナが立ち上がった。「ジャムも道中に食べられるように。すぐに持ってきます」。

ニコライ・フョードロヴィッチは片手を机につき、ゆっくりと車椅子から立ち上がった。そして別れの挨拶のためにもう片方の手を伸ばした。彼の握手は、もう老人の握手ではなかった。

「ウラジーミル、私からの跪拝《きはい》をアナスタシアに。そしてどうか彼女に伝えてください。必ず私たちの生の哲学が勝ちます、と。そしてありがとう、と」

「伝えます」

偶然を操っているのは誰？

アナスタシアの最初の本が出版されたときから、科学者たちは「アナスタシア現象」と特徴づけた数多くの記事を書いている。そのうちの大部分は、私についても書かれている。私についての愚にもつかない評価を聞いたり読んだりすると、それはときに、私の調子を狂わせることもあった。しかしそれは一日か二日、まあ長くても一週間とは続かないものであったが、少しの間憤《ふん》慨《がい》しては忘れていった。だが今回は……。

モスクワで会った一人の読者が、私に一本の音声テープをよこした。彼によると、そこには「アナスタシア現象」について研究をしている学者たちのグループリーダーによる、科学実習研究会での発表が録音されているということだった。

私はその録音を数日後に聴いた。内容はこれまでに前例のないものだった。内容を理解すると、それは調子を狂わせるどころではなく、私は完全に打ちのめされてしまったように感じた。なによりも自分自身を否定し、それは私を打ちのめしたのだ。このカセットテープを聴く前までは、私はタイガのアナスタシアと息子のところへ行こうと準備していた。しかしこれを聴いたあと、シベリアへ行くのを中止にした。その音声テープの概要を、ここに簡単に紹介する。

尊敬する同僚のみなさん、私が代表を務める科学者グループによって行われてきた、三年以上に及ぶコードネームアナスタシアの研究について、これからみなさんにいくつかの結論、および私どもの判断を提示したいと思っています。

この発表において、私はアナスタシアという名前を使用しますが、これは単に説明の簡略化のためではなく、我われが研究していた人物自体がこの名前を名乗ったからです。と同時に、将来的により正確で特異な科学的決定がなされる可能性は排除しません。今日、これを遂行することは困難です。と言いますのは、私の確信では、我われは従来の科学的方向性の枠、ともすれば、現代科学全体の枠を超えた〝なにか〟に接触したためです。我われは事前に研究の三つの柱を定めていました。著者のV・メグレ氏が本の中で記述している出来事の真偽《しんぎ》、V・メグレ氏の本自体の真偽、V・メグレ氏の本に対する社会の反応の真偽。これらの三つです。

研究をはじめて半年後に明らかになったことは、本に記述されている出来事の真実性または非真実性は、重要ではないということでした。書かれている出来事の現実性に関係なく、

V・メグレ氏の本に触れた読者の大部分に、荒れ狂う感情の反応が起こっているのです。まったく異なる要因が、社会の反応を起こしているのです。一方で、我われが費やした時間や資金、知的能力は、もうひとつの私の視点では、興味深い結論を導きました。社会学者や一連の科学者を含む一部の人々が、アナスタシアの実在について疑問視しようと望んでいることが、実際にはこの現象にとって必要だったのです。

まさにこの「実在するか、否か」という疑問が誇張《こちょう》されること自体が、この現象に今日の社会のすべての層へ支障なく浸透《しんとう》する可能性を与えました。アナスタシアの実在が否定されることが、実際は、彼女の意図と対立する力を中和しているのです。もし彼女が実在しないのなら、すなわち調査対象も存在しない、対立相手がいないことになります。一方で、社会で起こっているアナスタシアの発言に対する反応は、彼女の価値そして知的能力についての調査や判定の必要性を物語っています。

本に記述されている出来事の真偽については、以下のように確認することができます。

著者は起こったことを説明する際に、自身の名前を出しながら記述するだけでなく、その出来事の際に彼の周りにいた人たちの名前をも出し惜しみすることはありませんでした。彼らの実名も、出来事の場所も、そしていくつかの恥《は》ずべき場面についても、ありのままを記述している。このように、例えば第一巻に描写されている、V・メグレ氏が交易の旅の途中で、船を訪れた田舎娘と船長の前でたわむれている場面は、完全に裏付けがとれました。船員たちは、同じ晩にスカーフで頭を包んだ落ち着いた感じの無口な若い女性が現れた事実を認めているのです。V・メグレ氏は、その女性に船を案内し、それからその女性と共にみんなから離れました。本から私たちは、これがシベリアの世捨て人アナスタシアが、はじめてV・メグレ氏の船に現れたということを知ります。実業家であるウラジーミル・メグレとシベリアの世捨て人アナスタシアの最初の出会い、彼らの最初の会話であると。

目撃者の証言と書類が、本に書かれている多くの出来事の時系列を裏付けています。それだけでなく、V・メグレ氏の意図または他の理由によって記述されていない、より特異な状況もはっきりと見て取れます。特に注目すべきは、例えばV・メグレ氏がノヴォシビルスク市の病院に滞在していた事実、記録されていた彼の病歴、検査、長患《ながわずら》い、そして突然の健康状態の回復です。

我われが突き止めた事実によると、回復しはじめたのは、なんと見知らぬ女性が病院へ持ってきた杉のオイルを、医師が治療に導入した直後だというではありませんか⁉

本に書かれている出来事の真偽を確認することに傾注《けいちゅう》し、刑法学的分析すらも利用できたため、我われは多くの記述の裏付け、またはそれを覆《くつがえ》すことができたのかもしれません。このことも隠すつもりはありません。しかし、ある事実が我われを引き止めてしまいました。それは、V・メグレ氏の本に対し、より正確にはそこに描写されているアナスタシアの発言に対して、私たちの社会において、荒れ狂うような普通でない反応が現れたという事実です。

大部分の人々にとって、メグレ氏のプライベートに関する詳しい情報は重要ではなく、アナスタシアの独白《どくはく》が、人々の心を揺さぶっていたのです。

この反応についての初期段階の調査、とりわけ今日のこの反応の現れこそが、自身をアナスタシアと名づける〝なにか〟が、明らかに社会に影響を与えていることを確実に示しています。

影響の範囲は、今現在も拡大し続けています。そして私たちは、最も信じがたいと思われる結論さえも、より注意深く認識し、調査するよう努める必要があります。「アナスタシア現象」は、私たちの認識や知能では完全に理解できない力や可能性を有していることも考えられるのです。

V・メグレ氏により発表された一番はじめの本の「闇の勢力の時間枠を超えて」という章において、この現象は本が生まれることだけでなく、どうやって、何によって本が人々の考えや意識を惹《ひ》きつけていくかを予言しています。アナスタシアは自身の独白の中で、彼女が大宇宙のあらゆる時代に在った最良の記号の組み合わせを集めたこと、そしてそれらが人々に対し有益に影響することを断言しています。彼女はこれをごく単純な作用であると言っています。

「わかるでしょう、これは宇宙の永遠性と無限性の深遠にある記号の組み合わせを、意味と定義そして目的において正確に、そのまま翻訳したもの」

我われのグループの全員はひとつの確信に至りました。この発言は、虚偽《きょぎ》であると。私たちの確信は次の論理にあり、我われはこの結論を疑いの余地がないものだと考えています。もしも本の中に普通でない何かの組み合わせが存在するならば、それらは読者に影響をもたらすことはできません。それらを再現する楽器がないからです。本は音を発することができない。従って、私たちの耳にアナスタシアが集めたという〝大宇宙の音〟を届けることは、できないのです。

一方で、のちにアナスタシアによって次の答えが与えられました。

「ええ、本は音を出さない、本は楽譜《がくふ》のような役割を果たす。読者が読んでいる音を、自身の内で知らず知らずのうちに発音する。そうして、文の中に隠されている組み合わせが歪《ゆが》められることなく、原初の音のまま魂の中で響きあう。それが真理を、そして癒しを運ぶ。魂の中で響く音は、人工的な楽器では力の及ばない音」

V・メグレ氏は、自身の三冊目の本『愛の空間』で、アナスタシアと科学者たちとのこの会話を引用しています。しかし、理由は不明ですが、彼はその会話を省略して書いています。もしくは、本が生まれたことにその現象自体も関与していることを考慮すると、まさに現象そのものが、意図的にアナスタシアの、科学者たちへの回答の続きを省いている可能性もあります。なんのためか？　もしかすると、信じない人々を無為《むい》な状態にさせておくためなのか？　事実は、アナスタシアの信じがたい宣言の根拠が存在するという点にだけあります。

私はここに、アナスタシアと科学者たちの会話の続きを引用します。「発声器官でない、人の内部の何かの音が記録された事実と言えるものは、未だかつてどこにも存在しなかった」と主張する相手に対し、アナスタシアからの次の答えが発せられました。

「記録されてる。そして例をあげることができる」

「ですが、大勢の人に知られている例でなければなりませんぞ」

「いいわ。ルートヴィヒ・ヴァン・ベートーヴェン」

「その名前が何を意味するのです？」

「『歓喜の歌』、そう名づけられているルートヴィヒ・ヴァン・ベートーヴェンの交響曲第九番。この交響曲は、交響楽団と大合唱団のために作曲された」

「しかし、例えばそれが読者の内に生じる音についてのあなたの主張を、どうやって裏付けることができるのです？　そんな音は誰にも聞こえませんよ」

「読者の内に生まれる音は、読者自身にしか聞こえない」

「ほら、ごらんなさい⁉　読者自身にしか聞こえない。つまり根拠がないのです。そしてあなたのあげたベートーベヴェンの交響曲の例も説得力がない」

「交響曲第九番『歓喜の歌』を書いたルートヴィヒ・ヴァン・ベートーヴェンは、耳が聞こえなかった……」

アナスタシアは答えました。

ベートーヴェンの伝記は、この事実を裏付けています。それだけでなく、耳の聞こえないこの作曲家は、この交響曲が最初に演奏されたとき、指揮台《しきだい》に立ちました。

この歴史的事実を知ったあと、アナスタシアの次の発言には、もう疑問が頭をよぎることはありませんでした。

「発音される一つひとつの文字、またはどんな文の文字の組み合わせも、音になることができる。どんな本のページも、楽譜としてみることができる。問題は、文字である音符を、誰がどのように配列するかということにある。偉大な交響曲を作曲することができるか、または音響のカオスとなるか。それにもうひとつ、自分の内にある完全な楽曲を再現するのに十分かつ完ぺきな楽器を、みなが持ち備えているかという問題もある」

のちに、我われのグループの研究者たちは、「圧縮爆発、真空の形成による移動方法、空気の清浄、農業技術の手法、杉のオイルの疾病《しっぺい》治療における意義、人間の意識により生み出されるエネルギーやその他についてのアナスタシアの発言は、科学界を強く引きつけ注目させるに値するものである」という結論に至りました。

このような結論を下しましたが、我われのグループの発見が一番手であったと主張するものではありません。同時もしくは我われよりも少しだけ早く、ノヴォシビルスクの学者たちがこの発見をしています。この根拠となるのは、ノヴォシビルスク科学者クラブの主宰であるスペランスキー氏の発表です。「信じる方が有益である」という題名で公表されたノヴォシビルスクの心理学者ジュチコワ女史の論文は、彼女が行った社会学的調査に基づいており、以下のように結論づけています。

「アナスタシアに対するかかわりは、大学の卒業証書や学位の有無に左右されるものではないが、その人の性格、その人の価値観の階層構造、意識的または無意識的な志向、すなわちその人の人格、人格を形成するすべての要素に大いに左右される。その人が、アナスタシアが現実であってほしいと望むか否か、その人の意識がどれだけ解放されているか、その意識がどれだけ、常識の枠を超えた驚異的なことを受け入れる準備ができているかに左右される。私たちにみえるもの（そしてそれがあらわになるもの）は、私たちの時代の特色に左右され、また私たちの認識レベルに合致するものである」

ノヴォシビルスクの学者たちによる研究は、我われの研究よりもかなり先を進むことができたのかもしれませんが、科学アカデミーのシベリア支部は資金援助をしませんでした。我われのグループは要請を受けてのものだったので、従って一定の資金力がありました。すでに、以下について自信を持って、説得力のある事実説明ができます。我われの文明がかかわったこの現象はこれまでに研究されておらず、そして結果として、今日も科学的に断定されていません。研究は、現代の科学的指針に則《そく》した方法で、まずは物理学者、心理学者、そしてエソテリックな人によって行われなければなりません。今日私たちの社会で、「アナスタシア現象」の影響下で進んでいるプロセスは明らかなものであり、現実です。そして私たちはそれに注意を払わずにいることはできませんし、注意を払うべきなのです。

V・メグレ氏の本で描写されているいくつかの出来事は、一見フィクションのように思え、私たちはそれを疑問視しようとしました。さらに、続いて著者に起こった出来事で、本には記載されていないものがあるのですが、それらはもっと信じがたい出来事です。しかし、この信じがたいことが起こっているのです。そして我われは、自分たちでさえ信じることが困難な結論を下すことになりました。

そのうちのひとつが、ウラジーミル・メグレが存在しない、というものです。彼の経歴の調査は、起こっていることを説明するのには無意味なものです。

一見信じがたい結論でさえも、実際には一連の信じがたさや疑問を払《ふっ》しょくし、それを説明するものでした。まさに、いったいどうやって平凡なシベリアの実業家が、突然本を書けるようになったのか。そして今や一冊ではない、さらにそれらの本がロシアで最も人気のある本に数えられるようになった、というのか？　新聞や雑誌で持ち出されている「零落《れいらく》した実業家が、文学的創作によって建て直しを決心した」という意見は、よくよく識別するとまったく根拠薄弱《こんきょはくじゃく》なものです。しかし、零落した実業家は我が国には多くいます。一方で、誰一人として有名な作家になった者はいません。

「彼はセンセーショナルな題材を思い付いた」、という意見もありますが、ここでは題材は関係ありません。エソテリック系の出版物は、毎週のように異常現象、超能力治療者、空飛ぶ円盤と宇宙人といったセンセーショナルな素材ばかり取り上げて公表していますが、社会はほとんど反応していません。その取材をしているのが、専門のジャーナリストや作家たちであるのに。

「メグレの本は最強の〝プロモーション〟を得た」、いいえ、事実は真逆です。今は多くの出版物がV・メグレ氏の本によって自身のプロモーションを図っているのです。追加的に我われに突き付けられた事実があります。最初の本は、実際に書店の力を借りずとも売れたということです。V・メグレ氏の三冊の本は販売網を持つ出版社を通さず、モスクワ・ナンバー・イレブン印刷会社、本の出版などまったく行っていない印刷会社から出版されました。しかしそれにもかかわらず、入手待ちの行列ができ、卸業者が本の出版前にお金を支払ったほどです。

多くの書店の意見によると、メグレ氏の本は出版ビジネスで一般的に認識されている原則に反しており、また消費者需要形成の専門家の知識を覆《くつがえ》すものでした。

どういうことが言えるでしょう。ウラジーミル・メグレは突然、これという根拠もなしに天才になったということでしょうか？　突然ではありません。繰り返しますが、ウラジーミル・メグレはシベリアではよく知られた実業家でしたが、今はもうその彼は存在しないのです。この断定の根拠は、第一巻でアナスタシアの発言を注意深く読むとみつけることができます。ウラジーミルへ向けた彼女の言葉を思い出してみましょう。

「あなたは本を書く、気持ちと魂だけに突き動かされて。そうでなければあなたには書けない、だってあなたにはものを書くスキルはないから。でも、すべてを気持ちで書くことができる。あなたの内にはもうその気持ちがある。私の気持ち、そしてあなたの気持ちが」

アナスタシアの最後の言葉に注目してください、「あなたの内にはもうその気持ちがある。私の気持ち、そしてあなたの気持ちが」

つまり、ウラジーミル・メグレの〝感覚的な現実認識〟に、アナスタシアの〝感覚的な現実認識〟が加えられたということです。何によって加えられたのかを詳しくみることはしません。それを、ひとつの基準値に対しもうひとつが加わると、二つの値の総体として三つ目の別の値が生まれる、という論理的結論を導く事実として受け止めます。

そういった意味において、「現在のメグレ氏」が誕生した日付を、公的書類に記載されている彼の生年月日と同一日だと定めることができないのです。より妥当な生年月日は、V・メグレ氏がアナスタシアと出会った、一九九四年でしょう。

まったく新しい人格は外見上これまでのメグレ氏と一致しますが、明らかに驚くべき違いが認められます。それは文学的創作能力や、これまでに二回、証言者たちの目の前で演説したクラスノダール地方ゲレンジーク市での読者集会で長時間、五時間以上も聴衆の前に立ち、注意を惹き続けることのできる能力のことです。この事実は、複数の主だった定期刊行物でも裏付けされています。

多くの分析学者やジャーナリストらは、本の中だけに記述されているウラジーミル・メグレの行動に関する出来事の比較や検証に躍起《やっき》で、条件反射的に、またはあからさまに攻撃的になって、「そんなことはあり得ない」という結論を下そうとしています。

尊敬する同僚のみなさん、これからする報告から、みなさんに彼らの主張が他でもなく、起こっていることの本質を理解することができない意識と知能しか持ち合わせない人々の防《ぼう》御《ぎょ》反《はん》応《のう》である、ということを納得していただきたいと思うのです。そして私は、根拠があると考えています。

ウラジーミル・メグレ自身、またはより正確に言うと、彼自身の一部である〝自分〟は、まだ大部分において自身に起こっている出来事を理解できていません。彼はただ、最も信じがたいことを、ありふれたことや当たり前のことだと考えはじめることによって、少しずつ慣れていっているのであり、同時に彼自身を精神的ショックから守っているのです。彼は、タイガでアナスタシアとはじめて出会ったときの彼女のある発言に対し、多くの読者と同じように、特別な意味を持たせることをしなかった。そう私は思います。ウラジーミル・メグレの反論「俺には本を書くつもりなんてない」に対し、アナスタシアは答えます。

「書く。彼らが、あなたに本を書かせる環境全体の仕組みを、おそらくもう築いてしまった」

この会話は第一巻に引用されていますが、メグレ氏の続巻には、この謎の〝彼ら〟とはいったい誰なのかという質問に立ち返る試みすらありません。我われのグループの調査員は、一定量の情報を得た後、第一巻に引用された会話をもう一度注意深く読み、本の中に散りばめられた〝彼ら〟というおかしな表現を拾《ひろ》い出しました。アナスタシアの発言の中にあったその表現をここで引用します。

「もしも彼らの、そして私の少しの助けがなかったら、あなたの二回目の遠征は実現不可能だった」

「私はあなたに汚れを取りさってほしい。だから、あなたが聖地巡礼することを、これから本を書くことを思いついた。彼らはそれを受け入れた。闇の勢力は常に彼らと闘っているけれど、肝心なところでは絶対に勝つことはない」

「私の計画と意識が的確で現実的だったから、彼らもそれを受け入れた」

「彼らが従うのは、神だけ」

アナスタシアの発言から、このような判断を下すことができます。不可解な勢力が、メグレ氏のために生活環境の仕組みというものをつくり上げ、何者かにプログラミングされた行動をとることを余儀なくさせていることになると。そしてもしそうなのであれば、メグレという人格の役割は、彼自身の創造がゼロということになり、あるいは、少なくとも極めてわずかな役割であるということになります。なんのことはない、彼にはすべてが、まるで偶然のような生活環境の仕組みの中で、皿に乗せられて運ばれてくるのです。まさにそれは、以前のメグレ氏の人格からすると、まったくもって明らかな強制なのです。

我われは、メグレ氏の行動におけるいくつかの異常、より明確に言うと、偶然《ぐうぜん》と呼ばれる周囲の事情を作りだす仕組みを究明することができれば、その仕組みの有無が、タイガでの出来事の現実性を裏付け、または覆すことができると判断しました。そして彼の本の出版にかかわる一連の出来事にメグレ氏の人格が参加しているレベル、および人間の運命に影響を与え、偶然を形成することのできる不可解な勢力というものの存在の真偽を解きました。

我われは詳細に、一定のニュアンスに至るまで、メグレ氏が第四巻『共同の創造』を執筆していた時期である一九九九年のメグレ氏のキプロス（＊地中海にある島国）での行動について、調査を行いました。より正確に言えば、これはすでに記録された地球と人間の創造に関するアナスタシアの独白を、メグレ氏が理解しようとしていた時期です。調査中にキプロスで我われが直面したそれを一言で表現すると、「いったいこれは……？」です。いくつかの出来事をご紹介しましょう。

一九九九年五月末に、ウラジーミル・メグレはトランサヴィア航空でキプロスに到着しました。彼は団体旅行には入っていませんでした。キプロスには知り合いもいませんでした。キプロスで広く使われている外国語のうちひとつも話すことができませんでした。彼の受け入れ先はレプトスという旅行会社で、ロシアからの一人旅の旅行客に小さなホテルのシングルルームを手配しました。部屋のバルコニーからは大きなプールがみえ、主にドイツとイギリスからの観光客らがその周りでくつろぎ楽しんでいました。ウラジーミル・メグレの旅行を手配したロシアの旅行会社は、レプトスのマネージャーにメグレ氏がロシアの作家であると伝えていました。一方で、レプトスのようなキプロスの大手旅行会社は、世界に名だたる有名人の受け入れに慣れており、この情報はまったく意味をなしませんでした。彼らにとってメグレ氏は、一般の旅行客の一人です。それにもかかわらず、滞在二日目にはすでに、ロシア人旅行客市場を牛耳る会社の本部長によって、レプトスが建設した街と居住区への見学がメグレ氏に提案されています。その見学にはレプトスのロシア語通訳も同行しました。尊敬する同僚のみなさん、レプトスの通訳、マリーナ・パブロワさんに聞いた話を紹介しましょう。

「私はレプトスのマネージャーであるニコスとメグレ氏に同行し、彼らの話を通訳していました。メグレ氏は、頑固なところ、無神経極まりないところが、キプロスを訪れる多くのロシア人観光客とは異なっていました。例えば、私たちが丘の上に立っていたとき、私たちの前には海とパフォスの街の美しい景色が広がっていました。ニコスはいたってありがちな口《こう》舌《ぜつ》をしたのです。

『ご覧ください、なんと美しい自然なのでしょう。なんと偉大な景色でしょう』

私はすぐに訳しましたが、メグレ氏はこう答えました。

『重苦しい景色です。温暖で……海がある……それなのに植生がまったく乏しく、まばらに灌木《かんぼく》があるだけだ。このような国の気候にしては不自然だ』

ニコスは説明をはじめました。

『昔、ここには一面の杉の森がありましたが、ローマ人たちが島を占拠したときに、ここで船を造り、森を伐採したのです。さらに、島ではめったに雨が降りません』

メグレ氏が再び言います。

『ローマ人たちがここにいたのは何百年も昔であって、その間に新しい森が育っていてもいいはずだ。なのにあなた方は一本の木も植えていない』

ニコスは、島ではめったに雨が降らず、飲料水さえも特別な貯水池で集めざるを得ないのだと説明しようとしました。

しかし、メグレ氏は鋭く答えました。

『水がないのは、森がないからだ。風が雲を運び去ってしまうんだ。森があれば、低層の空気の流れを遅くし、それによって上空の雲の動きも遅くなる。雨が降る頻度も上がるだろう。でも私が思うに、森を造らないのは、建設目的にすべての土地を売るためなのだろう』

こう言って彼はそっぽを向き、物思いにふけったように黙り込みました。私たちも黙っていました。なんとも重苦しい沈黙が続きました。話すことがなかったのです。

次の日、私たちがカフェでランチをとっていたとき、ニコスがメグレ氏に休暇をより良くするために何かできることはないかと訊ねたところ、メグレ氏は真剣に答えました。

『島でもっとロシア語を通じるようにしたらいい。レストランでフナみたいな魚じゃなく、ちゃんとした魚を出させればいい。ホテルの部屋は静寂でなければ、森の近くで。それにわざとらしい笑顔は必要ない』

その後、メグレ氏とレプトスの社長との会談が催されました。なぜそんな会談をすることになったのか、私にはわかりません。社長が観光客と面談することなんて一度もありませんでしたし、社員でさえも、誰もが社長に直接会ったことがあるわけではありません。私は通訳としてその会談に出席しました。しかしこの会談でもメグレ氏は、会社が建設している居住区の設計を変更しなければならないと言いました。一つひとつが一ヘクタール以上の区画でなければならず、そこに人々が木々を植えることができ、木々を世話すれば、島全体が大きく変貌《へんぼう》を遂げると。もしそうしなければ、島はそのうちに観光客を惹きつけられなくなり、レプトスは商業的展望を持てなくなる、と。

社長はしばらく黙っていましたが、幾分自信ありげに、島の伝説となっている観光スポットについて語りはじめました。そしてその中でも一番有名な観光スポット、女神アフロディーテ（＊美と愛と性を司るギリシャ神話の女神＝ヴィーナス）の水浴場の話でした。終わりに彼は、滞在をさらに快適にするために望むことを話してほしいとメグレ氏に促しました。レプトスの社長なら、西欧諸国の億万長者たちの希望を叶えることもできるでしょう。しかしメグレ氏が彼に言ったことは思いがけないもので、愚弄《ぐろう》するような冗談ともとれるものでした。メグレ氏は、にこりともせず発しました。

『私は、女神アフロディーテの孫娘に会わなければならない』

私はこの発言を冗談として通訳する努力をしましたが、その発言の思いがけなさのせいで誰も笑わず、しばらく沈黙が続きました。

そうして、ロシアから来た奇妙な旅行客の話は、メグレ氏が滞在しているホテルの従業員にまで届きました。そして従業員たちは彼のことを笑うようになったのです。ニコスは私と話しているときに、メグレ氏のふるまいには明らかに異常者の特質があると言いました。

私とニコスは、仕事で毎朝ホテルに行くことになっていたのですが、ニコスは毎日当直のフロント係に、女神アフロディーテの孫娘はチェックインしたか、と笑みを浮かべながら訊ねていました。フロント係は笑い、今のところまだです、彼女のために部屋は用意してあるのに、と返していました。

メグレ氏はどうみても、夕方部屋から出てバーに向かうときや朝食に向かうときに、従業員たちの自分に向けられた嘲《あざけ》りの視線を感じていたようで、彼にとっては気分の良くないことだったと思います。私にとっても、母国を同じくするロシア人への嘲りを目にすることは不快でしたが、どうすることもできません。

メグレ氏のキプロス滞在の最終日の朝、私はニコスと一緒にいつものようにホテルに立ち寄りました。ニコスはメグレ氏にお別れの挨拶をしたいと思っていました。彼はいつものように、まずはフロント係に近寄り毎度の冗談を言いましたが、フロント係はいつもとは違った答えを返しました。フロント係は少し動揺したように、メグレ氏が昨晩ホテルに戻らなかったこと、そして今もホテルにいないことをニコスに伝えました。さらにフロント係は、冗談に対して笑みも当てこすりもなく、真顔で付け加えました。前の晩、ホテルに乗用車で女神アフロディーテの孫娘が乗り付け、メグレ氏と彼の荷物を運び去ったと。その彼女は当直のフロント係にギリシャ語で、誰も心配しないでほしい、メグレ氏はもうホテルに戻らないので部屋は都合の良いように使って構わない、帰りのチケットは予約しなくてもいいと伝え、ニコスへの伝言として、朝の十時頃にメグレ氏が別れの挨拶をできるようにホテルへ連れてくる、と伝えたそうです。フロント係は、アフロディーテの孫娘がホテルの従業員とはギリシャ語で、メグレ氏とはロシア語で話していたと繰り返しました。私たちは訳がわからず、ニコスとロビーのソファに座り、何も言わず十時を待ちました。

ちょうど十時になったとき、ホテルのガラスの扉が勢いよく放たれ、私たちはウラジーミル・メグレと、彼のそばにきれいな若い娘が立っているのをみました。以前みたことのある女性でした。それはロシア人女性のエレーナ・ファデエワさんで、キプロスに住み、モスクワの旅行会社の代表者として働いている人でした。私は今、見覚えがあると言いましたが、即座に気づいたわけではありません。その朝のエレーナ・ファデエワは格段に美しかったのです。彼女は軽やかな長いドレスを着て、美しく髪型を整え、幸せそうな輝く瞳をしていました。メグレ氏の隣を歩くスタイルのいい若い女性に、ロビーにいた従業員たちは釘付けになりました。バーテンダー、メイド、それにポーターたちは、私たちの方へ歩いてくる二人をじっとみつめたまま立ちすくんでいました。メグレ氏との会話から、彼がもう一カ月キプロスに残ると決めたことを知りました。メグレ氏が何かを買いにバーのカウンターへ行って席を外している間、ニコスがエレーナに、メグレ氏は極めて気難しく、ニコスもレプトスの社長さえも彼が提示した要求を叶えることはできなかったとコメントすると、エレーナは答えました。

『私は彼の希望を全部叶えました。また他の希望が出てきても、叶えられると思います』

ニコスはエレーナに、たった十二時間でどうやって遂行《すいこう》不可能な彼の要望を叶えてあげたのかをしつこく問いただしていました。どうやってメグレ氏の好きなシベリアの川魚をキプロスで出せるようにしたのか。どのような方法で、十二時間でキプロスに杉が生え、そしてキプロス島民全員が、ロシア語で話すメグレ氏を急に理解できるようにしたのか？　誰にも邪魔《じゃま》されないよう彼が望むときに孤独になれる宿泊場所を、どこに用意できたのか？

エレーナは、メグレ氏に必要なものがすべて、偶然にもちょうど彼女のもとにあったのだと答えました。自分の別荘が偶然にもそのとき空いていたので、ウラジーミルをそこへ泊めたそうです。パフォスから遠くないペヤ村郊外の、誰も邪魔できないような場所にある別荘です。交通手段として、彼のためにスクーターをレンタルしたのです。シベリアの川魚については、彼女の知り合いで同じくキプロスで働くロシア出身の女性アッラのところに、偶然にもあったのです。杉は彼女の別荘から遠くない山に生えていて、また小さなシベリア杉をメグレ氏は自分で持って来ていて、彼女は鉢に植えてあるその二本を別荘の玄関に置いたのです。そしてメグレ氏の言葉の壁もなくなりました。すべての施設や店、カフェには電話があり、彼女にはいつも携帯電話がつながるようになっていたので、メグレ氏が誰かに話をしたいときには必要に応じて彼女が通訳したのです。

エレーナとウラジーミルがその場の人々の視線を釘付けにしながら出口へと歩きだしたとき、エレーナがどうやって、アフロディーテの孫娘にまつわるメグレ氏の願いを叶えることができたのか、聞き忘れていたことを私はニコスに念押ししました。ニコスは驚いた顔で私をみて言いました。

『もしあのロシア人女性が生きたアフロディーテの化身か彼女の孫娘じゃなかったとしても、アフロディーテの霊が今、絶対に彼女の中にいる』」

尊敬する同僚のみなさん、我われがウラジーミル・メグレのキプロス滞在中に彼の人生に起こったこれらの出来事を知ったとき、自然と疑問がわいてきました。メグレ氏が発言した要望をすぐに叶えていった偶然の連鎖《れんさ》は、それ自体が偶然なのか、または誰か……アナスタシアか、アナスタシアが言及する謎の彼らがつくり上げた偶然性なのか？　注目していただきたいのは、メグレ氏のホテル滞在中に彼の周りにいた人々が起こっていることに驚くやいなや、メグレ氏が、彼を観察している人々の視界から外れる状況が整ってしまったことです。彼はエレーナ・ファデエワの別荘に移りました。それによって、彼の周りの人々にとっての奇妙な偶然の連鎖は終わりました。しかし興味深かったのは、偶然の連鎖は本当に終わったのか、ということでした。そして我われは、話にあったエレーナ・ファデエワの知り合い、そして彼女自身にも直接助けを借りながら、その後の出来事をできるだけ詳しく再現しました。そしてどうだったか？　常軌《じょうき》を逸《いっ》した偶然の連鎖は終わっていなかっただけでなく、もっと謎めいていったのです。私はここに、それらのうちのほんの一部を紹介します。

さて、ウラジーミル・メグレは人里離れたエレーナ・ファデエワの快適な別荘に滞在します。おそらく彼は、神について、地球と人間の創造について、人間の使命について、アナスタシアの発言について考えていたのでしょう。本に書かれているこの内容の箇所は、ちょうどこの時期に書かれています。しかし彼自身にとって、これらすべてが理解できるものではありませんでした。そして彼は性格上、本を公表する前に、どこかに、なにかしらに、アナスタシアの驚くべき発言への裏付けになるものをみつけたかったのです。彼はときおりエレーナに電話をかけ、どこかへ連れて行ってほしいと依頼します。若い女性は毎回、即座に彼の依頼を叶えます。彼女はたとえ自分の用事をあと回しにすることになっても、叶えてやります。ロシアから来る人たちの出迎えをやめてまで。彼女が仕事を知り合いに引き継ぎ、自分の収入を失うことも二回ほどありました。

メグレ氏はいったいどこに行ったのか？　我われの調査の結果、彼はキプロスの観光名所の他に、普段観光客が訪れることのない教会を二カ所訪れていることがわかりました。観光客が行かない修道院と、トロードス山脈にある無人の城です。ファデエワの別荘から遠くない山の頂上にも、何度か登っています。一人で杉が生えている中を歩いていきました。エレーナは道路脇で彼を待っていました。また、教会や修道院への訪問は予定されていたのではなく、突発的な色を帯びていたことが明らかになりました。より正確に言えば、それらはやはり同じ偶然の連鎖の中に入っていたのです。以下はメグレ氏の夜間の教会訪問について、エレーナ・ファデエワが語ったことです。

「私がウラジーミルのところへ到着したのは夜の九時ぐらいで、彼からの電話を受けた直後でした。彼は、ただ街をドライブしたいと言って私の車に乗り、私たちはパフォスの街へ行きました。その晩、ウラジーミルは物思わしげで、ほとんど話をしませんでした。一時間くらい車を走らせました。海岸通りのカフェが立ち並ぶ前を通っていたとき、ウラジーミルに夕食を勧めましたが、彼は断りました。どこに行ってみたいかという質問には、こう答えました。

『どこか、誰もいない教会に行けないだろうか』
私は車を方向転換させ、なぜだかものすごいスピードで小さな村へと走り出しました。そこにほとんど人が訪れることがない教会があるのを知っていたのです。私たちは入口の真ん前に乗り付け、車から降りました。周囲にはまったく人影はなく、夜の静寂を波の音だけが破っていました。私たちは教会の扉へ近づきました。暗闇の中で扉のノブの下を探ると、鍵穴に大きな鍵が刺さったままになっていたので、それを回して聖堂への扉を開けました。ウラジーミルは中へ入ると、長い間聖堂の真ん中の円蓋《えんがい》の下に立っていました。私は入口のところで待っていました。それからウラジーミルは司祭《しさい》たちが出入りする戸口の方へと歩き、おそらくそこで何かに火を灯したのでしょう。それが明るく光り出し、聖堂が柔らかな光で満たされました。私はしばらく立っていましたが、車に戻りました。しばらくしてウラジーミルが出てきて、私たちは出発しました」

そしてエレーナ・ファデエワが語った二つ目の出来事です。

「私はウラジーミルに地元の生活をみてもらいたくて、遠くの農村をみせようと思いました。私たちが走っていた山道にはたくさんの曲がり角があって、多分私がどこか間違ったところで曲がってしまったのだと思います。農村ではなく、車はやがて小さな修道院の門の前に出てしまいました。ウラジーミルはすぐに中に入りたいと言い、修道士たちと話すときの通訳のために私について来てほしいと言いましたが、私は入れないと言いました。このとき私は、短いスカート姿で頭を覆う物もない、そんな恰好で教会や修道院には入ってはいけません。私は入口に残りました。そしてウラジーミルが修道院の中庭を歩いていく様子をみていました。彼の前に若い修道士が現れました。彼らは互いに正面に立ち、話しはじめました。それから彼らはこちらへ歩いて来ました。修道士がウラジーミルとロシア語で話しているのが聞こえました。その後、ウラジーミルの方へ白髪の教導僧、この修道院の長が出てきて、ウラジーミルと二人で長い間ベンチに座って何かについて話していました。私は修道士と一緒に彼らから離れて立っていたので、何を話しているのか聞こえませんでした。その後、修道院長と修道士は私たちを見送りに出て来ました。修道院の出口でウラジーミルが立ち止ると、みんなが立ち止りました。ウラジーミルは向きを変え、修道院の中庭を通って聖堂の方へ行きましたが、誰も彼にはついて行かず、私たちはみんな入口で、誰もいない修道院の聖堂から彼が出てくるのを待っていました」

このように、偶然の連鎖は続いていました。繰り返しますが、ウラジーミル・メグレは、アナスタシアの神についての発言を考えていました。そしてまさに彼が誰もいない教会を訪れたいと思ったとき、そのような教会を知っているエレーナ・ファデエワがたまたまそばにいたというのは、偶然でしょうか？　誰もいない教会の扉に鍵が刺さっていたのは、偶然でしょうか？　レナ（＊エレーナの愛称）が道を間違えて、ほとんど誰も訪れないような修道院にメグレ氏を運んだのは、偶然でしょうか？　彼の前にロシア語を話す修道士が現れたのは偶然でしょうか？　ここで我われにわかったのは、さまざまな出来事や状況の連鎖は偶然と呼ばれてはいるものの、実際は一定の順番に起こることによって、あるはっきりとした目的へと導いている、ということです。

この偶然についてご紹介したあとに、メグレ氏の本の中で書かれた哲学的判断は偶然だったと言えるでしょうか。今や私たちが知るところとなったいくつかの聖堂のうちのひとつの円蓋の下に一人で立ったとき、メグレ氏は神の言葉を確信したのではないでしょうか。これは後に、第四巻『共同の創造』で記述されることになります。

我われは、メグレ氏に起こった偶然を順番に、何度も何度も繰り返し詳細に調べました。数々の偶然の中で最も私たちが関心を持ったことは、ウラジーミル・メグレとエレーナ・ファデエワの〝偶然〟の出会いです。この若い女性に女神アフロディーテの霊が宿っているのか、という憶測はしないでおきましょう。こういった考察はエソテリックな人たちに任せておけばよいことです。そして考えてみましょう、なぜこの若い女性が、自分の仕事を置いてまでメグレ氏の要請を第一に、彼の元へ急ぎ、ボルシチを煮てやり、キプロス中を自分の車で走ったりしたのでしょう？　なぜ彼女は、メグレ氏と出会ってから、突然外見までも急に変貌《へんぼう》したのでしょう？　なぜ彼女の瞳は、彼女を知る人たちが認めるように、メグレ氏と出会ってから突然輝きを放ちはじめたのでしょう？　有名人と会ったからでしょうか？　しかし彼女はモスエストラーダ（＊ロシアの大手イベント・音楽・芸能人プロダクション会社）関連の旅行会社の代表者であり、ウラジーミル・メグレよりも格段に有名な人たちとかかわることのあった人です。お金のためでしょうか？　しかしメグレ氏にそれほど多くのお金があったはずはありません。そうでなければ、彼ははじめから三ツ星レベルのホテルに滞在したりしなかったでしょう。結論はたったひとつに向けられます。エレーナ・ファデエワがメグレ氏に恋してしまったということです。そしてこのことは、知り合いの女性に彼女が話したある言葉が裏付けとなります。

「レナ、あなた、そのメグレ氏という人を好きになったんじゃない？」という質問に彼女は答えました。

「わからない、なんだか今までなかったような気持ちなの……でも彼が望むのなら……」

こうして、もうひとつの信じがたい偶然が起こりました。二十三歳の若くてスタイルもよく、可愛らしく、自立した、現実主義で多くの男性の注目からも外れていない女性が、突然一目で四十九歳の男に恋に落ちてしまったのです。そのような偶然はめったに起こらないことだということは、みなさんも同意なさるでしょう。

我われは、ウラジーミル・メグレとエレーナ・ファデエワの出会いの場面について、分刻みに詳しく分析を試みました。出会いの場面を目撃したカフェ「マリヤ」の従業員に話を聞き、エレーナの知り合いとエレーナ自身の言葉から、出会った日の状況を再現しました。そして結果的に、我われはもうひとつの偶然があったことを発見したのです。しかしなんという偶然！　その偶然によってエレーナは、メグレ氏に会う直前の数分間に、彼を好きになることができたのです。偶然、それは人間の意識と無意識に同時に働きかける力のある偶然です。

想像してみてください、エレーナ・ファデエワは車を運転し、リゾート街にあるカフェ「マリヤ」に向かっていました。知り合いの店員が、「もし来られるならちょっとカフェに来てほしい」と店から電話をかけてきたのです。ロシア人の客がいて、苛立《いらだ》って緊張しているのだと言って。カフェにはロシア語の看板が掲げられ、ロシア料理の名前が書かれていたので、ロシア語が話せる店員がいるかのように思わせているのに、そのような店員がその時はいなかったのです。

エレーナははじめ断りましたが、そのあとすぐ仕事中に偶然にも短い待機時間ができました。彼女は車に乗って、そのロシア人がいるというカフェへと走らせました。途中で、彼女は日焼けした鼻にファンデーションをのせ、さして選ぶでもなく何かのカセットテープを手に取り、カー・オーディオに入れました。車内がロシアで人気のメロディと言葉で満たされました。その歌詞をここに引用します。尊敬する同僚のみなさん、ご自身で結論を出してください。さあ、これがカフェにいるメグレ氏と出会う数分前、彼女のために車の中で大音量で響いた言葉です。

僕はまだまだ若い神
それに僕には経験もないかもね
でもね、可愛いお嬢さん、君の助けになりたいんだ
そして君の暮らしに陽の光を注ぎたい

君はいつでも大忙し
仕事は休みもないほどさ
でも君は鼻に白粉《おしろい》のせて、ランチに出て行く
そしてカフェで彼に出逢うのさ

列車はどこか遠くへ走り去る
飛行機は航路を間違える
彼が行ってしまったら、二度と逢えない
だから、行かせちゃだめなんだ

どうして突然黙り込むの
彼の目をみて
怯えなくていいんだ
長いことかかったけれど、やっとできた
彼を君に逢わせたのは僕なのさ

そして彼女、または彼女を通して、誰かが彼を行かせなかったのです。そして彼女または彼女を通した誰かが、彼のすべての願いを叶え、次々と新しい情報を彼に提供し、哲学的結論を裏付けさせたのです。彼はロシアに戻り、第四巻『共同の創造』の原稿を出版社に提出しました。

このようにして、V・メグレ氏の人生は、実にロシアの民話である「イワンの馬鹿」（＊ロシアの民話に登場する男性。極めて純朴愚直《じゅんぼくぐちょく》な男ではあるが、最後には幸運を導く）の人生に似ています。両者の違いは、メグレ氏に起こったことは絶対的現実である、ということだけです。

このような現象が確実に存在するという事実に遭遇《そうぐう》し、我われは特定の人間の運命に目的をもって影響を与えることのできる、ある勢力が存在すると仮定せずにはいられませんでした。そして疑問が生まれます。この勢力は、人類全体の運命に影響を与える力を持っているのだろうか？　これらの勢力の過去の活動はどんなものだったのか、まさにこの我われの時代にその活動の活発化が起こったのか？　いったいなんの勢力なのか？　起こった出来事は、我われにアナスタシアの発言に対し、より注意深く接することを余儀なくさせます。

尊敬する同僚のみなさん、我われの研究グループの大部分のメンバーが次の説に傾きつつあります。シベリアの世捨て人アナスタシアは、あらゆる国の政府をそのままの場所に居させながらにして、実質は彼女自身が人間社会全体を制御しようとしている。注目してください、権力を掌握《しょうあく》するのではなく、制御するのです。

読者の大部分がV・メグレ氏の本に触れると、自分の生き方を変えたいという願望に駆《か》られ、読者はすでに百万人を超えています。そしてその数は絶え間なく増加しており、絶大な数に到達すれば、政治権力による決定に影響を与える力を持つのです。しかし、すでに現時点で政治権力の中にも、本の中で下された結論を支持する人はいます。

このようにして、私たちの社会は、V・メグレ氏のように制御されるのです。V・メグレがある勢力によって完全に制御されている実体であることは、おそらく今や、尊敬する同僚のみなさんにも疑念《ぎねん》の余地はないであろうと思います。私たちはみんなで協力し、解明する必要があると考えます。シベリアの世捨て人アナスタシアとはいったい何者なのか？　彼女は実際のところどこにいるのか？　彼女の能力はどんなものなのか？　どんな勢力が彼女を手助けしているのか？　私たちの社会をどこへ導こうとしているのか？　これらの疑問に対し、現代科学が答えを出さねばならないのであります。

心身の衰弱

　私はカセットテープから聞こえる見知らぬ人の演説を二度聴いた。私にとっては、その人物が誰であるかはまったくもってどうでもよかった。彼によって下された結論は、私に強力な影響を及ぼし、本を書き続けたいという思いが削がれてしまっただけでなく、人生そのものが意味のないものに思われた。

　私は、アナスタシアが話す人間の意義についての考えを気に入りはじめていた。一人ひとりが神に愛される子どもであり、地上においても幸せになれるという考えだ。必要なのは、自分の使命を理解することだけだ。私はアナスタシアを信じ、生き方を変えること、新しい入植地を建設することで、今日の我われの生き方を良いものに変えることができると信じた。その信じたことすべてが、カセットテープを聞いたあと、音をたてて崩れ落ちたのだ。発表者によって引用された私に起こった偶然、彼の言葉によると、合理的に現れた偶然についての事実は、確かなもの

だからだ。実際にすべてがその通りであり、それ以上のことも起こった。私が知っていることで、彼らが確認できていないこともある。

すべてがその通りであり、それはつまり私が誰かの手の中の歯車であることを意味している。それがアナスタシアまたは他の何かの勢力やエネルギーなのか、誰の手かということは重要ではない。重要なのは、私が人間として実際に何者でもないこと、私が存在しないということなのだ。存在するのは、敷きつめられた〝偶然〟によって、誰かに簡単に操《あやつ》られてしまう私の肉体だ。そのように操られるのが、私だけであればまだいい。しかし、他にも上の方の誰かに操られている人がいることだって十分に考えられる。また人類全体が操られ、そして人類全体が我われ人間の頭では理解できない、みえない誰かのおもちゃであるのかもしれないのだ。

私は誰かのおもちゃでありたいとは思わない。しかし、発表の中で引用された事実が、議論の余地なく証明していた。お前は何者でもない、お前は操られている、と。このことははっきりと表れていて、自分自身がよく知っている疑いのない事実によって証明されているのだ。

キプロスで私に起こったすべてを、悪いことだと解釈することはできない。おそらく反対に良いことだと捉《とら》えるべきだ。しかし重要なのはそこではない！　もしもみえない誰かがすばらしい偶然の連鎖を用意したのなら、次の日には、もう一人の目にみえない誰かの頭に、別の決してすばらしいとは言えない偶然の連鎖を用意しようという考えが浮かぶということなのだ。そのとき、人間はまるでおもちゃのようになる。もし全人類がそうだとしたら？　いったいどうして私はこれまで、錫《すず》の兵隊人形で遊んでいる子どものように、何かの勢力が人類全体を使って遊んでいるということを理解できなかったのだろう？

タイガでアナスタシアが神について、創造について話をしていたとき、彼女の言葉によって、私の目の前からまるでなにかの幕が取り払われたかのようだった。

私は人生ではじめて、神を形のないよくわからない生き物だったり、雲の上に乗った老人のようなものではなく、気にかけることだったり、あらゆる感情を抱くことも、夢をみることも、創造することもできる人格として思い描くことができた。彼女の物語から感じられるものは、これまで同じテーマで私が読み聞きしたことのある話のどれよりも鮮明でわかりやすかった。まだある。彼女が話をしている間、とても心地がよく、孤独な感じがあまりしなかった。つまり、神はいるのだ！　神は理解できるものであり、神は活動する実在。神は賢明《けんめい》であり、優しい。そして周囲にある彼の創造物、杉、草、鳥、動物たちがそれを裏付けている。タイガのアナスタシアの草地では、それらすべてがなんとも優しく、攻撃性がなかった。一方、我われは神の創造物に慣れ過ぎて、それに気づくこともなく、しつこく何か他のものを通して神について判断しようとする。何か秘密の教えと言われるものを通して。そして秘密の場所や先導者、教えを探そうと世界中をあっちへ行ったりこっちへ行ったり駈けずり回る。なんとも馬鹿げたことだ。論理などまったくない。我われが、神を我われの優しい父であると言うのであれば、いったいどうして父が自分の子どもたちから良いものを隠そうとする、というような仮定ができるのか？　神が人々から、自分の子どもたちから隠したり覆ったりしているものなど何もなく、神はいつでもそばにいようとしている。いったいどのような力が神に対抗しているのだろう？　どのような力が我われを、自分たちの生き方によって、この惑星全体を、神からのすばらしい贈物である地球を、大災害の恐怖のもとに置いてしまったのだろう。どのような力が、我われを使って遊んでいるのだろう？

夜になると我われの高層マンションの窓には明かりが灯っている。一つひとつの窓の明かりの向こうに、誰かの人生が過ぎている。しかし本当の意味で幸せな人生は、この世界にいくつあるだろうか？　我われは道徳について、愛そして文化について語り、みんなが折り目正しくみられようとしている。しかし実際はどうだ？　実際は、表面的には折り目の正しい男たちの、少なくとも二人に一人が隠れてよそで女たちとよろしくやっている。自分の家族、表面的には折り目正しいとされる家族に隠れて。我われの国で最も大きな収入となっている品目はどんなものだ？ウォッカとタバコだ。この二つの独占販売が、国の大きな関心事である。しかし、飲んでいるのは誰だ？　塀の下やアパートの入り口で飲んだくれているアル中たちか？　彼らだってもちろん飲んでいる。しかし、彼らには酒の海を生み出す何百もの工場に繁栄をもたらすほどの資金はない。主な消費者は、表面的には折り目正しく、立派だとされている人たちだ。

我われは膨大な人数の警察やあらゆる警備員、捜査員を抱えている。なんのためだ？　アル中たちをしょっ引くためか、それとも乱暴者たちか？　戯言《たわごと》だ！　これほどの数の職員を使えば、全員を一日で捕まえることができる。闘いが行われているのは彼らとの間ではなく、表面的に折り目正しく生きる人々との間なのだ。

考えてみれば、諜報《ちょうほう》部員の数は軍隊ができる程多い、そして彼らが暇《ひま》を持て余すことはない。つまり、彼らに対抗するもうひとつの軍隊があるということなのだ！　つまり、終わらない戦争があり、我われはみんな、いつでもその戦闘行為の縁にいるのだ。我われは、両方の対立する軍隊に資金を出していることになる。ひとつの側、我われの警察機関の装備をより充実させようとしているが、他方も同じく自分たちの装備を充実させ、そのための資金はやはり我われから取っている。資金の出どころはいつでもひとつだけ、民衆の労働である。そして戦争は、技術的な装備のレベルだけを上げながらさらに続いていく。それも一年や二年ではない。何千年も続いているのだ。そしてこの戦争のはじまりがどこにあり、誰がこの戦争に終止符を打てるのか、誰にもわからない。我われはこの戦争の中心にいて、誰一人として無関係な者はいない。全員が関係しているのだ。我われはみんな、終わりなき戦争にかかわっている。直接関与する人もいれば、望む望まざるにかかわらず資金を提供している人、そのための武器を生み出す人もいる。しかし我われは、折り目正しい人の仮面を着けている。科学について、技術について、文化について語っているのだ。

我われ、すなわち急速に発展している合理的な文明は、利口げな言葉を集めて科学技術の進歩について語っている。利口な文明よ、ではなぜお前の水道から流れる水は悪臭を放っているのだ？　なぜお前は、そのように利口げにみせながら、飲料水を買わなければならないという考えに至ったのだ？　そしてその水はなぜ、日々高くなっていくのだ？

我われは折り目正しい人の仮面を外したくない。しかしなぜだ？　なぜ、我われは自分の人生を年々複雑にせざるを得なくなったのだ？　なぜ、こうして脇目もふらず、悪臭を放つ〝ごみ溜め〟に向かって進んでいるんだ？　進んでいながら、そのことを自分で認めたくないのだ。なぜ、誰もその動きを止めないんだ？

我われの国には無数の宗教団体がある。しかし、そのどれもこの動きを止めることはできない。完全に止めることはできないかもしれないが、ブレーキをかけることならできるのではないか？しかし、もしブレーキをかけるなら、それは苦しみの期間が延長されることを意味する。サディズムだ。我われは自分たちを利口で折り目正しい文明だとみなし続けるが、ではなぜその利口な文明で、女性たちの子どもを生みたいという願望は下がっていくのか？　すでに統計は、国民が途絶えつつあることを示している。それではいったいどんな勢力が、人間から〝うすのろ〟ばかりをつくり出しているのか？

＊＊＊

私が極度のうつ状態、すべてに対して無気力の状態に陥ってからまる一週間が過ぎた。この一週間、私はただベッドに横になり、ほとんど何も食べなかった。その週の終わりになって、突然怒りが、いやむしろ激怒が押し寄せた。その勢力に対抗して、なんでもいい、何かをしてやりたくなった。光であろうが闇であろうがどうでもいい。我われを操っている何かに対抗したい……。そいつに、人間は制御から外れることができると証明するのだ。しかしいったい何ができる？　もしもその勢力、またはアナスタシアとその勢力が一緒になって私に本を書かせたいのであれば、私は書かない。肉を食べるなと言うなら私は肉を食べ、タバコも吸い、酒も飲んでやる。その勢力の作用から判断すると、奴らはそのようなことが気に食わないみたいだ。構わない、俺の邪魔をすればいい。私は一カ月にわたって毎日酒を飲んだ。酔っぱらった状態では気が晴れていたが、朝に酔いが覚めると、再びあらゆる胸クソの悪い考えが私に火を付ける。いったいなんで私は本を書いていたんだ？　正直になろうとし、結局は誰かわからない奴の手の中で、ただおかしなおもちゃになっていただけだ。

酔っぱらって、私は壁伝いにベッドへと歩いていた。そして無性に叫び声を上げたくなった。奴らに、私の孫やひ孫に聞こえるように。聞いて理解するように。理解してくれるように！　私が本を書いていたのは、嘘《うそ》の仮面にうんざりしたからだと！　他の道を探していたからだ！

コード解読の試み

　ときどき、朝になると酩酊《めいてい》状態から抜け出したいという思いに駆られた。そんなとき、私は何日か伸びている無精《ぶしょう》ひげを剃《そ》りに風呂場へ行った。アナスタシアを思い出し、悪いことではなく、彼女ができた良いことについて考えようとした。彼女は良いことをしていたのだと、自分を説き伏せようとした。しかし、そうではないと強く訴える論証が次々と私に投げつけられていた。ほら、その朝も、いつものように酩酊から抜け出そうと試みているとき、知人が私の借りているマンションのドアのベルを鳴らした。朝の早い時間だったため、私はまだひげを剃り終わっておらず、泡だらけの顔でドアを開けた。

　ヴラディスラヴは、少し興奮したように挨拶をしながら、言い放った。

「真面目な話をしたい。お前が洗面を済ませている最中に話をはじめるぞ」

　私がひげを剃っている間、彼はついに本を読んだことを話していた。本は彼を感動させ、多くのことについてアナスタシアに同意していた。彼女の論理は確固たるものだと考えている。しかし、ヴラディスラヴをもっと感動させたのは他のことだった。

「つまり、お前はその出会いのせいで家族と絶縁し、ビジネスを失った。でもビジネスを続けたいとは思わない。そうだな？」

「そうだ」

「そして、彼女が話していたように、純粋な意図を持った実業家たちの協会を組織しようとしたんだな？　次の本は書いているのか？」

「今のところ書いていない。その前に整理しなきゃならないことがあってな」

「まさに、それを考えなきゃならないんだよ。それでお前は、この女世捨て人と出会ってからこの五年の間に、何にたどり着いた？　何を成し遂げたんだ？」

「何ってことはないだろう？　例えばここ、このコーカサスでも、人々のドルメンに対する接し方に初のかすかな動きがあったんだ。わかるか、これまでドルメンについてどれだけ論文が書かれていても、人々がドルメンに感激することなんかなかった。荒らしたり壊したりし放題だった。しかしアナスタシアが話したことは、すぐに効果を発揮した。例えば、ドルジバ（＊ロシア語で友情の意味）という療養所で俺の本が読まれ、それからすぐにそこの従業員たちが集まってドルメンに花を供えに行った。それに他の場所でも人々は先祖たちに対する接し方を変えている。深く考えはじめたんだ……」

「待った、俺もお前には完全に賛成だ。彼女の言葉には影響力がある。そしてお前があげた事実がそれを証明している。他のことだってそうだ。彼女が君をゾンビにしちまって、お前はもうまったくお前じゃなくなっちまった」

「どうしてそう思う？」

「至極簡単《しごくかんたん》さ。お前はペレストロイカがはじまったばかりの頃に、資本金のない状態からさえ大きなビジネスプロジェクトを成し遂げることができた実業家だ。お前はシベリア実業家組合の会長だった。なのに突然きっぱりとビジネスをやめて、自分で洗濯をしたり食事を作ったりしている。つまりこれは、お前はもう以前の君じゃないってことだ」

「そういう主張は前にも聞いたことがあるよ、ヴラディスラヴ。だが俺は、アナスタシアの発言に感動したんだ。彼女の夢『人々を闇の勢力の時間枠を超えて運ぶ』というのは美しい。彼女はその夢を信じている。そして俺に本を書くように頼んだんだ。俺は約束した。だって彼女はたった一人で待ち、夢みているんだ。おそらく彼女は本を、彼女の夢全体と結び付けているんだ。君だって自分で言っているじゃないか。本の中のアナスタシアの発言の効力は、とてつもなく大きいと」

「それこそ、やはり彼女の干渉《かんしょう》によるものだという裏付けになるさ。自分で判断してみろよ。誰にも知られていない作家、実業家が、突然本を書く。それもなんの本だ？　人間の歴史についてだ。宇宙について、大宇宙の知性について、子どもの教育についてだ。その本は人々の実生活に作用しはじめ、人々の行動様式に影響を与えているんだぞ」

「しかし、彼女は良い影響を与えているじゃないか」

「そうかもしれない。しかし問題はそこじゃない。お前は自分で考えたことはないのか？　いったいどこから突然本を書けるような能力が身に付いたのかって」

「アナスタシアが教えてくれたんだ」

「どうやって教えたんだ？」

「枝っきれを持って地面に文字を書いた、アルファベット全部を。そしてこう言った。『ほら、これがあなたたちが知っている文字。あなたたちのすべての本は、これらの文字からできている。よい本もわるい本も。すべてはどうやって、そしてどのような順序でこの三十三文字（＊ロシア語のキリル文字の数）が配列されているかで決まるの。文字を配列するのに二つの方法がある』」

「たったそれだけか？　三十三個の文字を一定の順序で配列するってことだけか？　お前が文字を配列したら、みんなが隊をなして山に登ってドルメンに花を捧《ささ》げに行くようになったって言うのか？　そんなことは信じがたい。普通の感覚では納得いくもんじゃない。これは何か目にみえない力が存在しているってことだ。その力がお前をゾンビにしたか、お前を再プログラミングしたか、催眠術《さいみんじゅつ》をかけたのかはわからない。でもそいつが何かしたんだよ」

「アナスタシア自身は、俺が彼女に対して『魔女』だとか『神秘主義』、『幻想』、『信じがたい』なんかの言葉を投げつけると、とてもがっかりして、いつも、自分は普通の人間、ごく普通の女性だと証明しようとする。ただ情報を多く持っているだけなんだと。そしてその多くの情報ってのは、俺たちの物差《ものさ》しで考えた場合に多い、と言えるだけだ。彼女は、原初の人間はそういった能力を持っていたと言う……それに……彼女は俺に息子まで産んでくれた」

「それで、お前の息子は今どこにいるんだ？」

「アナスタシアと一緒にタイガにいる。彼女が言うには、俺たちの科学技術の世界では、本当の人間になるように赤ん坊を育てるのは難しいらしい。人工的な物は子どもには理解できないものだからだ。子どもを真理から引き離していく。人工的な物をみせてもいいのは、子どもがちゃんとその真理を自覚した後なんだ」

「じゃあお前はなんでタイガに行かないんだ？　なぜ彼女と一緒にいない？　息子の子育てを手伝わないのか？」

「普通の人間に、あそこで生活するのは不可能だ。彼女は火を起こさない。食事も独特だ。おまけに……俺はまだ赤ん坊と話をしちゃいけないと言われた」

「つまり、ここでの俺たちの普通のスタイルでの生活を、彼女は望んでいない。お前はあっちで暮らすこともできない。それで、どうするんだ？　考えたことはあるのか？　ひとりで家族もなしで、身体を壊したらどうする？」

「今のところ身体は壊しちゃいないさ、もう一年以上もなんにも起こってない。彼女が治療してくれたんだ」

「だからお前はもう絶対に病気にならないのか？」

「なるだろう、おそらく。人間の中に、そして俺の中にも、もちろんみんなと同じように闇と有害なものがたくさんあるから、病気は戻ってこようとする、とアナスタシアが言っていた。ほら、こうしてタバコは吸う。酒を飲むようにもなった。しかし大事なのはそこじゃない。彼女が言うには、光の意識、想いが少ないからなんだ。光の意識が、基本的には病に対抗するんだ」

「そんなふうじゃ、普通の人たち、みんなと同様に、お前の人生にはなんの見込みもないじゃないか。俺はお前に提案がある。俺がゾンビになったお前を人間に戻し、催眠術を解いてやる。正気に戻ったら教えてくれ……俺の会社を立て直すのを助けてほしい。お前には経験と実業家の才能があったんだ。コネだって」

「俺には助けられないよ、ヴラディスラヴ。今はビジネスのことは考えていない。頭は他のことでいっぱいなんだ」

「今は考えていないなんてわかりきったことさ。まずは正気に戻ってくれ。いいか、俺を信じてくれ。友達として頼んでいるんだ。あとで礼も言うことになるぞ。正気に戻ったら、最終的に自分に起こったことを自分で正しく価値判断できるさ」

「そもそも正気かどうかなんて、どうやって判断できる？」

「簡単だ。数日間でいいから普通の自然な人間らしい生活を送るんだ。女の子たちと遊んだりしてな。そのあとで、ここ数年の自分の生活をみつめ直してみればいい。その生活がお前を満足させるんだったら、今みたいなことを続けて生きればいい。正気に戻って、やっぱり催眠術をかけられていたんだと思うなら、またビジネスをやろうじゃないか。お前にとっても良いことだし、俺の助けにもなる」

「俺は娼婦《しょうふ》なんかとは……」

「娼婦なんかいらないさ、自分で望む相手をみつけるのさ。パーティーをやるのさ、音楽を鳴らして仲間を集めて。レストランでやってもいいし、自然の中でもいい。俺が全部企画する。お前に必要なのはただ断らないってことだけだ」

「俺は自分で自分のことを整理したい。考えなきゃならないんだ」

「ああ、もう考えることなんてやめちまえ。試《ため》しに俺の提案をやってみようと思えばいいじゃないか。友達として頼むよ。俺に一週間くれ、それから考えればいい」

「わかった、やってみよう……」

次の日、我われは車に乗り込み、ヴラディスラヴの昔からの知り合いの、彼曰《いわ》く〝良い女の子たち〟が住んでいる隣街を訪れた。

我われの実情

彼女、我われにドアを開けてくれた女性は、魅《み》惑的《わくてき》な女性だった。みたところ三十歳くらいの、女性らしい柔らかさを持った、少し恥じらいのある豊満な女性だった。いや、決して太ってはいない。彼女の身体ははっきりとした凹凸がある曲線美で、男に色欲を起こさせるものだった。薄手の部屋着はその形を隠してはいなかった。彼女の子どものような声、感じのよい笑顔にすぐに惹きつけられた。

「こんにちは、旅人さんたち。さあさあ、どうぞお入りになって。お二人のことはスヴェトラーナから聞いているわ。街をみてすてきなレストランでお食事をしたいんですってね」

「そうなんです。僕たちは街へもレストランへも、ぜひ貴女たち、美女たちとご一緒させていただきたい」ヴラディスラヴはペラペラと調子よく話しはじめた。

「僕のスヴェトランカ（＊スヴェトラーナの愛称）はどうしてるかな？　遊ぶようになっちゃいな

いかい？」

「あら、私たちがいつ誰と遊ぶって言うの？　私たちはきっと一生待ってなきゃいけないみたい……」

「待つことなんてないよ。僕はここにいるし、友達も連れてきたんだから。彼はシベリアの男だ。完全なる実業家だよ。さあ、挨拶を」

彼女はきつくあんだ暗い茶色の三つ編みを直すと、恥ずかしそうに伏せていたまつ毛を上げ、情熱と願望とで輝いているような瞳を開き、私の方へ手を伸ばして言った。

「レナ（＊エレーナの愛称）です。こんにちは」

「ウラジーミルです」

ふっくらとした手を握りながら、私は自己紹介をした。

レナがキッチンでコーヒーを淹《い》れている間、我われはバスルームで手を洗い、彼女の２ＤＫのマンションをみてまわった。私はそのマンションをとても気に入った。間取りはよくあるいたって普通のものだが、きちんと手入れされ、清潔で快適な様子は目を見張るほどだった。すべての物が定められた場所にきちんと置かれていて、余計なものがまったくない。寝室には花柄の施された空色の壁紙が貼られ、窓には壁紙に合わせた色の、ひだのついたカーテンが掛かり、絨毯《じゅうたん》と大きなベッドを覆うカバーは同じトーンの色をしていた。その色もきちんと整った繊細《せんさい》さも、なんとも心を落ち着かせ、まるでベッドに横になるよう招いているかのようだった。我われは広い部屋の肘掛椅子《ひじかけ》に腰かけた。ヴラディスラヴは高価そうなテープレコーダーのスイッチを入れると、私に訊いた。

「どうだい、彼女は？」

「いい娘《こ》だな。でも、どうして結婚していないんだ？」

「じゃあ他の何百万人もいる女性たちは、なんで結婚していないんだ？　なんだ、お前はこの国では男が足りないって話を聞いたことがないのかい？」

「聞いたさ、でも彼女は放っとかれる方じゃない。美人だし、住まいだって、このマンションをここまで居心地よく変えられたんだぜ」

「ああ、変えられた。稼ぎも悪くないからな。一流の美容師なんだ。それもただの美容師じゃなく、デザイナーだ。コンクールにも出ている。金持ちの淑女たちが行列をなして高い金を払っているのさ」

「遊び好きかもしれないな」

「それが遊んでいない。スヴェトカ（＊スヴェトラーナの愛称）が話していたんだが、まだ学生の頃レンカ（＊エレーナの愛称）は上級生のできの悪いのと付き合っていたらしいが、卒業するとそいつを捨てた。男の方は長いこと彼女に言い寄っていて、彼女に近づこうとする男たちに次々と殴《なぐ》りかかったらしい。その男は仲間を連れてきて、レンカの目の前で彼女と一緒にいた男をこっぴどく殴り続けた。暴力行為で罪を問われたくらいだ。でも彼女はそいつをかわいそうに思って、証人として出廷《しゅってい》しなかった。半分失神したような状態で、何も覚えていないと言い張ったんだ。それで、そいつはただ一回、地位の高い男の息子に対する傷害事件として罪に問われただけで済んだ」

「じゃあ、たとえば不感症《ふかんしょう》で、男は必要じゃないんじゃないか」

「不感症だなんてとんでもない。なんだと、お前、彼女がすぐお前に色目《いろめ》を使ってたのに、気づかなかったとでも言うのか。大蛇がウサギをみる目だ。すぐにでもベッドへ行く準備はできてるぜ」

「大げさなことを言うなよ」

「お前こそ、欠点を探そうとするんじゃない。その時を享受《きょうじゅ》して楽しめばいいんだ。羽を伸ばすって約束したじゃないか、ほら、今羽を伸ばすんだ」

レナは、コーヒーの入ったカップをきれいな柄のトレーに乗せて運んで来た。美しく体を覆うノースリーブのサマードレスに着替え、軽く化粧をしていた。さっきよりもいっそうきれいになり、問いかけた。

「もしお腹がすいていらっしゃるなら、すぐに何か作りますけど」

「いや、レストランに行こう。どこかいい店に電話して、四人で予約を入れてくれないかい」ヴラディスラヴが答えた。

我われがコーヒーを飲んでいる間にレナはレストランに電話をして予約を入れていたが、親しい話しぶりから、明らかに誰か自分の知り合いの、マネージャーらしき人と話をしているようだ。そして頼んでいた、「ねえ、できるだけいい席にしてね。私はとってもすてきな男の人たちと行くんだから」

我われがレストランへ着いたのは、車で市内とその周辺を走り、名所を観光したあとの夕方だった。

目の前にそびえるレストランへの入り口を、豪華な制服を着たドアマンが力強く開け放った。給仕頭が出入口の反対のホール側のテーブルへと我われを案内した。実に良い席で、少し高くなっており、レストラン中、それに舞台を良く見渡せる場所だった。ホールの壁や天井は美しい彫刻で飾られ、みたところレストランはほぼ満席のようだった。このレストランで余暇《よか》を過ごせる人々というのは、おそらく裕福な人々に違いない。我われもケチケチすることなく高い前菜や良いワインを頼むことにし、私はウォッカをボトルで注文した。バンドがダンスナンバー、何かタンゴを演奏しはじめたとき、ヴラディスラヴはすぐさまみんなで踊ろうと提案をし、我われは踊りに出た。私の手の下で、ゆったりとしたふくよかなレナの体が揺れていた。すでに軽く酔っていた私を、彼女の香水と瞳が一層酔わせた。下を向いたまつ毛はときおりもち上がり、彼女の瞳は優しく私の目をじっとみつめていた。私には、彼女の瞳が来たるべき熱情の炎に燃えているようにみえた。そしてその眼差《まなざ》しを恥ずかしがるかのように、まつ毛を下に向けていた。

我われがテーブルへ戻ると、私はもう自分の苦悩と探求のことを忘れていた。酔っぱらって気分もよく、私はヴラディスラヴにも、レナにも、そしてすべてに感謝の気持ちだった。つまり、人生を深く掘り下げることなく、良いところを享受していれば、楽しく生きることができるのだ。

私はみんなにワインを注ぎ、自分にはウォッカを注いだ。みんなにワインを振る舞い、乾杯の言葉を言おうとしたところに、ヴラディスラヴが邪魔《じゃま》をしてきた。彼はスヴェトラーナと踊ったあと、なにやらピリピリした様子で席に戻ってきた。おもむろにタバコを吸いはじめ、灰がサラダに落ちた。そしてみんなを待たずにワインをすすり、黙り込むと椅子の上でそわそわとしている。私はちょうどショットグラスをつかんで乾杯の言葉を発しようとしていたが、彼がべらべらと早口でまくし立てはじめた。

「ちょっと待ってくれ……ちょっと話さなきゃいけないことがある。少し出ようぜ。二人で話をしなきゃならない」

私の答えを待つことなく、彼は急に立ち上がった。

「君たちは、ちょっとおしゃべりをしながら待っててくれよ。すぐに戻るから」

我われはレストランの広々としたロビーに出た。ヴラディスラヴは私をロビーの奥の隅にある噴水のうしろに引っぱって行き、怒りのこもった抑えめの声で機関銃のようにまくし立てた。

「ろくでもないぞ！　お前の言った通りだ……。ああ、なんてひどい女だ」

「誰がろくでもないっていうんだ？　自分のスヴェトカとケンカしたからって、みんなのいい雰囲気を壊すんじゃない」

「スヴェトカじゃない……レンカが俺たちを、いやお前を餌食《えじき》にしたんだよ。まあ俺もついでにやられる、お前を見捨てやしないからな」

「わかるように説明してくれ。彼女がどう俺や俺たちを餌食にしたって言うんだ？　誰に？　なんのために？」

「踊っていたとき、スヴェトカが話してくれた。俺が彼女にお前のことを話したんだから。それで、彼女もお前を気の毒に思いはじめた……。お前に会ったらな……。ダンスの最中に全部話してくれた」

「何を？」

「レンカはひどい女だ。病的なマゾヒストみたいなもんだ。変態だよ。想像できるか、男たちが彼女に近づく、彼女はその男たちに色目を使う。それから一緒にレストランに行く。テーブルは、知り合いを通して直接予約をするのさ。そしてあのボーイが、そのマフィア男に連絡するんだ」

「そのって、どのマフィア男だ？」

「ほらあの落第生だよ、彼女が高校時代に付き合っていた男だ。そいつが若い頃、仲間たちを連れて彼女の彼氏を次々と殴ったたって話をしただろう。奴は今、地元マフィアの団員になったのか、恐喝《きょうかつ》なんかをやっているみたいだ。とにかく、彼女は自分が知り合いを通してテーブルを予約すれば、ボーイがそのマフィア男に連絡することを知っている。それで男はそのままレストランで、大体は食事のあと、人目につかない場所でギャング仲間たちと一緒に待ち伏せし、レンカにくっついている男を半殺しにする。この体罰の一部始終は、レンカの目の前で行われなければならないんだ。彼女はそれで高いエクスタシーを得る。それでイッちゃうんじゃないのか。スヴェトカは、これはもう病気だと言っている。レンカはあるときスヴェトカに告白したらしいんだが、その場面をみてオルガズムを感じることもあるそうだ」

「でもそいつ、その昔の落第生って奴は、なんのためにそんなことをしてるんだ？」

「なんのためかなんて誰も知りやしないよ。昔のまんま彼女のことが好きなのかもしれないし、そいつも何か異常な満足を感じているのかもしれない。スヴェトカが言うには、レンカは自制心を失ったような状態になり、その体罰行為のあとでそいつがレンカを家まで送って、彼女の家に泊まるそうだ。彼女の家で、二人で何をやっているのかはわからない」

「じゃあ、なんでそいつは彼女と結婚しないんだ？」

「なんで結婚しないかなんて、お前にはどうでもいいことだろう？　レンカは病気だって言ってるじゃないか。まるで青春が続いているみたいに感じているのさ。結婚してしまえば、日常生活だけが残るだろう。こっちではエクスタシーを感じることができる。でも日々の生活の中にどんなエクスタシーがある？　彼女は病気なんだ。スヴェトカがそう言ってる。とにかく、俺たちにはどうでもいいことだ。今は自分のことを考えなきゃならない、今の状況をどうやって脱するかだ」

「レストランを離れようじゃないか。お前が言ったように、昔の落第生に連絡されてしまうかもしれないんだから」

「もう遅いさ。奴はもう仲間を連れてここにいる。俺たちのことを見張ってるんだ……スヴェトカが言うには、奴はまず俺たちのテーブルに近づいてきて、至極丁寧《しごくていねい》にレンカと踊る許しを乞《こ》う。断られなければひと踊りして、断られればそのまま静かに去っていく。でも、最後はいつも同じだ。待ち伏せて半殺しだ。もし高価な持ち物があったら、奴の仲間の中のごくつぶしが奪っていく。俺は、ロレックスの腕時計をもうスヴェトカに渡しておいた。もしお前も何かそんな物があれば、渡しておくんだな」

「俺には何も高価な物なんてない。なあ、奴らは警察を恐れないのか？」

「言ってるだろう、全部調整済みなんだよ……。奴には弁護士がいるんだ……それだけじゃない、奴らが女性を暴行者から守ったなんてことにされちまうこともある」

「レンカは、つまり証人としても黙っているんだな？」

「黙ってるさ、ひどい女だ。何も覚えていないふりをするのさ、ショックで覚えていないとか、失神していたとか言ってな。俺が悪かったよ。俺たちはまんまとはめられちまった。でも俺はいい方法を思いついた気がする……思いついたぞ。俺たち二人で何かケンカでもしているふりをしようぜ、それで警察に捕まるんだ。泥酔者《でいすいしゃ》の収容所に入れられて、罰金を払って出てくりゃいい。その代わり、障害者にならなくて済む」

「それはいかん。彼らのために自分で罰を受けに行くことはない。二人でどこか裏口からでも抜けだそう。スヴェトカには後で電話して、タクシーを呼んでやればいいさ」

「抜け出せやしない、もう待ち受けてるのさ。抜け出しても連れ戻される。つまり二回やられるんだ。おまけに食い逃げしようとしたと言われるさ」

「逃げ道がないのなら仕方がない、楽しく遊ぼうじゃないか。せめて悪党どもの気を苛立《いらだ》たせてやろうぜ。こんな夜がだいないしになるなんて残念だよ、楽しかったのにさ」

「遊ぶって、今さらどう遊ぶってんだ?」

「酔いつぶれるくらい飲むのさ、すべてがどうでもよくなるくらいにな。時間があるうちはゆったり過ごそうぜ。ただ、気づいているそぶりをみせるんじゃないぞ、はじめからピリピリしないようにしろ」

「なに、俺が自分のことでピリピリしているって? 俺はお前のことを心配しているんだ」

「行こう」

我われはテーブルに戻った。広い豪華なレストランは、洗練され着飾った女性たちで輝き、彼女たちが身に着けている装飾は本物らしかった。大勢の若い美女たちが、貫録《かんろく》のある男性たちの中にいて、彼女たちも高価な宝飾品で輝いていた。いわゆる〝ニューリッチ〟(＊ソ連崩壊後に、巧みに市場経済の波に乗ることができた富裕層のこと)たちが遊んでいるのだ。しかし彼らとてロシア人だ。つまり、ロシア人は、ロシア人らしく遊んでいた。豪奢《ごうしゃ》な遊びができるほどの器と勢いを持って。そして、その器の大きさが明らかになる時は必ず訪れる。しかし、今はまだ上品な豪華さと艶《あで》やかさに酔いしれていた。テーブルにつくと、私はすぐにワイングラスの縁まで酒を満たして言った。

「この満たされた気分を祝って飲み干しましょう。ここに座っている我われ一人ひとりが、相手に満たされた瞬間を一瞬でももたらしますように。この満たされた気分に、乾杯」

私とヴラディスラヴはグラスの酒を飲み干し、二人の女性は半分ほど飲んだ。私は自分の椅子をレナの椅子に寄せ、彼女の胸の上部まで大きくさらけ出した胸元に手を押し当て、素早く抱き寄せた。そして彼女の耳元で静かに話かけた。

「君は美しくて居心地のいい女性だね、レナ。いい奥さんそして母親になれるはずだ」

彼女は私の抱擁《ほうよう》と胸元に置かれた手に、はじめはうろたえたようにして離れようとしていた。しかし強い抵抗ではなく、同時にそれに反して少し私の方へと自分の頭を傾けた。そうして彼ら、または彼女式のお遊びがはじまった。私はと言えば、いったいなんのためなのか自分でもわからないまま、できるだけそれに調子を合わせていた。まるでわざと、誰かの、何か闇の力に合わせてやりながら、悲劇の結末へと近づいているようだった。そして、そのはじまりを迎えた。

ステージのそばのテーブルから、体格のいい雄牛《おうし》のような首をした男が立ち上がった。その男はしばらくの間じっと我われの方をみつめていたが、音楽の演奏がはじまるとジャケットのボタンを留め、堂々たる足どりで我われのグループが座っているテーブルへと向かってきた。半分ほどのところまで来たとき、男は突然立ち止り、じっと目を凝《こ》らして他の方向をみつめはじめた。

そして席についている多くの人たちも、ひとつの方向を向いた。何人かの男女は、目の前の出来事に驚いたかのように立ち上がろうとした。私もみんなが目を向けている方をみたのだが、あまりの思いがけなさに唖然《あぜん》とした。

入り口のドアからステージへ、アナスタシアが歩いていたのだ。そして彼女の悠然《ゆうぜん》とした、挑《ちょう》発的《はってき》にさえみえる歩き方と彼女の装《よそお》いが、衝撃を与えないはずはなかった。その装いたるや！彼女はただ清潔な古いブラウス、スカート、それに母親のスカーフを身につけていたに過ぎないのだが、このときは、それらがまるで世界で最も有名なデザイナーがインスピレーションに駆られて彼女のために特別デザインされた衣装にみえ、艶やかで流行に沿った見事な装いの他の女性たちを凌駕《りょうが》しているようにもみえた。

彼女のいつもの服装を、一風変わった飾りまたは歩き方や身振りが補って、そのようにみせていたのかもしれない。

アナスタシアの耳たぶからは、イヤリングのように二つの小さな小枝が、ふさふさとした葉を付けてぶら下がり、何かの植物を三つ編みにした冠《かんむり》が、豊かな金色の髪の房を支えるように頭を包んでいた。冠の額の部分には、ルビーのように燃える小さな花が編み込まれていた。そして、彼女はまつ毛の上に緑色のアイシャドウを入れている。彼女のスカートも前と同じ物なのだが、太腿《ふともも》のあたりまでスリットが入っている。腰にはスカーフをリボン結びにしたベルトがあしらわれている。思いもよらないデザインの組み合わせをさらに補っていたのは、流行最先端のバッグへと変貌《へんぼう》した、彼女の麻布の包みだった。彼女は麻布の包みの端に樹皮が付いたままの木の棒を布で結び付け、草でベルトを編み、洒落《しゃれ》たバッグにしていた。そしてその装いで、彼女はスーパーモデルかファッションモデルか何かのように、一層悠然と、堂々と歩いていた。

アナスタシアは、何組かのペアがなにやら速いダンスをはじめたホールまで来ると、突然楽しそうに身体中を揺らしながら音楽に合わせて回転した。その際、あらゆる部位において柔軟な彼女の身体は美しい動きを作り出し、それから両手をさっと頭の上にあげると、手を打って笑い出した。場内には男性たちの拍手喝采《はくしゅかっさい》が沸き起こった。彼女は我われのテーブルへと向かって来た。二人のウエイターが寄って来て彼女に何かを訊ねると、彼女は手で我われのテーブルの方を差し示していた。ウエイターの一人が彫刻の入った椅子をつかむと、彼女について歩き出した。我われの方に来ようとしていた雄牛のような首をしたレナの知り合いの男の前を通り過ぎるとき、アナスタシアは少し立ち止まり、彼の目をみてウインクしたようだったが、また歩き出した。

私はレナを抱きしめたまま、まるで麻痺したように固まり、目の前の出来事を凝視《ぎょうし》していた。そしてテーブルについていたみんなが、話をするでもなく釘づけになっていた。

アナスタシアは我われのテーブルへ向かって来ると、まるで何事もなかったかのように、そしてここへ来るのが当然だったかのように挨拶をした。

「みなさんこんばんは、すてきな夜ですね。こんばんは、ウラジーミル。もしよろしければ……少しの間、みなさんのテーブルにいさせていただけないかしら?」

「ああ、もちろんだ。さあ、座ってくれアナスタシア」

私は思いがけない彼女の登場への驚きから、はっと我に返って口を開いた。そして立ち上がって彼女に自分の席を譲ろうとしたが、ウエイターがすでに彼女のために椅子を運んできていた。もう一人のウエイターが私の食器をずらし、アナスタシアの前にきれいな食器を並べ、メニューをみせた。

「ありがとう」

アナスタシアはお礼を述べて言った。

「今はお腹が空いていないんです」

彼女は洒落たバッグに手を突っ込むと、大きな木の葉に包まれたコケモモやツルコケモモの実を取り出し皿に開けた。そしてテーブルの真ん中にその皿を置くと、我われに向かって言った。

「みなさんどうぞ、召し上がってください」

「いったいどうして君がここにいるんだ、アナスタシア？　君がレストラン巡りをするなんて？」

私は訊ねた。

「あなたのところへ遊びに来たのよ、ウラジーミル。ここにいると感じて、それで入ってみようと思ったの。ひどくお邪魔しちゃったかしら？」

「邪魔してなんていないさ。でも、なんだってこんな変わった衣装を着て、化粧までしたんだ？」

「私、はじめは着飾りもお化粧もしていなかったの。でもレストランのドアまで来て中へ入ろうとしたとき、ドアの前に立っていた人が通してくれなかったの。他の人たちにはドアを開けて、お辞儀《じぎ》をして通していたのに。私に言うの、『あっちへ行くんだ、おばちゃんよ。ここはあんたの来るような食堂じゃないんだぞ』って。私は、どうして他の人たちは入れるのかしらって、陰に隠れてしばらく様子をみていた。そしたらわかったの、みんなは服装が違う。それに外見も私みたいじゃなくて、みんな堂々としているって。すぐにわかった。そこでちょうどいい木の枝を二本みつけて、爪で割って耳飾りにしたの。ほらみて、上手にできたでしょ?」

「いいね」

「私、バッグもささっと作ったのよ、それにスカーフでベルトも作ったの。木の葉と花びらの汁でお化粧もして。ただ、スカートの縫い目をほどかなきゃならなかったのが残念……」

「そんなにほどかなくても良かったのに、ほとんど太腿までみえているじゃないか。膝までで十分だったのに」

「中に入れてもらうように、少しでも良くしたかったの」

「でも、口紅はどこから手に入れたんだ? それは本物の口紅だ」

「これは、中に入ってから。入口の人がドアを開けてくれたとき、自分の姿をみてみようとホールの鏡の前に行ったの、興味深いじゃない。女性たちが鏡の前に立っていて、私をみていた。一人の女性は近づいてきて、なんだか興奮して言ったわ、『どこでそんな衣装を手に入れたの?

って。

私のと全部交換しましょうよ。指輪もアクセサリーもあげるわ。足りなければドルで払うから』

私は、彼女にこんな衣装は自分ですぐに仕立てられると説明して、まず木の枝のイヤリングをみせた。周りにいた女性たちもみていた。一人の女性はずっと『あらまあ、すごいわ、すごいわ』って言っていた。もう一人は、こういうデザインとスタイルが載っている雑誌をどこで売ってるかって、しつこく問いただしはじめた。それに最初に近づいてきた女性は、もし私がここで身体を売りたいなら、彼女がそのグループのリーダーだからって。みんな自由な女性たちだから、仲介人《ちゅうかいにん》は入れないし、そいつがどんなコネをもっていても、どんなお金持ちであっても、苦しめてやる、と話していたわ」

「それはアンカ・プタンカ（＊プタンカは娼婦の意味）だわ」

スヴェータ（＊スヴェトラーナの愛称）が言った。

「恐いもの知らずの女よ、実際にみんなに恐れられているわ。彼女に喧嘩を売ろうとする人たちが現れると、どんな手を使ってでも、あらゆる陰謀《いんぼう》を企てて、その人たちが互いに争うように仕向けるの。そして最後は彼女が勝つ」

「恐いもの知らずの女……」アナスタシアは物思わしげに言った。「でも彼女の目は悲しそうで、私は気の毒になったの。彼女のために少しでも何かできたらと思ったわ。彼女が私の匂いを嗅いで、香水について質問しはじめたとき、彼女に杉の精油が入った木の筒をあげて、使い方を教えたの。彼女はすぐにその精油を友達にも付けて、私には口紅と口紅の周りに線を引くペンシルをくれたの。私ははじめ上手にできなくて、みんなで笑ったわ。それから彼女が手伝ってくれて、私に言ったの、『何かあったら私に言いなさいね』って……レストランで彼女たちのために設けられたテーブルに座るように言ってくれたけれど、私はここへ、私の……」

アナスタシアは話しをやめ、少し考えてから言った。

「……私がここへ来たのは、ウラジーミル、あなたと、ここにいるみなさんにちょっとご挨拶をしたかっただけだからって答えたの。ねえ、もしよかったら、私とちょっと街を散歩できない？　海岸通りに海から風が吹いていて、ここよりももっと空気がいいわ。それともウラジーミル、あなたはお友達ともっとここにいたい？　それなら終わるまで待っている。それとも私……ひどくお邪魔しちゃったかしら？」

「いや、邪魔だなんてことはないよ、アナスタシア。俺は君に会えてとっても嬉しいよ。ただ、あまりに思いがけずに君が現れたから、はじめは豆鉄砲を食らったみたいになっていたんだ」

「本当？　じゃあ、海辺に散歩に行けるかしら？　二人で行く？　それともみんなで一緒に行く？　あなたのしたいようにして」

「行こう、アナスタシア。二人で行こう」

しかし、ここを離れるのは簡単にはいかなかった。テーブルに、エレーナの知り合いが近づいてきた。おそらく彼も、アナスタシアが思いがけず現れたときのショックから立ち直っていたのだろう。〝もっと早く、すぐに出て行けばよかった〟と思ったが、もう遅い。彼らはもう自分たちの病的なシナリオへと入っていた。そしてエレーナは、まるで心の準備ができたかのように、なにやら姿勢を正し、眼を伏し目がちにし、髪を美しく整えはじめた。

彼はテーブルに歩み寄ったが、エレーナではなくアナスタシアの方へ来た。軽くお辞儀をすると、アナスタシア以外には目もくれないで話しかけた。彼がアナスタシアを誘ったときには、あまりの驚きでエレーナの口が空いたほどだ。

「お嬢さん、あなたをダンスにお誘いしてもよいでしょうか」

アナスタシアは立ち上がると、微笑んで答えた。

「お誘いどうもありがとうございます。どうぞ私の席にお座りくださいな。あなたがこちらにいらした方が良いですから。私、今はダンスをする気分ではないんです。ちょうど今、私の……私の彼と、新鮮な空気を吸いに行こうと話したところなんです」

彼はアナスタシアの言葉に従い、そして彼女から目をそらすことなく彼女の椅子に座った。そして、我われは二人で出口に向かった。

私はできるだけレストランから離れて、アナスタシアに合わせて少し散歩をしたら、タクシーを拾って家に帰ろうと決めた。夜の十時くらいだった（＊ロシアの真夏は夜の十一時頃まで明るい）。木陰《こかげ》になった並木道から、我われは海辺へと降りて行った。水辺にたどり着く前に車のブレーキ音がして、私は振り返った。上の路肩に停められたジープから、我われの方へと五人の屈強《くっきょう》な男たちが向かって来た。取り囲まれたとき、その中に雄牛のような太い首の落第生がいるのをみた。その男は我われを取り囲む四人からは少しだけ離れて立っていたが、話をはじめたのは彼だった。

「お前は店に戻るんだよ。ご婦人が寂しがってるじゃねえか」

私が答えずにいると、男は再び話しはじめた。

「耳が聞こえないのか、自分のご婦人のところへ帰れって言ってるんだよ。自分の相手を間違えて店を出て行っちまったから、俺たちが戻るのを手助けしてやるんだよ」

私の一番近くにいた筋肉隆々《きんにくりゅうりゅう》の男が私の方へ一歩進んだ、そして私は決心した……。「逃げろ、アナスタシア」と叫び、最初に奴に一発くらわせ、アナスタシアが逃げる時間を稼《かせ》ぐために力つきるまで闘おうと決心したのだ。私は、一歩進んで来た男にはじめの一発を繰り出したが、奴は私の手をつかまえ、みぞおちに一撃を加えた後、顔を殴った。私は石の上に崩れ落ちた。頭を打ってもおかしくなかったのだが、アナスタシアが手のひらで支えて、衝撃を和らげた。目が回り、息ができなかった。私は横になったまま、筋肉隆々の男が近づいてくる様子をみていた。金属の縁が付いた短靴を履いている。〝これから足で踏んだり蹴ったりされるのか〟という考えがよぎった。男は私のところまで来ると、足を振り上げた。するとそのとき、アナスタシアは、この状況に陥《おちい》ったときに多くの女性たちが取るのと同じ行動をした……。悲鳴を上げたのだ。しかし彼女の悲鳴たるや！　……最初の一瞬だけは普通の音だった。しかしその後、その悲鳴は激しく鼓膜《こまく》を突き破り、音がしなくなった。彼女の唇が動いていたので、辛うじて悲鳴を上げていることがわかるようなものだった。取り囲んでいる男たちが手に持っていた物を落とし、その手で耳を塞ごうとする様子を私はみた。三人は膝を地面に落とし、身をよじらせはじめた。一方彼女は、両手のひらで私の耳を塞ぎ、いっぱいに息を吸い込むと再び悲鳴を上げていた。彼女の悲鳴は、おそらく超音波に似たもので、もはや我われに近づいて来た男たち全員が、膝をついて身もだえていた。彼らは何が起こっているのか、どこからこの耐えがたい、耳を切り裂くような音がしているのかもわからないでいた。私は彼女の手のひらの向こうで、その音が耳を切り裂くのを感じていた。他の奴らほど強く感じたわけではなかったかもしれないが、それでも痛みを感じた。

その後、上の道路から、我われの方へ女性の一団が走ってくるのをみた。アナスタシアは声を止めて手を離し、私は石に腰を下ろした。走ってくる女性たちは武装していた。瓶を持っている女性もいれば、車の整備工具を持っている女性もいた。一人は警棒《けいぼう》を、もう一人は巨大な燭台《しょくだい》を手にしている。先頭にアンカ・プタンカが走っていて、彼女は割れたシャンパンの瓶の細首を持っていた。男たちが乗ってきたジープのそばに停められた二台のジグリ（*ロシアの大手自動車会社、ジグリ社製の車。現在はラーダというブランドになっており、ジグリはソ連時代のブランド名）から、もう一人の太った女性がガウン姿のままゆっくりと近づいて来たが、明らかにベッドから起きてそのまま来たという体で、きちんと服を着る時間さえなかったようだ。先導の彼女は何かの方法で警報を出し、仕事仲間を全員呼び集めたのだ。

髪を振り乱した気性の荒いアンカは、我に返って絵画の一場面のように石の上に座ったり倒れたりしている我われから五メートルほどのところで立ち止った。立っていたのはアナスタシアだけで、アンカは彼女に話しかけた。

「あらあんた、ずいぶんとたくさんの男たちを連れて来たのね。こいつらには、うんざりさせられたんじゃない？」

「私が話をしたかったのは、一人だけなの」

アナスタシアは落ち着いて答えた。

「じゃあ他の奴らはいったいここで何をしてるのさ？」

「なぜかわからないけど近づいて来たの。何がしたかったのかわからない」

「わからないの？　私にはわかってるよ、この悪党共が何をしたかったのか」

アンカは答えると、レンカの知り合いの男に向かっていきなり罵声《ばせい》を浴びせはじめた。

「このうすのろめ、いったい何度言えばわかるんだい、私の仲間に手を出すんじゃないよ。血に飢えた鬼畜《きちく》め」

「この女は、お前のところのじゃねえだろ」

こもり声で落第生が答えた。

「あたしがそうしたかったら、みんなうちの娘なんだよ。わかったかい、デブ、この馬鹿め。今度また一人でもうちの子に近づいてみな。あんたもあんたの子分たちも、その鼻っ面をめちゃくちゃに切り裂いてやるからね。覚えておいで。あたしはね、ポン引きだろうと悪党だろうと、一人たりともあたしのテリトリーに入って来られるのは我慢ならないんだよ。あんたは実業家たちの血を吸うだけでは足りないのかい？　あたしたちとも商売しようって言うのかい⁉」

「まったく生意気な口を聞くようになったもんだ。この女はお前のところの女じゃねえ。新参者だ。俺は、この女とちょっと話したかっただけさ。アンカ、お前こそどこへでも首を突っ込みやがって。割って入るんじゃねえ。お前になんの関係がある？」

「その子は私の友達なんだよ、わかったかい。話がしたいなら、あんたはあのサド女とでも話していれば十分よ」

「まったくバカバカしい、そのうち女全員がお前の友達になるとでも言うのか？」

　主犯の男の声は、もう驚きでこもったような声ではなかった。私にはそれがなぜだかわかった。アンカがその男と話している間に、男の子分たちは正気に戻り、主犯のすぐそばに立った背の低い男は手にピストルを持ち、銃口をアンカに向けていた。もう一人の男は、ピストルをアンカのうしろの娼婦たちの一団に向けていた。手当り次第の武装でごまかした若い女性たちの一団は、ギャングのピストルの的となっていた。このケンカは、もはや彼女たちにとって絶対に不利な状況となっていた。自由や稼《かせ》ぎを失うのは言うまでもなく、精神的に痛めつけられ、身体も傷を負わされるであろうことが絶対的に明らかだった。私は恐ろしい結末にさせないよう、状況をなんとか変えたいと本気で思った。私はこの場の状況をじっとみつめながら、隣に立っているアナスタシアの腕を引っ張り、両手で自分の耳を塞ぐと早口で言った。

「アナスタシア、悲鳴を上げるんだ。早く」

彼女は私の手を下ろすと、こう訊ねた。

「なんのために悲鳴を上げなきゃならないの、ウラジーミル？」

「なんだって君はこの状況がみえないのか。これはマフィアの抗争《こうそう》だ。彼女たちは今にめちゃくちゃにされる、不具《ふぐ》にされちまうんだ。彼女たちの負けだ。彼女たちは、みんな始末されるんだよ」

「みんなじゃないわ。彼女たちのうち三人の精神は、まだ闘っている」

「ピストルの前で精神がなんの役に立つんだ。彼女たちの負けだ」

「まだ負けたわけじゃない、ウラジーミル。彼女たちの精神が闘っている間は、誰も干渉してはいけない。第三者の干渉は、この状況を改善するかもしれないけれど、彼女たちが自信を失うことにつながってしまう。そしてこれからの人生で降りかかる多くの状況において、彼女たちにとって不利に働いてしまう。外部からの助けに頼るようになってしまう」

「今くらい君の哲学なんて捨ててしまえよ。状況は明らかだって言ってるだろう……」と言って私は黙った。アナスタシアを説得することは不可能だということが明らかだったのだ。そして〝ああ、俺にもあんな悲鳴があげられたらいいのに〟、と残念に思った。

仲間たちの準備万端な様子をみて、レナにぞっこんのポン引き男はこの状況に完全に優位に立ったことを感じた様子で話しはじめた。

「アンカ・プタンカ、言ってるだろう、お前はいい気になり過ぎた。でも今回は俺たちの勝ちだ。牝牛《めうし》ども、武器を捨てな。捨てて服を脱ぐんだ。俺たちが順番にぶちこんでやる」

アンカは、ピストルを持って立ったりしゃがんだりしているギャングたちに視線を走らせると、ため息をつきながら答えた。

「全員じゃなくてもいいだろう、あたし一人じゃ足りないかい？」

「はは、この悪め。口の利き方が変わったじゃねえか」

仲間の笑い声と一緒に主犯が答えた。

「お前だけじゃ足りねえな、俺たちみんなでお前たちみんなを懲《こ》らしめてやるんだよ。メス犬さんたちよ、これからは俺たちのために仕事してもらうぜ」

「あたしたち全員を相手にするほどの体力が、あんたたちにあるもんかね？　一人でも十分さ」

笑い声を上げながらアンカが答えた。

「口を閉じやがれ、この性悪女。全員だ」

「そうかしらね。あたしは、あんたたちは一人の女すら満足させられやしないと思うけどね」

「一晩中、全員やってやるんだよ」

「おやまあ、あんたの口先にはうんざりだよ、坊や。あたしは信じないからね、あんたたちの男らしさってやつは、信じられやしない」

「今に信じるさ、メス犬め。お前のその面《つら》をボコボコにしてやるよ」主犯の男はすでに怒り狂い、しゃがれ声でそう言うと、手に鉄の器具を付けながらアンカに向けて一歩動いた。

アンカは一歩うしろへ下がると、仲間に向けて叫んだ。

「みんな、離れて」

娼婦たちの一団は数歩後ずさりしたが、ガウンを着たしかめ面の太っちょの女はその場に釘付けになったかのようにじっとしていた。そしてのっぽの男がもう一歩アンカの方へ踏み出したとき、それまで黙っていた太っちょの女が、急に気だるそうな声で言った。

「アーニャ（＊アンカの愛称）、アーニャってば何をぐずぐず……そろそろはじめない？」

「あんたはほんとに我慢できない子だね、マシカ（＊マリアの愛称）」後ずさりしたアンカが答えた。

「いいわ、我慢できないならはじめな」

太っちょの女が、落ち着いた女性らしい動きで着ているガウンの裾《すそ》を強く引っ張ると、ガウンのボタンが弾け飛んだ。彼女の胸ととても幅の狭いショーツがあらわになったのだが、もうひとつあらわになったものがあった……。太っちょ女のガウンの下には、消音装置と夜間用光学照準器の付いたカラシニコフ自動小銃があったのだ。彼女は安全装置を引っ張ると、銃床を肩に押し当て、頰を銃筒に押し当てて照準器をじっと見据えた。

「マーシャ（＊マリアの愛称）、連続で撃つんじゃないよ。ここは戦場なんかじゃないんだから。散発でいいわ。わかってるだろう、弾もただじゃないんだからね」

アンカが忠告した。

「はいよ」照準器から目をそらさないで、太っちょ女が答えた。そしてその瞬間、おそらく一秒おきの間隔で五発の発砲をしたのだ。その弾たるや！　一発目は、主犯の男の靴のかかとを撃ちぬいた。もしかすると足に傷を負わせたのかもしれない。男は足を引きずりながら海の方へ跳び上がって逃げた。他の四発は、ギャングたち一人ひとりのすぐ足元に撃ちこまれた。彼らは岩陰に隠れようとし、近くに岩がなかった者は地面に身を伏せた。

「アーニャ、こいつらに水の中に入るように言いな。じゃないと返り弾で怪我するよ」

銃を下ろすことなく、太っちょ女が話した。

「坊やたち、聞こえたかい。あんたたち、海に入らなきゃならないんだって。マーシェンカ（＊マリヤの愛称）ったら返り弾の責任が取れないって言うのよ」

アンカは、すでに言われた通りに海へ向かって這っていく、筋肉隆々のギャングたちに向かって優しい声で伝えた。

一分後、男たちは主犯の男も含めて全員、一緒に腰まで海水に浸かって立っていた。

アーニャがアナスタシアに歩み寄ると、二人はしばらくの間黙って互いをみつめていた。立ちつくしてみつめたまま、何も話すことなく。それからアーニャが静かに、なにやら寂しげな調子で言った。

「ねえ、あんたは彼とここで散歩したかったんでしょ。行きなさいよ。すばらしい夜だわ。静かで、あったかくて」

「ええ、いい風が街に吹いている」

アナスタシアは答えて、さらに加えて言った。

「疲れたでしょう、アーニャ。あなたは自分の園で休んだ方がいいんじゃないかしら?」

「そうかもね……。でも、この子たちが可哀想だし、それにこの……この男たちへの怒りが私を引き裂くのよ。あんたは田舎から来たの?」

「ええ」

「あんたの田舎はいいところ?」

「いいところよ。でも、今ここであったみたいに、他の場所で誰かによくないことがあるとき、穏やかでいられないこともある」

「そんなの気にしなくていいのよ。またおいで。私は行くわ。仕事しなきゃ。あんたたちはゆっくり散歩しておいで」

アーニャは車へと歩いて行き、彼女の仲間がうしろに続いた。石に腰かけ、裸の膝に自動小銃を乗せた太っちょ女のそばを通ったとき、アーニャが言った。

「あんたもここで少し休みなよ、マーシェンカ。後で迎えの車をよこすわ」

「お客が待ってんのよ、あたし客先からそのまま飛び出して来たんだから。お金だってもう払ってくれたのよ」

「あたしたちがあんたの客の世話をするよ。あんたはお腹が痛くなったって言っておくわ。飲んだシャンパンが悪かったと言ってるってね」

「あたしが飲んだのはウォッカよ。それにコップに半分だけだわ」

「じゃあ、何か食べたって言っておくよ」

「食べてないわよ。あたしが食べたのは、お菓子一個とケーキ」

「それそれ、ケーキ。ケーキが古かったってことにするわ。どのくらい食べたのさ?」

「覚えてない」

「この子は必ず四個以上は食べるわよ。そうでしょ、マーシャ?」

娘たちのうちの一人が言った。

「そうかもしれないけど。じゃあ、タバコを置いて行ってよ。じゃないとここは退屈だわ」

アーニャが太っちょ女のそばにタバコ一箱とライターを置き、彼女たちは去って行った。

「おい」海の中から声が聞こえた。「お前たち、石に座ってる女を置いていくつもりか?」

「置いていくわよ、坊やたち。置いていくからね」アーニャが答えた。

「言ったでしょ、あんたたちには一人で十分だって。あんたたちは全員いるって言ったけどね。まあ、彼女はもう退屈しちゃってるよ、一人であんたたちの相手をしたところで」

「お前たち、お前たちのこの野蛮な行為がもし男たちに知られたらどうなる……。もし知られたら……まあ、今後は誰もお前たちと寝たりしないだろうよ。たとえお前たちが自分から金を出してもな」

銃声が五回、規則的な短い間隔で石の上から響いた。水のしぶきが五カ所、立っている男たち一人ひとりのすぐそばで上がり、彼らをさらに沖へと後退させた。アーニャは振り返って警告した。

「坊やたち、マーシェンカの気に障《さわ》ること言うんじゃないよ。あたしたちはね、必要な相手には可愛らしく、優しくするのさ。飼い犬みたいに忠実なんだよ。そうしてもいいと思う相手にはね。わかったかい？　そういう相手がいたら……」

それから道路への上り坂を登りながら、絶望と強さが入り混じったようなよく通る声でアーニャが歌いだした。

細道小道に草が生えたわ
恋しい人が歩いた道に

そして、絶望と寂しさを含んだ彼女の声のトーンを、上り坂を登っていく若い娼婦たちが捉えた。

苔は生えたし　草も生えたわ
恋しい人が他の女と会っているよう

恋しい人よ、どこへ行ってしまったの
惨めな心は泣き暮れる

こうして、細道小道の歌を歌いながら、彼女たちは仕事へと戻っていった。

あなたの願い

　私がアナスタシアと一緒に自分の部屋にたどり着いたのは、真夜中近くになってからだった。鍵穴に鍵を刺しながら、私はその日のあまりに多くの出来事からひどく疲れていることを感じた。ベッドが目に入ると、私はアナスタシアにすごく眠くなったことを伝え、すぐにシャワーを浴びに行った。バスルームから出てくると、アナスタシアが言った。

「ベッドにシーツを敷いておいたわ。私はベランダで寝るわね」

〝おそらく、彼女には壁に仕切られた部屋の中で寝るのは暑苦しいのだろう〟、私はそう思い、彼女がベランダに作った寝床をみに行った。彼女はベランダの床に細長いカーペットを敷き、家主が壁紙の下貼りに用意していた白い紙をその上に敷いていた。枕の代わりに自分のブラウスをたたみ、小さな木の枝を枕元に置いていた。

「こんなところでどうやって寝られるんだ、硬《かた》いし寒いじゃないか。アナスタシア、せめて毛布を使ってくれ」

「心配しないで、ウラジーミル。ここは快適。空気は澄んでいるし、星もみえる。みて、今夜は空に星がいっぱい！　それに風がとても優しく、暖かい……だから寒くない。あなたは横になって、ウラジーミル。私は少しだけあなたのベッドの端に座っているわ。あなたが眠ったら、私も寝るから」

私はアナスタシアが整えてくれたベッドに横になった。疲れからすぐに眠りに落ちるだろうと思っていたのだが、そうはいかなかった。人間、全人類は、何かの偶然性の手の中にあるおもちゃに過ぎないのだという思いや認識が、私の身体の中を焼き心を乱すのだ。それから、この一連の偶然をつくり上げている奴ら、そしてアナスタシアに対する苛立ちもわいてきた。なぜなら、私の考えでは、アナスタシアもこの一連の偶然の形成に直接関与している。少なくとも私の人生においてはそうであると考えたからだ。

「何か心配事があるの？　ウラジーミル」アナスタシアが静かにこう聞いたとき、私は上半身を起こしたくらいだった。

「君までそんなことを訊くのか？　俺は君を信じたんだ……。信じたかった……特に、人間には、一人ひとりが自分で自分の人生を幸せなものにする力があるということを。特に、人々が祖国の土地を持つことで、不自由のない暮らしができるエコビレッジのことを。子どもたちを幸せに育て、子どもたちのためのすばらしい学校があって。俺は君を信じた、人は、誰もが神に愛されている子どもたちだと。『人間は、創造物の頂点』、君はそう話しただろう? 話したよな?」

「ええ、ウラジーミル。私はあなたにその話をした」

「もちろんだ。そして、説得力満々で俺にすべて証明してみせた。俺は単に君を信じただけじゃない、エコビレッジを造るための行動をはじめたんだ。書類はいろんな機関にすでに回っている。財団は申込みを受付けているんだ。さまざまな植物が配置された図面の設計だって発注済みだ。信じるだけならまだいい、俺は喜んで行動をするようになっていたんだ。君は知っていたんだ! 君は、俺が行動することを知っていたんだ!」

「ええ、ウラジーミル、私は知っていた。だってあなたは実業家だもの。あなたはいつでも現実的に行動を起こす、実現する準備ができている人……」

「いつでも準備ができてるって? なんと単純なこった。もちろんだ。予知能力者でなくったってわかる。実業家なら誰だって、何かを信じたら行動をはじめるんだ。だから俺も、馬鹿みたいに行動をはじめたのさ」

私はそれ以上横になっていられなくなり、ベッドから飛び起きて窓を開けた。部屋の中か、それとも私の内部が暑くなってきたからだ。

「どうして自分の行動を馬鹿みたいだと思ったの? ウラジーミル」

アナスタシアは静かに問いかけた。

そしてそのときの私は、彼女のその落ち着きぶりを欺瞞《ぎまん》であると思い、それが私の怒りをさらに増幅させた。

「君はよくそんなに落ち着いて話していられるな？　落ち着いたもんだ！　まるで人間が、実際は誰かの手中にあるネジの一本だってことを知らないそぶりだ。奴らはいろんな状況で人間を操っている。何かの力でいとも簡単に、どんな人間でも操ることができるんだ。その気になれば人類の半分を戦争へ陥《おとしい》れて、人が互いに殺し合うのをどこか上からか横からかみているのさ。またその気になれば、何かの宗教で洗脳するように仕向けて、異なる宗教の信者同士が自分の信仰のために戦争をしかけるのを、再び観察している。その気になれば、一人の人間で遊ぶこともできる。俺はこのことを確信したよ。これまで起こったことを分析することができた、頭のいい人たちのおかげさ」

「それでその頭のいい人たちは、あなたにどんな方法で、人間が何かの勢力の手の中にあるおもちゃに過ぎないと確信させたの？」

「ある研究発表を聞いたのさ。そこでは俺のことが取り上げられていた。頭のいい人たちが、本によって社会に起こった出来事に興味を持った。君のこと、そして俺のことにも。彼らは俺が四冊目の本を書いていたキプロスで、毎日どのように過ごしていたかを全部追跡した。すべてを記録し、その後で分析したんだ。そして俺は、わかるか、奴らが追跡したことに腹を立ててなんかいない。むしろ感謝しているくらいさ、やっと俺の目を覚まさせてくれたってな。人間を使って遊んでいるのをみせられた。偶然なんてものはなく、それはお膳立てされたものだ。俺はこのことを自分自身の体験から確信したんだ」

「どんな体験？　あなたは何かの実験でもしていたの？　ウラジーミル」

「実験したのは俺じゃなくて、俺で実験されてたんだ。キプロスにいたとき、俺が川魚のことを話した、するとそれが現れた。杉のことを話したら、杉も現れた。夜中に教会に行きたくなったら教会まで現れて、夜中なのに扉も開いたんだ。他にもたくさんの出来事があった。ただそれは、彼らにとって必要なことを俺に書かせるためだったんだろう。でももっと驚いたことは、アフロディーテの孫娘が現れたことだ。俺はキプロスで何人かの人に、アフロディーテの孫娘に会いたいと話していた。キプロスの人たちのアフロディーテの話にうんざりしたからだ。至る所でアフロディーテの浴場のポスターが掲げられているし、みんながその女神のことを自慢げに語っているじゃないか。ともかく、俺は彼らに言ったのさ、女神アフロディーテの孫娘と会うつもりだと。そう言ったら、数日後には燃える瞳の娘が現れた。それでつまり、みんなが断定したような状況が整った。アフロディーテが自分の孫娘を遣《つか》わし、その女性を通して奇跡が起こったたってね。そしてその女性は驚くほど美しく容姿を変えた。じゃあいったい誰がこういった状況を次々とお膳立てしていったんだ？　誰が？　俺はなんにもやっちゃいない。たったひとつのことが偶然に起こったのであれば、それは偶然だ。でもすべてとなると、それはもう偶然性ではない。規則性だ。学者たちはそう結論に至った。その結論の正しさは、俺も確信している。そして君はこれを否定できやしない」

「でも私は、出来事の規則性を否定するつもりはない、ウラジーミル」

アナスタシアは静かに意見した。

アナスタシアの最後の言葉を聞くと、私の内部ですべてが冷めていき、瞬時に何かかつてない無気力感が襲ってきた。私は期待していたのだ。淡い期待ではあるが、私が確信に至った、人間、全人類がまったくとるに足らない存在だという認識を、彼女が一掃してくれるのではないかと。しかし彼女はそれをしなかった。それに、これほど目にも明らかなことを、いったい誰がどうやって否定できるだろう？　私はすべてに無関心な様子で、月明かりだけに照らされた部屋の窓辺に立ち、星を眺めた。

どこか遠くに、もしかするとこの星たちの中のひとつに、我われを操り、我われを使って遊んでいる奴らがいるのかもしれない。奴らは生きている！　だとすると、我われの存在を、生きていると呼ぶことができるだろうか？　誰かの言う通りに動く人形は、自立して生きることなどできない。つまり、我われは生きてなんかいないのだ。我われにとっては多くのことが〝どうでもいい〟ものになる。

再び、静かな落ち着いた声でアナスタシアが話しはじめた。しかし彼女の声は私の中にまったくなんの感情も呼び覚ますことなく、意味をなさない何かの音のように聞こえたのだった。

「ウラジーミル、あなたと、その発表が録音されたテープを送ってきた人たちの判断は正しい。実際に、エネルギーが存在する。時間を変動させることで、あらゆる出来事の鎖《くさり》をひとつにつなげたり、あなたに起こったように、一定の目的を達成するために必要な状況をつくり出したりすることのできるエネルギーが。まったくの偶然というものはないし、このことは多くの人がすでに知っていること。偶然は、たとえそれがどんなに信じ難く思えるものであっても、プログラミングされているもの。一人ひとりに起こることはすべて、プログラミングされている。そしてキプロスであなたに起こったことは、研究者にとってもあなたにとっても、目にみえて明らかなものになった。そして、そのこともちろんプログラミングされていて、後に現実となった。答えて、ウラジーミル、あなたの偶然を直接つくり上げたプログラマーがどこにいるのかを知りたいと思ったことはない？」

「そいつがどこにいようと関係ない。俺にはどうでもいいことだ。火星だろうが、月だろうが……そいつの居心地が良かろうが悪かろうが」

「プログラマーはこの部屋にいる、ウラジーミル」

「つまり、君か？　そうだとすればやっぱり何も変わりやしないさ。驚きや怒りすらわかないね。俺にはどうでもいいんだ。俺たちは操られている。このことに全人類の悲惨、逃げられない事実がここにあるんだ」

「あなたに起こる偶然のメインプログラマーは、私じゃない、ウラジーミル。私はほんの少し影響を与えることができるだけ」

「じゃあ、いったい誰がメインプログラマーなんだ？　この部屋には二人しかいないんだ。三人目がいるとすれば、プログラマーってのは目にみえない奴か？」

「ウラジーミル、そのプログラマーはあなた自身の内にいる。あなたの願い」

「どういうことだ？」

「人の願い、ほとばしる希求《ききゅう》だけが、プログラムを実行させることができる。それが創造主の法則。何者も、どんなときも、大宇宙のどんなエネルギーも、この法則を破ることはできない。なぜならば、人間は大宇宙のすべてのエネルギーの統治者だから！　人間こそが！」

「でも俺は、キプロスでなんのプログラムも実行させたりしていないんだ、アナスタシア。すべてが勝手に、俺なしで、偶然に起こったんだ」

「より実質的なことを構成している部分、主要な目的を実現させるためのごく些細《ささい》な出来事が、あなたなしで起こっていた。でもその主要な出来事に先立って、あなたの願いがあった。アフロディーテの孫娘と会いたいと願ったのは、あなたじゃなかったの？　あなたは自分の願いを証人たちの前で発言していたし、それを何度も繰り返していたでしょう」

「ああ、発言していた」

「あなたはそれを覚えている。じゃあ、どうして君主の意志を遂《と》げさせるのを手伝う下男《げなん》を支配者と呼び、君主をその下男たちの手の中にあるおもちゃだと名づけることができるの？」

「そうだな、それは馬鹿げたことになるね。なんとも興味深いもんだな。そんなことがあるものか……願いが……じゃあ、どうしてすべての願いが叶わないいんだ？　みんなが何かしら願っているだろう、でも叶わないじゃないか」

「目的の意義によるところが大きいの。願いが光と闇のどちらに相応するか、そして願いの強さに大きく左右される。目的が本質的で高潔《こうけつ》であればあるほど、その願いを叶えるためにより多くの勢力がかかわる。目的を達成させるために」

「もしも目的が邪悪なものだったら？　ほら例えば、酒に溺れたり、喧嘩をしたり、戦争をたくらんだり」

「その場合は闇の勢力が出てくる。人間が自分の願いによって、闇の勢力に躍動《やくどう》する可能性を与えてしまう。でもあなたもみたように、第一の主要な要素は、やはり人間の願い！　あなたの願い、ウラジーミル」

私はアナスタシアが話したことの意味を考えはじめ、だんだん心が晴れていった。とても心地の良い月の光が部屋全体を満たし、空の星たちは決して冷ややかな光ではなく、暖かな光で輝いているように思えた。そしてベッドの端に腰かけているアナスタシアは、これまでよりも美しくみえた。私は彼女に言った。

「アナスタシア、実は俺はキプロスで、正直に言うと、はじめは少し女遊びをしかけていたんだ。はじめは現地の何もかもが気に入らなかった。誰もロシア語を話さないし、仕事はさせてくれないし、周りの人たちはみんな馬鹿騒ぎをしていた。いったいなんだってここに来ることになったんだ、もしかすると娼婦たちと知り合うためか？　って考えたよ。あそこには女性たち、まあその娼婦たちがたくさんいるんだ。ロシアから来た女もいる、ブルガリアからも」

「ほら、ウラジーミル、あなたがそうしたいと思ったから、彼女たちが現れた。ウォッカで酔っぱらって、彼女たちと会う約束をした。ブルガリアから来た女性、そしてロシアから来た女性と。でも、それより先にあなたはアフロディーテの孫娘と会いたいと思い、最初のその願いがより強かった。そして彼女が現れ、あなたをすべての破壊的なものから守り、あなたを助けた」

「ああ、助けられた。でも君はどうしてブルガリア人のことを知ってるんだ？」

「私の気苦労から、ウラジーミル」

「よくわからない、でもまあいい。それよりもあの女の子、エレーナ・ファデエワだ。彼女は女神アフロディーテの孫娘じゃない、ロシア人だ。旅行会社の仕事でキプロスにいるだけだ。だが俺はアフロディーテの孫娘の話しをした。それはつまり、その光の勢力の力が本物のアフロディーテの孫娘を出現させるには、弱かったってことか？」

「力が弱かったなんてことはない。それに光の勢力はきちんと出現させた。女神アフロディーテとは、今やエネルギーなの。それはどんな人のエネルギーとも一定の時間交わることができる。その意味がしかるべきものだと予見できる場合に。エレーナ・ファデエワは、あなたのそばにいたときに二つのエネルギーを有していた。あの日々は、多くのことが彼女の力の影響下にあった。彼女にとってたくさんのことが上手く運び、あなたを助けることができたの」

「そうだな、彼女のおかげだよ。そしてアフロディーテのおかげだ」

すべての人々が何かの勢力の手中にあるおもちゃに過ぎないかのように考えていたときの、苦《く》渋《じゅう》と不愉快な感じが消え去った。アナスタシアと話した後、自信と落ち着きが訪れた。

しばらくの間、私は黙って、月の光の中でアナスタシアがしとやかに膝に手を置いてベッドの端に座っている様子をみていた。すると……自分でもなぜだったのかが未だに理解できないのだが、突然こう言った。

「君が誰だかわかった、アナスタシア。君は、偉大な女神だ」そう言って、私は彼女の前に跪《ひざまず》いた。するとアナスタシアの口から絶望と痛みの叫び声があふれ出た。彼女は素早く立ち上がると、身を引いて私から離れ、壁にもたれた。そしてまるで懇願《こんがん》するように両手を胸に当てた。

「ウラジーミル、お願い。立ち上がってちょうだい、私を崇拝《すうはい》してはいけない。ああ、神よ、神よ、私はなんということをしてしまったの。私は焦ってしまいました、あなたの息子たちへわかりやすく説明できないことを許してください。ウラジーミル、神の前では人はみんなが平等、崇《すう》拝《はい》があってはいけない。私はただの女性、私は人間なの！」

「君は他の人たちとは全然違うよ、アナスタシア。それに君がただの人間だとすれば、俺たちはいったい何者なんだ？　俺は？」

「あなたも人間。せわしさの中で自分の生のときを生きながら、まだ自身の使命を想うことができないでいるだけ」

「モーセ、イエス・キリスト、マホメット、ラマ、ブッダ、彼らは何者なんだ、彼らについてはどう思っているんだ？」

「あなたがあげたのは私の兄たちの名前、ウラジーミル。彼らの行いを評価するような権利は私にはないけれど、ひとつだけ言える。彼らのうち誰も、地上の愛を十分に受けることができなかった」

「そんなことはない。彼らそれぞれには、今でも膨大な数の崇拝者がいるんだ」

「でも、崇拝は愛を意味するわけではない。崇拝は、人間だけに特有な意識の力を、崇拝者から取り上げてしまう。私の兄たちのエグレゴール（＊集合意識《しゅうごういしき》）は偉大。多くの人々が、何百万年にもわたりそのエグレゴールを育んだ。でも同時に、崇拝者たち一人ひとりは、自身の力を弱めていった。何世紀もの間、私の兄たちの行為を責め立てようと躍起《やっき》になった人々も数多くいた。そしてなぜ兄たちが自分たちのエグレゴールにあれほど熱心にエネルギーを与え続けさせ、何千年も集め続けていたのか、私にはわからなかった。今の時代になるまで、誰もその謎を解くことができなかった。そして兄たちは決断をした。蓄えられたものをひとつに集め、現在地球に生きる人々に自分たちのエネルギーを配ることにした。地球の新しい千年紀がやって来る。その千年紀に、神のようになった人々が地球に住む。エネルギーを受け入れられる、自覚のある人々が。

ウラジーミル、お願い。どうか立って！　どんな父親も、奴隷《どれい》となり屈服《くっぷく》している息子の姿をみるのは苦しいもの。闇だけがいつも人の意義を貶《おとし》めようとする。ウラジーミル、立ち上がってちょうだい。自分自身を裏切らないで。私から離れていかないで」

アナスタシアは激しく動揺していた。そして私は彼女の希望通り立ち上がった。それから言った。

「俺は離れていってなんかいない、逆に君を理解できるようになってきた気がするんだ。でも、崇拝が愛の邪魔をするっていうことには賛成できない。信者たちはみんな、逆に神を愛していると言っているんだ。それに俺は、女神の前で跪《ひざまず》くべく、君に跪いたんだ。なのに君は恐がって、なぜだか動揺しはじめた」

「あなたと知り合ってもう五年以上が経った、ウラジーミル。息子を宿したあの夜からずいぶん経つけれど、あのときから、あなたの中で私に触れたいという願望は一度も起こらなかった。あなたが他の女性たちに向けるのと同じ視線で私をみることはなかった。無理解は、そして今の崇拝は、愛を成就《じょうじゅ》させることはない。子どもは、崇拝から生まれることはない」

「だからそれは、君が俺にとって女性じゃないみたいになったからだ。アナスタシア、君はまるで情報の塊《かたまり》みたいになってしまった。俺だけじゃない、他の人だって君の言っていることをすぐには理解できないよ。例えば『自分自身を裏切らないで』ってどういう意味だ？　どうして俺のことをそう言ったんだい？」

「ロシアの大統領へあなたは手紙を書いた、ウラジーミル。でも一方で、自分は疑念に駆られ、死んでしまうところだった。あなたは自分で創造することをやめ、問題を他の人に押し付けた。しかも大統領たった一人に」

「それは、彼が唯一ロシアで現実的に物事を遂行できる人間だからだ」

「一人ではできない、大多数の人々の意志が必要。それにあなたは、どうして一人の大統領にだけ問いかけたの？　ウクライナにもベラルーシにも、それにカザフスタンにだって大統領はいる」

「君がロシアのことばかり話していたからじゃないか。ロシアは俺の母国だ」

「でもあなたのパスポートには、あなたはベラルーシ人（＊ロシアでは、父親の民族によって子どもの民族種が決まる）だって書いてある」

「ああ、ベラルーシ人だよ。父親がベラルーシ人だったからね」

「それに、ずっとウクライナで幼少期を過ごしていた」

「ああそうさ、あそこで過ごしていた。覚えている自分の幼少期の中では、あれが一番好い思い出だ。藁《わら》ぶき屋根の白い百姓家、それに近所の仲間たちとドジョウを捕まえた丸太橋。祖父と祖母は俺をののしることも罰を与えたこともなかった」

「ええ、ええ、ウラジーミル。それに思い出して、おじいさんと庭に小さな苗木を植えたことを……」

「覚えているよ……祖母がバケツで水をやっていた」

「でも、今でもウクライナのクズニチ村、あなたの生まれた村で、庭が残っている。成熟して堅くなった木々が未だに実をつけて、あなたを待っている」

「じゃあ、いったい俺の祖国はどこになる？　アナスタシア」

「あなたの内にある」

「俺の内？」

「あなたの内に！　あなたの魂が教える地球のどこかに、永遠なる祖国を具現化すればいい」

「そうだな、どうにか整理しなければ。なんだか俺はそこらじゅうを転げまわってきたような気がするよ」

「ウラジーミル、あなたは疲れている。過ぎた一日がたくさんの感情をもたらした。横になって眠って。眠りが、朝までに新しい力を蓄えてくれる。そして新しい気づきが訪れる……」

私はベッドに横になり、アナスタシアが両手のひらで私の手を握ったのを感じた。今に深い眠りが訪れることを、私はすでに知っていた。翌朝気持ち良く目覚めることができるよう、彼女は眠りを深く穏やかなものにすることができるのだ。しかし私は眠りに落ちる前に、こう話すことができた。

「なあ、アナスタシア、ロシアの美しい未来の様子をもう一度みせてくれないか」

「いいわ、ウラジーミル。眠って。あなたはロシアの美しい未来をみる」

静かな声で、アナスタシアは言葉のない歌を歌った。まるで子守唄のような歌を。私は、ロシアの未来についての心地の良い穏やかな眠りの夢に落ちる前に思った。

〝人が自分のためにすべてをプログラミングできて、本当に良かった〟

あなたと私の永遠はこの先に

昇る太陽が、開けっ放しのままのカーテンの向こうからまっすぐベッドに向けて光を差し、私を目覚めさせた。なんとよく眠ったことか！　ただただ体の中から何かいつもと違う力がわき、体操か運動までしたくなるほどだった。そして気分もこの上なくすばらしい。ところで、台所で食器がガチャガチャと鳴る音がしている。〝なんてことだ〟と私は思った。

〝アナスタシアが朝食を作ろうとしているのか？　彼女は台所の器具の使い方も、ガスの点け方も知らないはずだ。手伝うべきなんじゃないか？〟

私はジャージの上下を身に着けると、台所へ続くドアを開けた。そしてアナスタシアを目にした途端、まるで熱い波のような何かが身体の中を駆け巡った。

タイガの世捨て人アナスタシアが、シベリアの森でもタイガの中の彼女の草地でもなく、海辺でもなく、都会に住む普通の女性にとって生活の中で一番身近な場所である台所にいるのをみた。

彼女はガスコンロをのぞき込み、火加減を調節しようとしていた。ガスの調節つまみを回して強めてみたり弱めてみたりしていたが、古いコンロであったため滑らかに調節ができなかった。

台所のアナスタシアは、まったく普通の女性にみえた。昨晩、いったい私は、どうして跪《ひざまず》いて彼女をおびやかすようなことをしてしまったのだろう？　きっと飲み過ぎたか、ひどく疲れていたのだろう。

アナスタシアは私の視線を感じ、私の方を向いた。彼女の頬には少し小麦粉がついており、若干汗ばんだ額には、スカーフからはみ出た髪の房が張り付いていた。アナスタシアは微笑《ほほえ》んだ。そしてその声……彼女の声は、まさに私を魅了するものだった……

「美しい、優しい一日のはじまりをお祝いするわ、ウラジーミル。朝食の用意はほとんど済ませたの。あとほんの少しだから、あなたが顔を洗ってくる間に全部用意できる。顔を洗ってきて。何も壊したりしないから心配しないで、使い方はもうわかったから……」

私はすぐにバスルームに行かずにいた。その場で、とりこになったようにアナスタシアをみつめていた。彼女と知り合ってからの五年間ではじめて、本気でこの女性が人並み外れて美しいことを知った。この美しさは、言葉では表すことができない。たとえ頬が小麦粉で汚れていようと、髪を整えておらず単にひとつに束ねただけであろうと、着ているものが質素で流行《はや》らないものであろうと、彼女はいずれにしてもとびきり美しいのだ。

バスルームへ行き、懸命にひげを剃《そ》りシャワーを浴びたが、やはりアナスタシアが、彼女の美しさが頭を離れない。バスルームを出て寝室へ戻り、すでにカバーが掛けられたベッドに腰を掛け、台所へは向かわず、なぜか動揺しながら彼女について、アナスタシアについて考え続けていた。

この女性、シベリアのタイガの世捨て人と知り合って五年だ。五年……この間に、私の人生のすべてがどれほど変わったことか！　会う頻度は少ないが、彼女はまるでいつもそばにいるようだ。それに、彼女なのだ！　もちろん、私の娘との関係を改善できたのは、彼女のおかげだ。今やとても良い関係だ。そして妻も、五年間で私が家に帰ることは一度もなかったにもかかわらず、妻に電話をすると、彼女の声からは傷ついている様子や冷淡さは感じず、私と機《き》嫌《げん》よく話をするようになった。私に家族のことはすべて大丈夫だと話すのだ。

アナスタシア……私を治療したのも彼女ではないか。医者にもできなかったことが、彼女にはできた。私は自分でも死ぬかもしれないと思っていた。しかし彼女が治し、彼女が私を有名にした。今や本のために多額の報酬を提示されるほどだ。しかしその本に書いてあるのは、彼女の言葉だ。そして彼女はいつでも優しく話をし、怒ることはない。こちらが彼女に対してうっかり腹を立ててしまったとしても、彼女はやはり怒らない。もちろん彼女は私の人生を本質的に変えてしまった。しかし良い方向への変化だ。私の息子を生んだのは、彼女なのだ！　もちろん、普通の状況ではない。息子はタイガの彼女の草地で暮らしている。しかし彼にとっては、きっと彼女と一緒にいる方が良いのだろう。彼女はとても優しいのだから。彼女に何か優しい言葉をかけなければ、そして彼女のために何か良いことをしなければ。でも何を？　彼女には何も必要ない。

なんということだろう、世界の半分を手に入れようとも、彼女にはより多くのものがあるような気がするのだ。しかしそれでも、私は彼女にせめて何かしらの贈物をしたくなった。私はずいぶん前に、彼女のために真珠のネックレスを買っていた。人工真珠ではなく、天然の大粒の真珠のネックレスだ。決めたぞ。今、彼女のところへ行き、渡そう。私はスーツケースの中から小箱を取り出し、その中からネックレスを取った。しかしそのまま台所へ行くのではなく、なぜか着替えをはじめた。ジャージからスラックスにはき換え、白いシャツにネクタイまで締めた。それからネックレスをスラックスのポケットに入れると、なにやら緊張して台所へ行くことができなくなった。窓辺で、着飾った様子で突っ立っている。その後やっと冷静になり、自分に言い聞かせた。〝今さら何をやっているんだ、緊張なんて馬鹿げている〟、そして台所へと向かった。

アナスタシアは朝食の用意ができたテーブルに向かって座り、待っていて、私を迎えるように立ち上がった。彼女はすでにきちんと髪を整えていた。立ち上がって、だまって灰色がかった青い瞳の優しい眼差《まなざ》しで私をみている。私はというと、立ったまま言うべき言葉がみつからない。その後、なぜだか敬語で言った。

「おはようございます、アナスタシア」この敬語が完全に私を狂わせた。一方、彼女はまるで何も気がつかなかったかのように、真面目に答えた。

「おはよう、ウラジーミル。座ってちょうだい、朝食がもうあなたを待っているのだから」

「今座るよ……。まず、きみに言いたいことがあって……きみに言いたいのは……」しかし、言いたいことが思い出せなかった。

「そう、なら言って、ウラジーミル」

しかし、私は何を言いたいのか忘れてしまった。アナスタシアにはたと近づき、彼女の頬に口づけした。すると体中が何かの暑さで燃えるような気がした。アナスタシアの頬は赤く染まり、まつ毛はいつもより速く瞬いた。そして私は、自分の普通の声ではなく、締めつけられたような声で発した。

「これは読者たちみんなからだよ、アナスタシア。たくさんの人がきみに感謝している」

「読者たちから？　読者のみなさん、どうもありがとう。本当に、ありがとう」

アナスタシアは静かにささやいた。

そしてその後、私は素早く彼女のもう一方の頬へ口づけし、言った。

「これは僕からだ。きみはとてもいい人だ。そして優しい、アナスタシア。きみはとても美しい。きみの存在に、ありがとう」

「あなたは私を美しいと思うのね、ウラジーミル？　ありがとう……あなたがそう思っているの……」

彼女も動揺していた。私はこの後どうしていいのかわからなかった。しかし、真珠のネックレスがポケットにあることを思い出した。急いでポケットから取り出し、留め具を外そうとした。

「これは、ほらきみへのプレゼントだ、アナスタシア。真珠だよ……本物の……人工じゃないんだ。きみが人工的なものが嫌いだって知っている、でもこれは本物の真珠だよ」

留め金が固く、私はそれを引っ張った。すると糸が切れ、糸に通っていた真珠の粒が台所の床に散り、あらゆる方向へと床を転がっていった。私はしゃがんで集めようとし、アナスタシアも拾い集めはじめたが、彼女の方が素早く上手に拾っていた。私は、彼女が手のひらに真珠の粒を置いていく様子を眺めていた。一粒ずつ注意深くみつめている。私は彼女の動きにみとれていた。直《じか》に床に座り、壁にもたれながら、とりこになったように眺めていた。座って、頭の中で思いめぐらしていた。ごく普通の台所でのありふれた状況だ。でも心のすべてがこれほど特別な、すてきな思いに満たされている。これは何によるものだ？　おそらく、この台所にいるのが彼女、アナスタシアだからだ。彼女がすぐそばにいるというのに、彼女を抱きしめてしまうほどの勇気がない。はじめの頃、五年前のタイガでは、まったく異常な世捨て人の女性だと思えたが、今や、少しの間だけ空から舞い降りた星のように思えるのだ。彼女はすぐ隣にいる、でも星のように手の届かない存在。そして年齢……ああ、私の年齢……。私は、アナスタシアが立ちあがりテーブルの上の小皿に集めた真珠の粒を置く様子を、目をそらさずにみつめていた。彼女は私の方へ顔を向けた。私は魔法にかけられたように、台所の床に座り、壁に寄りかかったまま、彼女の灰色がかった青い瞳をみつめ続けていた。彼女は、その優しい眼差しをそらさなかった。

「アナスタシア、きみはこんなに近くにいるのに、俺は今、きみに触れることができない。なんだかきみが遠い空の星のような感じなんだ」

「星？　そんなふうに感じるの？　どうして？　ほら！　あなたの足元で、彼女、お星さまは普通の女性になった」

アナスタシアは素早く膝を落とし、私の横に座った。両手を私の肩に置き、頭を押し当ててきた。彼女の心臓の鼓動《こどう》が聞こえてきたが、私の鼓動の方が何倍も強く打っていた。彼女の髪の毛からは、タイガの匂いがしていた。呼吸はまるで温かい風のようで、花々の香りが酔わせる。

「なあアナスタシア、どうして俺が若い頃に出会ってくれなかったんだい？　きみはこんなに若い、一方俺ときたらもうこんな歳だ。ほとんど半世紀生きちまった」

「私はさまよい続けているあなたの魂に、何百年もかけて近づこうとしてきた。だから今、私を追い払わないで」

「俺はじきに年寄りだ、アナスタシア。そして俺の人生は終わるんだ」

「年をとっていく間に、自分の一族の木を植えることができる。未来の美しい街を、すてきな園を、人々と一緒に創ることができる」

「やってみるよ。ただ残念だよ、自分でその園で暮らせるのはほんの少しだろうからね。園の植物たちが育つのには、長い年月がかかるから」

「あなたが植えれば、あなたは常にその内に生きる」

「いつでも？」

「もちろん。あなたの身体は老いて、死んでいく。でも魂は飛び立つ」

「死んだ人間の魂が飛び立っていうのは知っているよ。魂が飛び立って……それで終わりだ」

「ああ、今日はなんてすばらしい日なのかしら！　ウラジーミル、あなたはなんだって歓びのない未来を創造しているの？　自分で自分の未来を創造しているのよ」

「これは俺が創造しているんじゃない。事実にもとづいた現実だ。老いが訪れ、みんなに死が訪れる。きみにだって、これ以外の考えは思いつかないだろう、俺の可愛い夢みる乙女さん」

アナスタシアは急に体中で身震いをし、少し脇へ離れると、陽気で優しい瞳を私の瞳にまっすぐ向けた。彼女の瞳が私をみつめて輝いている。すべての異論に相対《あいたい》して、歓びあふれる自信で輝いているのだ。

「私には思いつく必要なんてないの、いつでも一《いっ》なる真実があるから。肉体にとって死は起こるもの、これはみんながよく知っている。肉体にとってなの！　他においては、死とは、死は夢なの、ウラジーミル」

「夢？」

「そう、夢」

アナスタシアは膝立ちし、私の目をまっすぐみつめながら夢中で話しはじめた。彼女がそれほど大きくない声で話し出したとき、どういうわけか台所にあるラジオの音も消え、窓の外の人の声や騒音も聞こえなくなった。

「私の愛する人！　私とあなたの永遠は、この先にある。生命《いのち》はいつもその営《いとな》みを謳歌《おうか》するもの。

太陽の光は春に輝き、魂は衣替《ころもが》えする。でも朽《く》ちていく肉体が従順に大地に抱かれるのは、無駄ではない。春になれば新しい花たち、草たちが肉体から生まれ出る。あなたは永遠に鳥の歌声を聞き、雨のしずくを飲む。青空には永遠なる雲が舞い、あなたを愉《たの》しませる。もし、あなたが不信を抱きながら無限の大宇宙に塵《ちり》となって吹き飛んでしまうのなら、さまよい続けるその塵を、ああ私の大好きな人よ、私が集める。そしてあなたによって植えられた木が、私を手助けしてくれる。春のはじめに、平安の中に留まる感知できないあなたの魂へと、その枝を伸ばす。そしてあなたが地上で親切にした人たちが、あなたのことを、愛をもって思い出す。もしも、地上のすべての愛をもってしても、あなたが再び肉体に現れるのに足りなければ、一人の女性——あなたは彼女のことを良く知っている——大宇宙のすべての次元空間において、彼女が『愛する人よ、甦《よみがえ》れ』というただひとつの願いで燃え上がり、彼女自身は一瞬の間だけ死ぬ」

「それはきみのことか、アナスタシア？　きみはそれができるって確信しているのか？」

「ロゴスを自身の気持ちの中に押し込めることができれば、どんな女性にもできること」

「じゃあきみはどうなる、アナスタシア？　きみが再び地上に戻るのを、誰が助けるんだ？」

「私は誰の手も煩《わずら》わすことなく、自分でできる」

「じゃあ俺はどうやってきみを見分けられる？　その生はもうまったく違ったものになるのに」

「あなたは再び地上で肉体に現れ、少年になる。小さくて虚弱な赤毛の女の子が隣の家の庭にいるのをみつける。ほんの少し脚が歪んだその子に、優しい言葉をかけてあげて、その女の子を気にかけてあげて。あなたは成長し青年になって、美女たちを目で追うようになる。急いで自分の運命を彼女たちと結びつけようとしないで。隣の家の庭では、その女の子が大きくなっている。そばかすだらけで、まだ美人ではないけれど。あるときあなたは、彼女が密かにあなたのことを目で追いかけていることを知る。でも、彼女がおどおどしながらあなたへ近づき、大人の美女たちからあなたの気を引こうとするときに、どうか嘲笑《あざわら》わないで、追い払わないで。それから春が三度巡り、その女の子は美しい娘になる。あるときあなたは彼女を一目みて、彼女への愛に燃える。そして彼女といることで幸せになる。彼女も幸せになる。ウラジーミル、あなたが選んだその幸せな女性の内に、私の魂が生きるの」

「すてきな夢をありがとう、アナスタシア。俺の可愛い語り手さん」

私はそっと彼女の肩を抱き寄せた。彼女の心臓の熱い鼓動を聞き、髪の匂いを感じたくなったのだ。善《よ》いことだけを信じ、永遠を信じているこの麗《うるわ》しい女性。ともすれば、彼女の信じられないほどすてきな夢につかまっていたくて、細くはかない藁《わら》をつかむような心地だったのかもしれない。未来についての彼女の言葉で、私は周りのすべてにより大きな歓びを感じた。

「アナスタシア、きみが話すことはただの言葉かもしれない、でもやっぱりとても美しい。そして聞いていると、より大きな歓びが心にあふれる」

「夢のことばは偉大なエネルギーを動かす。自分の夢で、意図で、人は自分で自身の未来を創造する。信じて、ウラジーミル、すべてがその通りになる。私が私たち二人のために、ことばで描いたように。でも、あなたは自分の夢を自分の意志で決められる。そして他のことばを放つことによって、すべてを自分で変えることができる。あなたの意志は自由、あなたは自由。そして一人ひとりが、自分の創造者」

「俺はきみが話したことばを、何ひとつ変えるつもりはないよ、アナスタシア。それを信じてみるよ」

「ありがとう」

「なんでだい？」

「二人の永遠を壊さないでくれて」

＊＊＊

晴れたその美しい日、私たちは海で泳ぎ、人気のない海辺で日光浴をした。夕方、アナスタシアは帰っていった。いつものように、見送りはしないようにと頼んで。私はバルコニーに立って、彼女がマンション沿いの道を歩いていく様子をみつめていた。スカーフで頭を覆い、質素な服を着て、手作りの麻布のバッグを持った彼女を。周囲の人々に目立たないようにしながら、一国の美しい未来を創造した一人の女性が歩いていく。その未来は必ず訪れる。彼女の夢を人々が具現化し、その美しい世界に、彼ら自身が暮らすようになるのだ。

角を曲がる前にアナスタシアは立ち止り、私の方へ振り返ると手を振った。私もアナスタシアに別れの手を振った。彼女の表情はもうみえない距離だったが、彼女は微笑んでいると私は確信していた。彼女はいつでも微笑んでいる。善いことだけを信じ、善いことだけを創造しているからだ。もしかすると、そうあるべきなのだろうか？　私も彼女に手を振りながら、ひとりつぶやいた。

「ありがとう、ナスチェンカ（＊アナスタシアの愛称）」

つづく……

添付（＊「質疑応答」の補足資料）

アルタイ地方（クルンディン草原の三分の一）、ロストフ州（サリスク草原の五十パーセント）およびその他のロシア連邦内十三の州で砂漠化が進んだ。飛砂が覆う地域は六百五十万ヘクタールに及んでいる。全体ではカスピ海沿岸低地においてかなり広い面積（全体の十パーセント）を占めている。ロシア全土で砂漠化にさらされている土壌《どじょう》およびその危険性がある土壌は、五千万ヘクタールに及ぶ。

農業の科学的指標によると、ロシアの耕地は中程度の低生産性土壌である。特に非黒土地帯（＊温帯の半乾燥気候下の草原地帯に発達する肥沃な黒色土が広く分布している地帯外のこと。主に、ウクライナから西シベリアの南部にかけての地域以外をいう）がそうである。耕地層では、窒素、リン、カリウム、カルシウム、マグネシウム、微量元素（特にコバルト、モリブデン、亜鉛）といった農耕に必要な養分がかなり不足しているのだ。酸性土は耕地の三分の一を超え、移動性の高いリンおよびカリウムの含有量が少ない土壌が、それぞれ三十パーセントおよび十パーセントとなっている。

四十三パーセント以上の耕地が腐植土（＊落ち葉や水性植物などの有機物が分解して土壌と混じり合ってできた暗褐色の土）の含有が少ない土壌とされており、そのうち十五パーセントは危機的な状態である。非黒土地帯外の地域では、後者の比率は四十五パーセントまで上昇する。腐植土の少ない土壌の七十五パーセント以上が、カルーガ州、スモレンスク州、アストラハン州、ヴォルゴグラード州、カルムイク共和国、アディゲ共和国、ブリヤート共和国、トゥヴァ共和国にわたり広がっている。専門家らは、不規則で不十分な有機肥料と農耕システムの破たんにより、ロシアの耕地は平均的にやせており、腐植土の含有量は非黒土地帯で耕作表土の一・三〜一・五パーセント、中央・黒土地域で三・五〜五・〇パーセントと、最低レベルまで落ち込んでいると考えられている。耕地の腐植土は、国土地帯で毎年一ヘクタールあたり〇・六〜〇・七トン減少しており、ロシア全土では毎年およそ八千万トン減少していることになる。

基礎土壌における腐植土の保有量は、主要農作物の生産性に対し、事実上比例関係にあることが証明されている。一ヘクタールあたりの腐植土の保有量が一トン増えると、黒土地帯における長期的な穀物生産性が平均で一ヘクタールあたり十〜十五キログラム増加する。あらゆる土壌や気候条件において栽培されている一連の作物にとって、この増加量は穀物単位で三十キログラムにまで及ぶ。侵食などの自然的および人的な要因により黒土地帯の腐植土層位が一センチメートル減少することで、穀物生産量は一ヘクタールあたり百キログラム減少するのだ。

ロシアの土壌資源は長年にわたり著しく酷使《こくし》され、しばしば土壌にもたらされるべき量を超えた養分を作物にもたらしてきてしまったのである。

農業学者たちは、土壌の肥沃さを粗放的《そほうてき》に利用することは、取り返しのつかない負のプロセスの進行を招くと警告している。このことは、穀物総収穫高の変動により裏付けられる。腐植土の養分バランスを損なわないために必要な一年間の畜糞堆肥《ちくふんたいひ》の量は、一ヘクタールあたり七～十五トンである。このためには、毎年十億トン以上の有機肥料を投入する必要がある。現在、ロシアでは一億～一・二億トンの有機肥料が投入されている。これは実質的に必要とされている量の十分の一にあたる。

●現在の土壌資源の再生はどのように行われているのか

土地開墾《かいこん》に対する集中的な融資は完全に打ち切られ、耕地面積は壊滅的な速さで減りつつある。融資はその地域の予算によるものであり、一九九三年からは土地税と三十パーセントを土地利用者税であてている。その結果、一九九四年から現在までの間、ロシア領土内の大部分において、地方政府が農業化学分野の事業に割り当てる資金がないため、非黒土地帯への泥炭《でいたん》と糞尿肥料の施肥《せひ》、また酸性土壌への石灰散布、石灰資材およびリン酸肥料紛、リン酸肥料の施肥は、実質的に中断されている。

農業省およびロシア政府による土壌肥沃度《ひよくど》の向上および農業生産発展のための国全体の総合プログラムのすべてが、実質的に実現されないままになっているのである。

上記を考慮すると、ロシアの表層土壌の質の低下が進行することにより、国の生態環境、食糧および国民の安全がおびやかされると言っても、過言でないだろう。

ウラジーミル・メグレから読者のみなさまへ

現在インターネット社会において『アナスタシア　ロシアの響きわたる杉』シリーズのヒロイン、アナスタシアのアイディアや記述に類似したテーマのホームページがあらゆる言語で多数存在しています。

多くのサイトが「ウラジーミル・メグレ」という私の名前を使い、公式サイトであるとみせかけ、私の名前で読者からの手紙に返信まで書いています。

この事態を受け、私は尊敬する読者のみなさまに、国際的な公式サイト立ち上げの決意をお知らせする必要があると感じました。これを世界中の読者のみなさまへの、唯一の公式情報源といたします。

公式サイト：www.vmegre.com

このサイトにご登録いただき、ニュース配信にお申込みいただくことで、読者集会、その他の日時や場所等、多くの情報を受け取ることができます。

親愛なる読者のみなさま、みなさまとの情報チャンネルであるこのホームページで、『アナスタシア　ロシアの響きわたる杉』の世界に広がる活動を発信していくことを、ここにお知らせいたします。

尊敬を込めて……

ウラジーミル・メグレ

◆ウラジーミル・メグレから読者の皆様へのご案内◆

●無料メールマガジン(英語)のご案内:

- 読者集会の案内
- よくある質問への回答
- 独占インタビュー
- 他の国の読者からのニュース
- 読者の皆さんからの作品

登録方法:
下記のいずれかの方法でご登録ください。
1. ウェブサイト hello.vmegre.com へアクセスし、案内文に従う。
2. メールアドレス hello@megre.ru に "HI" という件名の空メールを送る。

●「アナスタシア ロシアの響きわたる杉」シリーズ
ロシア　第1巻 初版　1996年

著者公式サイト:http://www.vmegre.com/

●リンギングシダーズLLCは、人々の新しい気づきの一助となるよう、タイガの自社工場で生産されたシベリア杉製品および一族の土地のコミュニティで生産された製品の取り扱いや、エコツーリズムなどを行っております。
http://www.megrellc.com/

●多言語公式サイト『リンギングシダーズ』
http://www.anastasia.ru/

●第三国での翻訳者や出版者のご協力を募っています。
ご意見、ご質問は以下の連絡先までお寄せください。

P.O.Box 44, 630121 Novosibirsk, Russia
E メール:ringingcedars@megre.ru
電話:+7 (913) 383 0575

◆◆◆

＊お申込み・お問合せは、上記の各連絡先へ直接ご連絡ください。

『アナスタシア ロシアの響きわたる杉』シリーズ

当シリーズは十巻を数え、ウラジーミル・メグレは続巻ならびに脚本の執筆も計画している。また、ロシアの国内外で、読者集会や記者会見が催されている。

また、『アナスタシア ロシアの響きわたる杉』シリーズの活発な読者たちによって、一族の土地の創設を主な目的に掲げた民間団体が創設された。

著者は、一九九六年から二〇一〇年の間に、『アナスタシア ロシアの響きわたる杉』シリーズの十冊の本:『アナスタシア』、『響きわたるシベリア杉』、『愛の空間』、『共同の創造』、『私たちは何者なのか』、『一族の書』、『生命のエネルギー』、『新しい文明(上)』、『新しい文明(下)−愛のならわし』、『アナスタ*』を執筆し、総発行部数は十七カ国語で二千五百万部にまで達している。

また、ウラジーミル市非営利型文化と創造支援アナスタシア財団(一九九九年創設)およびウェブサイト www.Anastasia.ru も創設している。

著者　ウラジーミル・メグレ ／ 原書言語　ロシア語

第一巻『アナスタシア』
第二巻『響きわたるシベリア杉』
第三巻『愛の空間』
第四巻『共同の創造』
第五巻『私たちは何者なのか』
第六巻『一族の書』
第七巻『生命のエネルギー』
第八巻『新しい文明(上)』
　　　『新しい文明(下)— 愛のならわし』
第九巻『アナスタ*』

原書版では『アナスタ*』は第十巻の扱いで、第九巻は読者自身が著者となって綴る「一族の書、一族の年表」という位置づけとなっている。

*日本語版は未発行のため、タイトルは仮称

アナスタシア　ロシアの響きわたる杉　第五巻
私たちは何者なのか
●
2015年11月11日　初 版 発 行
2023年 1 月15日　第八版発行

著者／ウラジーミル・メグレ
訳者／にしやまやすよ
監修者／岩砂晶子
装丁／はるみるく。
編集協力／GALLAP

発行／株式会社直日
〒500-8211　岐阜市8丁目1－5（1F）
TEL　058-227-6798

印刷所／モリモト印刷株式会社

ISBN 978-4-9908678-1-2　C0011

株式会社直日《なおひ》　アナスタシア・ジャパンの想い

アナスタシアが伝えています『創造のはじまり』と『真理』に触れたとき、琴線に触れたとき、誰しもがそうであるように、私たちも行動の一歩を踏み出しました。株式会社直日を二〇一二年春に設立し、アナスタシアのメッセージをお伝えすべく、私たちは表現を開始しました。

「ひとりでも多くの日本のみなさまに、アナスタシアのメッセージ、そして彼女の美しき未来の提案をお伝えしたい!!!」、「この構想が、今地球上に山積しているすべての問題を一気に解決する一番の方法である」と。ロシアで既にはじまっている美しきオアシス『祖国』創りを、日本の地で実現できますよう、お手伝いをさせていただいています。

また、アナスタシア・ジャパンは、アナスタシアより伝えられたシベリア杉（学名 シベリアマツ）製品を、生産元のリンギング・シダーズ社より輸入・販売し、みなさまの心身の健やかさのお手伝いをさせていただいています。さらに、『祖国』を意図するロシアのコミュニティの人々が手間暇かけ心をこめて手作りした品を、日本にご紹介、販売させていただいています。このことが、先ずはロシア連邦での立法の後押しとなり、やがて日本でも形創られていく運びになると思っています。そして、その一助となればどんなに嬉しいことでしょう。

私たちは、これからもみなさまとご一緒に共同の創造を行うことを心より願い、希求して参ります。

ＨＰ：www.anastasiajapan.com　リンギング・シダーズ社日本正規代理店
ＴＥＬ：〇五八－二二七－六七九八（平日 十時から十七時　＊オンラインショップのため、実店舗はございません）